INTRODUCCIÓN AL «QUIJOTE»

FILOLOGÍA
Director: FRANCISCO RICO

E. C. RILEY

INTRODUCCIÓN AL «QUIJOTE»

Traducción castellana de
ENRIQUE TORNER MONTOYA

EDITORIAL CRÍTICA
BARCELONA

Título original:
DON QUIXOTE
Allen and Unwin, Londres

Diseño de la colección: Enric Satué
© 1986: E. C. Riley
© 1990 de la traducción castellana para España y América:
 Editorial Crítica, S. A., Aragó, 385, 08013 Barcelona
ISBN: 84-7423-431-X
Depósito legal: B. 42.997-1989
Impreso en España
1990. - HUROPE, S. A., Recaredo, 2, 08005 Barcelona

NOTA DEL AUTOR

En esta edición, preparada especialmente para los lectores de habla castellana, he corregido los errores tipográficos que había en la original, he hecho algunas adaptaciones que he considerado necesarias, he incluido unas pocas obras nuevas en la Bibliografía y he añadido una nueva sección (la tercera) al capítulo 13.

Quiero expresar mi gratitud a dos amigos. Francisco Rico por sugerir la inclusión de esa nueva sección. Y a Francisco García Sarria, por resolver algunos problemas de traducción.

Las obras citadas en el texto y en las notas por medio del nombre del autor pueden identificarse en la Bibliografía. La letra después de la fecha indica la sección en que se encuentran.

Capítulo 1

EL HOMBRE Y SU TIEMPO

Señor:

Miguel de Cervantes Saavedra dice que ha servido a V.M. muchos años en las jornadas de mar y tierra que se han ofrecido de veinte y dos años a esta parte, particularmente en la Batalla Naval [Lepanto], donde le dieron muchas heridas, de las cuales perdió una mano de un arcabuzazo, y el año siguiente fue a Navarino y después a la de Túnez y a la Goleta; y viniendo a esta corte con cartas del señor Don Juan y del Duque de Sessa para que V.M. le hiciese merced, fue cautivo en la galera del *Sol* él y un hermano suyo, que también ha servido a V.M. en las mismas jornadas, y fueron llevados a Argel, donde gastaron el patrimonio que tenían en rescatarse y toda la hacienda de sus padres y las dotes de dos hermanas doncellas que tenían, las cuales quedaron pobres por rescatar a sus hermanos; y después de libertados, fueron a servir a V.M. en el Reino de Portugal y a las Terceras [Azores] con el marqués de Santa Cruz, y ahora al presente están sirviendo y sirven a V.M. el uno de ellos en Flandes de alférez, y el Miguel de Cervantes fue el que trajo las cartas y avisos del Alcaide de Mostagan y fue a Orán por orden de V.M.; y después ha asistido sirviendo en Sevilla en negocios de la Armada, por orden de Antonio de Guevara, como consta por las informaciones que tiene; y en todo este tiempo no se le ha hecho merced ninguna. Pide y suplica humildemente cuanto puede a V.M. sea servido de hacerle merced de *un oficio en las Indias*, de los tres o cuatro que al presente están vacíos, que es el uno la contaduría del nuevo Reino de Granada, o la governación de la provincia de Soconusco en Guatemala, o contador de las galeras de Cartagena, o corregidor de la ciudad de La Paz; que con cualquiera de estos oficios que V.M. le haga merced, la recibirá, porque es hombre hábil y suficiente y benemérito para que V.M. le haga merced, por-

que su deseo es a continuar siempre en el servicio de V.M. y acabar
su vida como lo han hecho sus antepasados, que en ello recibirá muy
gran bien y merced.

(En Astrana Marín, 1948-1958B, t. 4, pp. 455-456)

Así describía Cervantes, en el año poco prometedor de 1590, su
carrera militar y cómo había solicitado a la corona un empleo en el
Consejo de Indias que fuera compatible con su anterior servicio de
fidelidad al rey. Como *curriculum vitae* está, inevitablemente, algo
retocado, pero sirve para evocar parte del ambiente en que se mo-
vió el autor del *Quijote*. No consiguió ninguno de esos nombramien-
tos. ¡Quién sabe si, de haberlo logrado, habría llegado nunca a
escribir el *Quijote*!

Cervantes había nacido en 1547, probablemente el 29 de septiembre (el día de san Miguel), cuarto de los siete hijos de un cirujano
cuya familia no vivía entonces sus momentos más felices. Durante
la infancia de Miguel, la familia se fue mudando de una ciudad a
otra. No sabemos nada de su educación hasta 1568, año en que
entra como alumno en el Estudio de la Villa, un colegio de Madrid
dirigido por el profesor erasmista Juan López de Hoyos. Al año
siguiente marchó a Italia. Es posible que fuera el «estudiante» del
mismo nombre buscado por la ley como sospechoso de complicidad
en un episodio que acabó causando heridos. Hay indicios de que
sirvió en Roma, durante algún tiempo, en la casa del cardenal
Acquaviva, antes de alistarse en el ejército en 1570, cuando se
iniciarían sus años de servicio militar y de cautividad. El memorial
citado arriba no incluye sus diversos y peligrosos intentos de escapar de la esclavitud a la que estuvo sometido en Argelia.

De vuelta a España en 1580, se casó con Catalina de Palacios en
1584 y al año siguiente publicó *La Galatea*. Fue empleado como
comisario de abastos para la armada y, más tarde (con posteriori-
dad a 1594), ocupó el no más agradable cargo de inspector de
alcabalas y otros impuestos, ejerciendo ambos la mayor parte del
tiempo en Andalucía. Tuvo una vida muy agitada en la que osciló
siempre entre las disputas con los cuerpos municipales y eclesiásticos y las discusiones con los censores de cuentas, quedándole apenas tiempo para estar con su mujer en Esquivias, siendo excomul-
gado en más de una ocasión y encarcelado un par de veces. Los

últimos treinta y cinco años de su vida estuvieron tan llenos de tedio, pobreza y enojos como los diez anteriores lo habían estado de aventuras novelescas.

Apenas tenemos documentos sobre el período comprendido entre 1595 y 1602. Pero a finales de este año, quizá en Esquivias, aunque con mayor seguridad en Valladolid, Cervantes estaba escribiendo el libro que le daría la fama, si bien no el favor que le habría gustado alcanzar. Frisaría con los 57 años cuando, el 26 de septiembre de 1604, le otorgaron la licencia real para publicar el *Quijote*. Era una edad bastante avanzada como para estar publicando una primera gran obra, pero lo cierto es que la carrera literaria de Cervantes sólo estaba dando sus primeros grandes pasos. No quedaban ni doce años siquiera desde esa fecha hasta la de su muerte. Como autor dramático, su reputación era modesta y, aparte de unos pocos poemas, escritos la mayoría como dedicatoria para libros de otros escritores, sólo llegó a publicar en vida la obra pastoril de *La Galatea* (1585). Su éxito en el país fue escaso, aunque tuvo cierta resonancia en el extranjero. Las únicas ediciones posteriores que aparecerían en vida del autor serían las de Lisboa (1590) y París (1611), ambas en castellano.

La reputación de la mayoría de los escritores de su época dependía mucho menos de sus publicaciones de lo que hemos llegado a creer desde entonces. Los cuarenta y cinco poetas líricos más famosos en España desde el año de la Armada (1588) hasta la muerte de Felipe III (1621) apenas podrían llenar una docena de libros impresos de poemas, si dejamos aparte las antologías (Rodríguez-Moñino, 1968E, pp. 19-24). Los dramaturgos, debido a la naturaleza de su arte, todavía tenían menos necesidad inmediata de la imprenta, aunque sus obras llegaran a imprimirse, en la mayoría de los casos con el fin de defenderlas de la piratería. Este no era, sin embargo, ni el caso de las novelas cortas ni de las largas. Después del siglo XV, ningún novelista podría aspirar a la fama sin la ayuda de la imprenta.

Cervantes apenas empezaba a ser conocido como novelista, y hay pocos indicios que revelen que antes de escribir el *Quijote* ya tuviera clara su verdadera vocación literaria. Parece que probó casi todos los géneros: la poesía, desde las populares seguidillas y chaconas a las canciones italianizantes más formales; el drama, desde la farsa de los entremeses a la tragedia heroica de *La Numancia*; por no hablar del amplio campo que abarca su prosa literaria. El

único género que se dejó en el tintero fue la poesía épica a gran
escala (a esto él habría replicado, con las palabras del canónigo de
Toledo, que «la épica puede escrebirse en prosa como en verso»:
Don Quijote, I, 47; I, 567).[1] Sin embargo, las *Obras Completas* no
son muy voluminosas: cinco obras o colecciones de prosa literaria
(contando las dos partes del *Quijote* por separado), diez textos
dramáticos, ocho entremeses, un poema extenso y algunos poemas
misceláneos. Llenan todas ellas unas 1.700 hojas de papel biblia
impresas a dos columnas en el volumen único de Valbuena Prat
publicado por la editorial Aguilar. Lo admirable es que, antes de
marcharse a Andalucía por última vez —en el año 1603 como muy
tarde—, encontrara el tiempo libre para escribir, y leer, tan copiosa
y felizmente como lo hizo.

Su vida familiar no pudo haberle ofrecido muchas compensacio-
nes. El violento y ridículo episodio de junio de 1605, por ejemplo,
en el que Cervantes y familiares suyos se vieron implicados y dete-
nidos por intentar ayudar a un tal Gaspar de Ezpeleta cuando éste
fue atacado por sorpresa en la calle. Hubo también los amoríos
sórdidos de su hija natural Isabel. Quizá más tarde llegaría un
período de consuelo espiritual. Si el hacerse miembro de una orden
religiosa de moda en 1609 equivale tal vez a hacerse socio de un
club, su ingreso en la orden franciscana cuatro años más tarde
supondrá un compromiso más profundo. En sus últimos años obtuvo por fin un poco de alivio material gracias al mecenazgo de
Sandoval y Rojas, cardenal-arzobispo de Toledo, y también del
conde de Lemos.

Debido en gran parte a la extensa aunque indigesta obra de Luis
Astrana Marín (1948-1958B), la investigación biográfica moderna
ha añadido muchos detalles a lo que se sabía de la vida de Cervantes. Ahora conocemos bastantes de las circunstancias que rodearon
los pleitos a los que él y su familia se vieron sometidos, originados
en gran parte por la difícil situación económica que atravesaban.
Las innumerables peticiones, deposiciones, garantías, declaraciones,
incluso las cifras exactas de las cuentas de las que era responsable
cuando su tarea era pedir provisiones para la armada y cobrar los
atrasos de alcabalas en el antiguo reino de Granada (cifras que, en

---

1.   Todas las referencias al *Quijote* corresponden a la edición de Luis Murillo
(1978A), y van normalmente citadas del siguiente modo: parte, capítulo, tomo,
página.

aquel estado de cosas, incluso un experto en finanzas podría haber recogido de forma incorrecta). Lo que falta es lo que más nos gustaría tener: documentos para completar con mayor propiedad el retrato personal del Cervantes novelista. Escasean los fragmentos que nos podrían dar datos de primera mano acerca de sus opiniones y creencias, sus propósitos y sus reacciones. Carecemos del tipo de cartas personales que poseemos de Góngora, Lope de Vega y Quevedo, que tan bien ilustran sus biografías. No nos sirven de mucho los testimonios indirectos de aquellos que lo conocieron, aunque hay un documento de la época que arroja cierta luz sobre su vida, la *Información de Argel*, así como también aporta algunos datos la posterior *Topografía e historia general de Argel* (1612), de Diego de Haedo. Por estos documentos llegamos a conocerlo como el heroico soldado cautivo que protagonizó varios intentos de fuga y que sirvió de apoyo a sus compañeros cristianos de cautiverio. Pero para esbozar la historia personal de Cervantes los historiadores han tenido que fiarse casi exclusivamente de las páginas preliminares que incluyó en sus libros y de esa peligrosa fuente que es su propia obra de ficción. A excepción de algunos fragmentos en el *Viaje del Parnaso*, no sabemos con certeza lo que hay de autobiográfico en su obra de ficción. Pero parece que esto ha servido de estímulo para muchos, pues existe una tradición muy arraigada de biografías más o menos novelescas.[2]

Está claro que Cervantes tuvo unas ambiciones literarias bien definidas, y también que nunca quedó satisfecho del reconocimiento que se le rindió. Incluso después de la Primera parte del *Quijote* hallamos el deseo de que sus lectores lo conocieran. El prólogo a las *Novelas ejemplares* (1613) incluye ese retrato a pluma del autor, el único auténtico que poseemos de él. En prólogos y dedicatorias posteriores encontramos más evidencias de una preocupación por la categoría de su fama literaria, pero en ninguna obra se aprecia de modo tan evidente como en el *Viaje del Parnaso*.[3]

Esta fantasía alegórica, escrita al estilo mitológico-paródico en-

2. La última de éstas escrita en inglés es el muy entretenido estudio de William Byron (1979B). La biografía hasta la fecha más de fiar y más actualizada es la de Melveena McKendrick (1980B), que no es nada novelesca.

3. Editado por Vicente Gaos (1973A). La mejor edición continúa siendo la de F. Rodríguez Marín (1935A). Véase Rivers (1973D), pp. 135 ss., y Canavaggio (1981[1]D).

tonces en boga y dedicada a conmemorar a toda una hueste de escritores de la época y a satirizar a otros pocos, fue publicada en 1614. Si tenemos en cuenta que las *Novelas* habían salido a la luz el año anterior, que estaba trabajando entonces de lleno en la Segunda parte del *Quijote* y en el *Persiles*, y que había reunido varias obras de teatro y entremeses para la imprenta, amén de varias obras que no llegaron a imprimirse (su *Bernardo*, las *Semanas del Jardín* y la continuación de la *Galatea*), no podemos más que maravillarnos ante esta última explosión de energía creativa. Era como si en esos momentos no pudiera publicar con la suficiente regularidad. Quizá debido al hecho de que el *Parnaso* surgió parcialmente como consecuencia de un desengaño personal, la parte subjetiva del poema revela unos sentimientos bastante confusos.[4]

Cervantes oscila aquí entre un sincero envanecimiento por sus logros literarios y un sentimiento de inferioridad por su creación poética. Muestra una cierta inseguridad general y, de vez en cuando, una abierta insatisfacción respecto a la posición que ostenta entre los otros escritores y el público en general. Con toda franqueza expresa su deseo de alcanzar el reconocimiento de los lectores («Jamás me contenté ni satisfice / de hipócritas melindres. Llanamente / quise alabanzas de lo que bien hice», *Parnaso*, IV, p. 114). Pero está ya resignado a no conseguirlo («Con poco me contento, aunque deseo mucho», *Parnaso*, IV, p. 105). Es sintomático el papel que se otorga a sí mismo en el poema, un papel privilegiado y marginal al mismo tiempo. Es escogido como «reportero» para la expedición al Parnaso, donde es tratado como un viejo amigo de confianza por Apolo y Mercurio, pero en cambio le resulta imposible encontrar allí un asiento y, para su irritación, tiene que permanecer de pie. Con absoluta falta de tacto, Apolo le sugiere que doble su capa y se siente sobre ella. Pero Cervantes no tiene capa y, no satisfecho por la banal aseveración de la deidad de que la virtud es un manto que todo lo tapa, prefiere quedarse en pie y guardar su dignidad (*Parnaso*, IV, pp. 105-106).

Aunque hay algunas piezas poéticas (incluyendo los dramas)

4. Al igual que Góngora, Cervantes había confiado en ser escogido para ocupar una vacante en la secretaría de su patrón, el conde de Lemos, cuando éste fue nombrado virrey de Nápoles en 1610. Las festividades que tuvieron lugar allí al cabo de dos años dieron un nuevo impulso a la composición de la obra.

entre las obras que enumera con orgullo, es precisamente su poesía el género que en ciertas ocasiones le hace dudar de su talento. En un terceto citado con frecuencia dice tener que trabajar y desvelarse «por parecer que tengo de poeta / la gracia que no quiso darme el cielo» (*Parnaso*, I, p. 54). Quizá, como creía Cernuda, se dejaba llevar demasiado por las opiniones de los demás (1964D, pp. 46 ss.); a menudo se refiere a las opiniones a él adversas. Fuera como fuese, la inseguridad que mostró sobre su poesía jamás la manifestó, por ejemplo, sobre el *Quijote*.

Hay diversas razones que explican la ambigua opinión que tenía Cervantes de sí mismo como escritor, pero una de las más importantes es, sin duda, que su mayor originalidad y sus dones más preciados se aplicaran a un tipo de literatura que entonces gozaba de poco prestigio. En la tradicional jerarquía de los géneros, no es que la ficción novelesca fuera subestimada, sino que las autoridades académicas no sabían con seguridad qué hacer con las nuevas formas que aún no habían sido definidas con claridad por el canon establecido. Como comentara Cervantes de los libros de caballerías, eran obras «de quien nunca se acordó Aristótelo, ni dijo nada San Basilio, ni alcanzó Cicerón» (*Don Quijote*, I, pról.; I, 57). Por este motivo se podía utilizar a Aristóteles tanto para rechazarlas como para aceptarlas (véase Weinberg, 1961E, II, p. 712). No es que los contemporáneos españoles de Cervantes fueran una raza de clasicistas hasta la médula, ni mucho menos. Antes de la revalorización de los géneros literarios que se inició en el siglo XVIII sencillamente no se les habría ocurrido ofrecer a Cervantes, en virtud del *Quijote*, el sitio en el panteón de los inmortales que la posteridad le otorgaría. Ni él mismo estaba bien seguro del lugar que le pertenecía.

Hay muchos indicios de que Cervantes nunca formó parte de la vida literaria predominante en su tiempo, sino que más bien siguió una línea personal al margen. Pero cuando intentamos explicarlo [5] no debemos pasar por alto ni el dudoso estado de la prosa de ficción ni el hecho de que el éxito le llegara sólo a edad bastante avanzada. Había tenido una vida difícil y hubo de esperar mucho para alcanzar un cierto renombre. No había acertado con sus obras dramáticas; hubo un intervalo de veinte años entre sus dos primeras

---

5. La polémica teoría de Américo Castro sobre los supuestos orígenes conversos de Cervantes es una de las más conocidas (1966D, 1971D)

obras publicadas; y luego, aunque obtuvo éxito con el *Quijote*, se trataba de una obra incluida en un género entonces considerado inferior a la poesía. Considerando todas estas circunstancias podemos comprender mejor el hecho de su «marginación». Una de las ironías que rodearon su vida y sus obras es que su mayor éxito comercial le llegara sólo póstumamente, con la publicación, en 1617, de *Persiles y Sigismunda*.

Pero detrás del papel protector que ejercen la alegoría, la fantasía y la ironía en el *Viaje del Parnaso* podemos ver cómo Cervantes se acomoda a la ambición decepcionada. Ese humor característico, originado por el hecho de considerar los objetos en sus correctas proporciones relativas, se impone por sí solo. Esa graciosa ironía, nunca corrosiva, lo impregna todo y a todos, incluso a él mismo. Todos los poetas, inclusive los del partido de los buenos, parecen bastante ridículos considerados *en masse*. La vanagloria juega un papel importante en el capítulo VI. De todos modos, ¡qué absurda es la excesiva vanidad por alcanzar la fama literaria!

No hay duda, sin embargo, acerca de su devoción por el arte de la poesía. Podemos ver en el mismo libro cuán exaltada era su idealización de ésta. En la «Adjunta» final, Apolo, aunque se ría de la estirpe de los poetas en general, admite que la poesía ennoblece al artista: «Ítem se ordena que todo poeta, de cualquier calidad y condición que sea, sea tenido y le tengan por hijodalgo, en razón del generoso ejercicio en que se ocupa» (p. 189). En la misma página Cervantes vuelve a insistir en dos ocasiones en que el poeta es un artista al que hay que respetar y del que se debe estar orgulloso.

Y el novelista —Cervantes formula implícitamente esta pregunta en el *Parnaso*—, ¿no merece colocarse entre los demás poetas?

Sean cuales sean las diversas y oscilantes dudas de Cervantes, lo cierto es que en las últimas páginas que escribió se respira cierta serenidad, fruto quizá de su aceptación de las cosas como eran. Se encuentra incluso en la dedicatoria del *Persiles*, escrita tres días antes de su muerte, el 22 de abril de 1616,[6] cuando ya estaba preparado para morir, aunque todavía sostenía alguna esperanza de seguir viviendo. Generaciones de lectores han sido sensibles a esta serenidad.

6.   Probablemente no fue el 23 de abril, como se solía afirmar. Ese fue el día en que le dieron sepultura.

Capítulo 2

CERVANTES Y LA FICCIÓN NARRATIVA
DE LA ÉPOCA

1. EL *ROMANCE*

Desde la perspectiva actual, el público lector al que se dirigía Cervantes era bastante reducido. Parece que, a lo sumo, un 20 por 100 de la población sabía leer. La cifra no era insignificante; era la más alta que se había alcanzado hasta entonces. Con la expansión de la educación que tuvo lugar entre 1500 y 1600, período en que el número de universidades del país pasó de once a treinta y dos, la alfabetización aumentó considerablemente.

La respuesta a cuestiones más específicas —la magnitud de ese público, su composición y su evolución— sólo puede ser de tipo general para resultar verosímil. Las cifras encontradas no son dignas de confianza y las interpretaciones son dudosas y a veces confusas.[1] Este público debió estar formado por hidalgos y miembros de la alta nobleza y por clérigos, escolares e intelectuales (Chevalier, 1976E, pp. 29-30). Hay indicios de que a principios del siglo XVII el núcleo de este público empezó a ser la pequeña pero creciente clase media urbana, en la que había un considerable número de mujeres. Su magnitud debió ser bastante mayor que la de los compradores de libros, los cuales podían también ser alquilados para su lectura.[2]

1. Véase Whinnom (1980E); Cruickshank (1978E), pp. 810-811; Chevalier (1968E, 1976E); Eisenberg (1982E), pp. 89 ss.; Domínguez Ortiz (1971E), pp. 231 ss.
2. Mateo Alemán menciona mujeres que preferían gastar su dinero en libros que en ropa: «gastan sus dineros alquilando libros» (*Guzmán de Alfarache*, II, III, 3; 1967C, p. 787).

Según ha demostrado Margit Frenk (1982E), la persistencia del hábito de leer en voz alta hace pensar que la transición a la lectura puramente ocular aún no había terminado. Estos lectores habrían tenido a menudo oyentes.

En un sentido general, el público lector era similar al del mercado de masas moderno. La mayoría de los escritores de la época eran muy conscientes de su carácter de «masa», a la que daban el apelativo de «vulgo». Era éste considerado por los escritores delicados como ignorante, malicioso e insensible al arte y a la moralidad. El vulgo se distinguía claramente de los «discretos». En el *Guzmán de Alfarache* (1599) Mateo Alemán dirigió un prólogo a cada una de las dos clases. Los escritores podían hablar mal del vulgo, pero sabían que debía ser respetado, como hacía Cervantes cuando se refería a él como al «antiguo legislador» (*Don Quijote*, I, pról.; I, 52). El poder que éste ejercía sobre los empresarios de la imprenta era cada vez más evidente para los escritores españoles de principios del siglo XVII (Cruickshank, 1978E, p. 817). Cervantes, Lope de Vega y la mayoría de los novelistas y dramaturgos de su época eran probablemente tan conscientes como los escritores actuales de la necesidad de saber para quién escribían y para qué lo hacían, si para conseguir popularidad o para obtener recompensas de tipo artístico, menos lucrativas aunque más duraderas. Cervantes aspiraba a alcanzar ambos objetivos. El amigo del escritor, en el primer prólogo (I, 58), le aconseja que intente satisfacer tanto al «simple» como al «discreto», al «grave» como al «prudente»; y, más tarde, el autor quedó muy complacido de que su popularidad fuera tan universal.

La Primera parte salió probablemente a la venta en enero de 1605. Más que tratarse de un acontecimiento aislado, tuvo lugar al final de un breve período de siete años (1599-1605) caracterizado por un radical y nuevo desarrollo de la historia de la narrativa. Eran todavía los años culminantes de una época literaria extraordinaria por sí sola. Durante más de una centuria la narrativa española no tuvo parangón en toda Europa, tanto por su cantidad y variedad como por su calidad y sus innovaciones.

Podemos seleccionar nueve obras de entre las publicadas entre 1492 y 1605 que influyeron en Europa y que tuvieron gran éxito comercial en España. Son obras de ficción o semificción escritas en prosa, diseñadas primordialmente para entretener (con independencia de cualquier otro propósito más serio que sus autores también hubieran podido abrigar). Con una sola excepción, figuran como las ocho mejores obras de este estilo en la lista que confeccionó Keith Whinnom en un interesante y cauteloso estudio (1980E) en el que analiza la cuestión del libro de gran difusión en el Siglo de Oro español.[3] Aunque provisionales, sus hallazgos se ajustan perfectamente a nuestros objetivos:

1. *La Celestina* (con mucho, la primera), escrita en su mayor parte por Fernando de Rojas. Ficción dialogada («comedia humanística»).

2. *Libro áureo de Marco Aurelio*, de Antonio de Guevara. Miscelánea educativa, ejemplar y anecdótica.

3. *Guzmán de Alfarache*, de Mateo Alemán. Novela picaresca.

3. *Guerras civiles de Granada*, parte I, de Ginés Pérez de Hita. *Romance* morisco con pretensiones históricas.

5. *La Diana*, de Jorge de Montemayor. *Romance* pastoril.

6. *Don Quijote*, de Cervantes.

7. *Amadís de Gaula* (libros I-IV). *Romance* caballeresco, refundido y publicado por Rodríguez de Montalvo.

8. *Cárcel de amor*, de Diego de San Pedro. *Romance* sentimental.

La excepción a que nos referíamos es el *Lazarillo de Tormes*, el libro más revolucionario de todos en algunos aspectos. Tuvo problemas durante algún tiempo con la Inquisición. Más adelante hablaremos de él.

Esta lista tiene dos puntos de interés especial. El primero es la gran variedad de las obras presentadas: no hay dos que sean exactamente del mismo tipo, hecho sorprendente en un conjunto de ocho títulos. Al público español aficionado a leer obras de ficción le gustaba la variedad. El segundo punto es que, pese a la inexistencia de dos obras que sean exactamente de la misma clase, cuatro de las ocho son tipos (o subgéneros) diferentes de *romance* (morisco,

---

3. Whinnom evita cuidadosamente sentar conclusiones definitivas sobre los libros citados o sobre su precisa clasificación en la lista. Señala la precariedad de los elementos de estimación. Para este propósito se cuenta apenas con el número de ediciones *conocidas*. Se excluyen de la lista que he proporcionado las obras de educación, teoría, edificación, poesía y las traducciones al castellano. Entonces, como ahora, algunas de estas obras alcanzaban incluso mayor éxito editorial. Agradezco al profesor Whinnom sus comentarios adicionales a sus hallazgos.

pastoril, caballeresco y sentimental). Si las consideramos a todas como variedades de un tipo fundamental de obra idealista de ficción, resulta que estamos ante el tipo de obras de ficción que obtuvo el mayor éxito comercial en el Siglo de Oro, aun contando la *Celestina* y las obras de Guevara.

Aunque podría utilizar el término general «novelas» y hablar de novelas «idealistas» o «de imaginación», prefiero utilizar el término inglés *romance* para contraponerlo al de «novela» con el sentido de «moderna novela realista». La ventaja, para mí, supera lo inconveniente de la traducción española. El empleo del término está plenamente justificado por Gonzalo Sobejano en un juicioso artículo sobre las *Novelas ejemplares* (1978D).

Un tipo de *romance*, el libro de caballerías, superó, como es bien sabido, a todos los demás en lo que se refiere al número de títulos publicados ya antes de 1600, cuando empezaron a cambiar los hábitos de lectura. Maxime Chevalier contó 46 nuevos títulos y 251 ediciones conocidas de libros de caballerías entre 1500 y 1605 (1968E, pp. 2-4).[4]

Aunque el último libro de caballerías se publicó en 1602, el *romance* idealista entendido en su conjunto estaba, por esas fechas, todavía muy lejos de extinguirse. Los libros caballerescos favoritos de esa época seguirían publicándose de forma intermitente hasta bien entrado el siglo XVII. Los *romances* pastoriles estaban en pleno auge y seguirían publicándose hasta la década de 1630. Incluso el *romance* heroico, que derivaba del antiguo *romance* griego a la manera de Heliodoro, aún habría de vivir en España sus momentos más felices en la segunda década del siglo, sin mencionar el éxito loco que a continuación tendría en Francia. Acostumbrados a considerar esta situación a la luz del posterior desarrollo de la corriente de la novela realista, tendemos a concentrarnos en la picaresca y en el *Quijote* a expensas del *romance* contemporáneo de la época, con la consecuente distorsión que ello implica.

Las formas artísticas gozan de un estado continuo de fluidez, lo que hace que surjan nuevos géneros a partir de otros viejos. El período que estudiamos se caracteriza precisamente por la interacción entre los géneros. La comedia se mezcla con la tragedia; con-

4. Riquer cree que estas cifras representan una estimación demasiado baja (1973D, pp. 284-285 n.).

fluyen el *romanzo* italiano y la épica; el aforismo, la epístola y el género dialogado se convierten en ensayo; la forma subliteraria del adagio se combina con el epigrama para florecer como emblema, mientras que el epigrama da nueva vida al soneto.[5] Los escritores también eran conscientes de los convencionalismos de los géneros. En esa conciencia se basaba la teoría literaria de la época, que procedía de Italia, y en especial la teoría de Julio César Escalígero. Uno de los temas más controvertidos en ese momento, la distinción entre historia y poesía, era en realidad una cuestión de género: un intento de trazar una especie de frontera marítima entre la tierra firme de la historia y el océano inabarcable de la poesía (que venía a significar literatura de ficción).

La teoría literaria de la época se fijó tan poco en las obras de ficción en prosa que no nos sorprende el hecho de que en esa área de la literatura prevaleciera un sentido tan poco preparado para la distinción de géneros. Esto se aprecia de inmediato en la vaga y confusa terminología que se aplicaba a la mayoría de las categorías de obras de ficción. No había entonces en castellano ningún término que definiera las extensas obras de ficción escritas en prosa. «Libro» o «historia» se empleaban para significar lo que ahora llamamos «novela» (o *romance*). La palabra «novela» (del italiano *novella*) empezaba a introducirse en la lengua (para desalojar y sustituir a otros términos, como el de «patraña») con el significado de «relato breve». Sin embargo, ello podría ser un claro indicio de una creciente discriminación en ese campo. A partir de principios del siglo XVII surgirían otros indicios similares. Las novelas picarescas se relacionaron entre sí ya desde un inicio. También hubo el caso excepcional del propio Cervantes. Éste no habría podido escribir nunca el *Quijote* si no hubiera conocido la diferencia entre lo que hoy llamamos «novela» y *romance*, aunque desconociera esta terminología moderna.

Dada la polémica que aún hoy persiste sobre los géneros, debo dejar bien claro que este libro se basa en la premisa de la existencia de géneros, modos y subgéneros (aunque no esperamos alcanzar un completo acuerdo en cuanto a la terminología utilizada). De no ser así, me parece que también podríamos discutir el hecho de que la

---

5. Rosalie L. Colie (1973E), pp. 33 ss. Véase también C. Guillén (1971E), pp. 191, 385 ss., y Alastair Fowler (1982E), pp. 149 ss.

gente pueda clasificarse según su grupo sanguíneo, su tipo psicológico, su clase social, etc., por el simple hecho de que cada uno de
ellos es un individuo único. No tiene sentido exigir demasiado del
concepto de género, sobre todo considerándolo un método de cata-
logación precisa e inmutable. Como Alastair Fowler deja bien claro
(1982E, p. 12), los géneros son tan inestables como las relaciones
existentes entre ellos y las formas subsidiarias que surgen de los
mismos: varían con el tiempo.[6]

Es inútil intentar reducir un género a las características de un
modelo único; éste ha de forjarse forzosamente a partir de un
conjunto de obras. También es erróneo considerar que determinado
rasgo es indispensable para un género. Cuanto más estereotipada es
una obra, más fácil es identificar su género (esto ha llevado al
abuso del término «género» por parte de la actual crítica cinemato-
gráfica). Cuanto más se aparte de la media, más dudosa será su
etiquetación. A algunas obras intermedias se las considera fácilmente híbridas, mientras que otras son más discutibles. Así como hay
acuerdo general a la hora de denominar «rojo» a un área del espec-
tro y «amarillo» a otra, y a la intermedia «naranja», si pretendiéra-
mos afinar aún más pronto acabaríamos discutiendo. En un género
determinado deberíamos poder incluir no sólo las obras que se
ajustan perfectamente al modelo, sino también las que llevan las
posibilidades del género hasta sus últimos límites, e incluso las que
pretenden sublevarse contra las normas que lo rigen.[7] La teoría de
los géneros no es una ciencia exacta, sino un principio ordenador,
un concepto utilizado tanto por lectores como por escritores. Las
constricciones de género ejercen una fuerte influencia en un plano
puramente subconsciente.

Un determinado género o subgénero literario puede llegar a
dominar en un campo de tal manera que los criterios en él adopta-

6. El examen más completo, profundo y sensato que conozco sobre el tema es
el de Alastair Fowler (1982E). Las dudas de, por ejemplo, Eisenberg (1979E), Dunn
(1979E), pp. 135 ss. (1982D, 1982E) y Reed (1981E), pp. 56 ss., sobre si la picaresca
existe como género, me parecen disipadas por completo por los argumentos de
Fowler (sin que éste se refiera específicamente a ellos). Véase también Rey Hazas
(1982E).

7. «Un motivo para escribir en un determinado género es la necesidad de
poner en duda algunas de las actitudes subyacentes a esa forma literaria»: Dubrow
(1982E), p. 23.

dos sean aplicados a otras formas que, aunque relacionadas, sean diferentes. Este sería el caso de la moderna novela realista (o «verosímil»). Hemos estado tan condicionados por la novela realista de los siglos XIX y XX que todavía hoy juzgamos las obras de ficción según criterios realistas, pese a la actual prevalencia de otras formas de novela moderna. Esto ha sido especialmente cierto en la crítica literaria hispanista hasta épocas recientes, por lo que la crítica de Cervantes se ha visto, sin duda, resentida por la excesiva tendencia a juzgar todas sus obras a partir de los mismos estándares de la novela realista (véase Deyermond, 1975E, y Sobejano, 1978D). Por suerte, las cosas se están modificando en este punto y cada vez se reconoce más la autonomía del *romance*.[8] Así debería ser en una época en que la ciencia-ficción y otros tipos de ficción han proliferado en todos los medios de comunicación, época en la que el héroe del *romance* caballeresco se ha reencarnado en un James Bond, equipado de un pequeño grado de cínico materialismo, como corresponde a fines del siglo XX;[9] y se ha reencarnado también, en una forma más pura, en los héroes cósmicos de *La guerra de las galaxias* y *Superman*.

No quiero repetir aquí argumentos que ya he empleado anteriormente en otra parte, pero quisiera evitar, en lo posible, todo malentendido.[10] Utilizo los términos *romance* y «novela» para distinguir

---

8. Véase, sobre todo, Frye (1957E), pp. 303 ss., y (1976E); también Beer (1970E).

9. Véase Eco (1966E) y Dubrow (1982E), pp. 112-113, entre otros. La propaganda de productos de consumo, de conocidas marcas de cigarrillos, whisky, coches, mermeladas, etc., que aparece en las novelas de Fleming tiene más sentido de lo que parece. Irónicamente, el idealismo del viejo *romance* ha venido a parar al núcleo fundamental del materialismo del consumo de masas: la publicidad, especialmente la comercial ofrecida por televisión. Ahí todas las mujeres jóvenes son encantadoras y deseables; todos los hombres jóvenes, gallardos y viriles; los niños, sonrientes y felices; las madres, infatigablemente atentas, y las familias, armónicas y divertidas. Un mundo de *glamour* y de emociones al alcance de todo aquel que pueda comprar un champú, una tableta de chocolate, una lata de cerveza o un automóvil. Como los antiguos escritores de *romances*, los publicistas apuntan a la más profunda intimidad de los deseos humanos.

10. Véase Riley (1981D). A la luz de las conclusiones de Fowler (1982E), debería matizar algunas de mis afirmaciones, pero lo fundamental de mi teoría sigue en pie. En aras de la claridad reproduzco aquí la lista de las que me parecen las características básicas del *romance* relevantes para Cervantes y su época. Téngase en cuenta que su incidencia varía según las obras y que ninguna es imprescindible ni única en el género:

dos clases diferentes pero relacionadas de la familia de la narrativa de ficción en prosa. El uso de ambos no es incompatible. Si algunas veces se los trata como si fueran una polaridad, debe entenderse que sus límites no siempre son invariables, sino que hay un margen de superposición.

Ortega y Gasset señaló hace muchos años que las *Novelas ejemplares* de Cervantes son, básicamente, de dos tipos diferentes (1957D, pp. 144-145). Ortega distingue entre los relatos predominantemente realistas y los basados en el *romance*. Ninguna de las «novelas» es completamente de un tipo o de otro; y dos de ellas, *La ilustre fregona* y *La gitanilla*, son sin duda híbridos experimentales. La aguda observación de Ortega de que estas obras son diferentes en género no obtuvo, sin embargo, la aprobación de la moderna crítica cervantina, sino que surgieron grandes discusiones acerca de las

---

1. El *romance* es una historia de amor o de aventura, y con frecuencia de ambas cosas a la vez. 2. Generalmente presenta un viaje, una búsqueda o una prueba a superar. 3. Está más cerca del mito que la novela moderna. 4. No pone trabas a lo sobrenatural. 5. El tiempo y el espacio no están necesariamente sujetos a las normas empíricas. 6. Héroes y heroínas están más o menos idealizados en cuanto que están más o menos dotados de belleza, juventud, posición, riqueza, virtud e inteligencia. Socialmente, se los debe considerar la flor de la aristocracia. 7. La psicología de los personajes es simple. Tienden a influir directa y fuertemente en las emociones del lector, a convertirse en arquetipos psicológicos y a prestarse a alegorías y simbolismos. 8. Las cuestiones morales están simplificadas. Se puede confiar en que triunfe la virtud, pero el final feliz no es seguro. 9. En los *romances* extensos la acción narrativa toma la forma de una sucesión más o menos larga de incidentes, que a veces forman historias entrelazadas. Estas historias pueden estar estrechamente urdidas y formar *novelle* que podrían funcionar con plena autonomía. 10. El desarrollo y el desenlace de la acción están fuertemente gobernados por las peripecias de la fortuna y por los encuentros fortuitos. Para el lector moderno, acostumbrado a los argumentos basados en una causalidad manifiesta, parecen crudas manipulaciones del accidente y de la casualidad. Sin embargo, en el antiguo *romance* medieval y renacentista representan la intervención de la divina Providencia, la cual dirige los acontecimientos humanos y da sentido a la existencia humana. 11. Se aproximan con frecuencia a los sueños, en especial a los que satisfacen los deseos más profundos. 12. Los detalles descriptivos pueden ser numerosos, sensuales y visualmente vívidos. 13. El estilo suele ser elevado y no favorece el diálogo realista. 14. El *romance* «se ajusta con esmero a la moda del día y está forjado en el molde exacto de la sensibilidad de una época» (Beer, 1970E, p. 12). Esto explica el hecho de que tantos *romances* particulares queden tan pronto anticuados.

Véase Hume (1974E) para comentarios adicionales sobre las características fundamentales del *romance*.

inescrutables capitulaciones cervantinas a los gustos artificiales entonces de moda. ¿Cómo pudo un mismo hombre haber escrito *Rinconete y Cortadillo* y *Las dos doncellas* o, para el caso, *Persiles* y *Don Quijote*? La supuesta incompatibilidad de estas obras llevó a los investigadores a intentar trazar la evolución cronológica de sus obras a partir de líneas preconcebidas: del idealismo al realismo (caso de González de Amezúa, 1956D, vol. 1, pp. 482 ss.), y del realismo al idealismo (Ruth El Saffar, 1974D). Estas teorías tienen dos inconvenientes: que la primera y la última obra publicadas por Cervantes son *romances* idealistas, y que las teorías han de basarse, en la mayoría de las obras, en las fechas de su composición, datos sobre los que las opiniones difieren y que son, por lo tanto, dudosos. Mucho más probable es la tercera teoría, sostenida con frecuencia, que defiende que Cervantes nunca pasó definitivamente de un estilo narrativo a otro, sino que fue capaz de alternar ambos hasta el fin de sus días. De esta forma queda resuelto el complejo problema de la diferencia entre el *Quijote* y el *Persiles*, cuyas fechas de composición, en parte, se superponen. Esencialmente, como sugirió Forcione (1972D, pp. 150-151), la diferencia es de género.

En lo que se refiere a los tipos más frecuentes de *romance*, Cervantes cultivó dos con notable éxito: el pastoril y el bizantino o griego. El más popular de la época, el *romance* de caballerías, sencillamente lo utilizó para sus propios y bien conocidos propósitos. Quizá solamos exagerar su preocupación por este último tipo, dado que apenas figura en sus otros escritos. Aprovechó material de Boiardo y de Ariosto en su obra dramática *La casa de los celos* (véase Canavaggio, 1977D, pp. 103 ss.), y pudo haber considerado al *Persiles* un *romance* de caballerías actualizado y purgado de elementos fantásticos. Los puntos de contacto entre el *Persiles* y la descripción del canónigo de Toledo de las cualidades del *romance* de caballerías ideal (*Don Quijote*, I, 47) lo sugieren extraordinariamente. Pero, aparte del *Quijote*, eso es todo.

Cervantes se inició en el arte de la escritura en prosa con un *romance* pastoril.[11] *La Galatea* (1585) fue la quinta obra de su clase

---

11. El *romance* pastoril, en general, habría aportado más al *novelista* en ciernes que el *romance* de caballerías. La *Diana enamorada* de Gil Polo, por ejemplo, muestra un claro desplazamiento hacia el tratamiento novelístico del personaje y su motivación (véase Solé-Leris, 1980E, pp. 54-55; Cozad, 1981E). La *Arcadia* de Lope de Vega (1598) tiene una serie de rasgos casi novelísticos (Osuna, 1972E, pp. 230, 243 ss.).

que se publicaría en España desde la *Diana* (1559) de Montemayor, y tarea grata con la que Cervantes debió aprender mucho sobre el arte de novelar. *La Galatea* denota características típicas de su método narrativo. Por ejemplo, el encuentro fortuito con que principia una historia particular, narrada por un desconocido, frecuentemente por entregas, a menudo con más de un narrador y con interrupciones en suspenso, y el final representado por lo común en el plano básico de los acontecimientos. De forma semejante, Gil Polo, autor de la *Diana enamorada* (1564), había utilizado esta técnica derivada del *romance* bizantino. Situaciones, arquetipos, temas, ideas e incluso giros sintácticos presentes en *La Galatea* vuelven a ser empleados en las posteriores obras del autor. Tanto *El curioso impertinente* de la primera parte del *Quijote* como *El celoso extremeño* derivan en parte de la historia de Timbrio y Silerio. Las líneas básicas de la boda de Daranio se encuentran también, aunque con un sentido muy distinto, en las bodas de Camacho (*Don Quijote*, Segunda parte). Gelasia es un claro precedente de la pastora Marcela, la cual lleva a Grisóstomo a la muerte (Primera parte). También se repiten, de modo similar, incidentes de menor importancia. En un gran escritor la repetición no indica pobreza de imaginación, sino todo lo contrario. La intención, el contexto, la elaboración y el tono pueden ser decisivamente diferentes. Es el sentido que posee el novelista de la infinitud de los posibles giros de los acontecimientos y de la interminable variedad de los comportamientos humanos lo que le hace retomar una situación ya descrita con anterioridad o la idea inicial de un personaje para desarrollarlo de una manera distinta.

Es injustificable descalificar el género pastoril considerándolo una moda literaria extinta e inescrutable.[12] La Arcadia es, fundamentalmente, un mundo privado dentro de la introvertida mente de cualquier amante, donde sólo importan el amor y las emociones que lo acompañan, exteriorizadas por medio del arte en un mundo bucólico y estilizado. Este mundo, ni está enteramente regulado por las normas terrestres del espacio y el tiempo, ni está libre por

---

12.   Como hace Fitzmaurice-Kelly con la *Diana*: «La verdad del asunto es que la forma pastoril es esencialmente artificial; la falsedad del *género* gustaba al público de entonces y se prestaba fácilmente al alambicado talento de Montemayor, muy alejado del realismo» (1926E, pp. 229-230).

completo de ellas. Sin embargo, no forma parte exclusiva del reino emocional, y proporcionó con regularidad un punto de partida ideal para los debates intelectuales sobre los sofismas del amor y para la discusión y la representación de «cuestiones de amor». Como tan acertadamente afirmó C. S. Lewis, es «una región de la mente que efectivamente existe» (1965E, p. 352); «algo que nos lleva a un estado de identidad más elevado», en palabras de Northrop Frye (1976E, p. 149). En este reino personal creado por Cervantes y formado por amantes cortesanos disfrazados de pastores, pastoras y ninfas entran personajes que han atravesado angustiosas experiencias en el mundo exterior y que están dispuestos a describirlas una y otra vez. Pero es bajo la forma de amantes —del pasado, del presente o potenciales— como tienen acceso a la Arcadia, normalmente en un determinado momento de crisis emocional (véase Marinelli, 1978E, pp. 57 ss.). Así, han superado ya las preocupaciones materiales de la vida social cotidiana (que tan lejos están de los pensamientos de todos los amantes distraídos) y vagan embargados por la emoción, o persiguen o son perseguidos en el marco del paisaje de la Arcadia, que puede lindar con un desierto semialegórico. Pueden estar en comunión (o conscientemente alienados) con el mundo natural que los rodea. Cervantes nunca dejó de escribir pasajes pastoriles en sus obras posteriores a la *Galatea*, y su permanente afecto por este tipo de *romances* nunca se vio dañado por su capacidad para ver el lado cómico de los mismos.

En su última obra, *Persiles y Sigismunda*, Cervantes intentó conscientemente renovar el *romance* de aventuras volviendo a la forma más antigua conocida del género. En su prólogo a las *Novelas ejemplares* describió la obra prometida como una que «se atreve a competir con Heliodoro», y es evidente que también conocía alguna versión del *Leucipe y Clitofonte* de Aquiles Tacio.[13] No sólo

---

13. La traducción francesa de Amyot de la *Historia etiópica* fue vertida al castellano en 1554; en 1587 siguió la traducción de Fernando de Mena (véase Forcione, 1970D, pp. 56 ss.). Una versión italiana parcial del *romance* de Aquiles Tacio, los *Amorosi ragionamenti* (1546), llevada a cabo por Ludovico Dolce, inspiró una libre imitación parcial en castellano, la *Historia de los amores de Clareo y Florisea* (1552), de Núñez de Reinoso, que Cervantes habría probablemente leído, aunque también pudo haber leído la versión de Dolce o la versión completa realizada por Angelo Coccio en 1551 (véase Zimic, 1974-1975D). La primera versión completa en castellano no apareció hasta 1617.

en el *Persiles*, sino también en la *Galatea*, las *Novelas ejemplares* y el *Quijote*, gran parte del componente básico de la aventura romántica deriva directa o indirectamente del *romance* bizantino. El tema genérico central se parece mucho al del *Persiles*. Una pareja de nobles y jóvenes amantes, paradigma de la belleza y la virtud, son separados y obligados a viajar y a enfrentarse a todos los peligros que puede entrañar la navegación por mar: tempestades y naufragios, actos de piratería, cautiverios, amenazas de tortura; a experimentar en carne propia ritos de religiones extrañas, verse sorprendidos por ávidos violadores, seductores voluptuosos y terribles infortunios. Pero acaban superándolo todo y consiguen felizmente volver a reunirse y luego casarse, viendo así recompensada su virtud. Su amor se fortalece con los obstáculos, cobrando así un romanticismo parecido al de Lanzarote y la reina Ginebra, aunque mucho más puro. Nuestra común concupiscencia humana se conmueve al ver sometida a prueba su castidad, y cuando ésta sale intacta queda satisfecho un instinto no menos humano. El poder de la divina providencia lo preside todo.

Doce años antes ya había experimentado Lope con la modernización del *romance* bizantino en *El peregrino en su patria* (1604), pero, con todo, Cervantes estaba entonces en la vanguardia de la moda literaria por su *Persiles*.[14] Esta obra se halla más cerca del modelo clásico que la obra de Lope, menos miscelánea en su forma y más profunda. Bajo un torrente de episodios surgen una y otra vez motivos míticos y simbolismo religioso. En ninguna otra obra de igual categoría intentó Cervantes de forma tan manifiesta producir una agradable mezcla de entretenimiento e instrucción.[15] No obstante, mientras que desde hace tres siglos y medio el *Quijote* no ha cesado de demostrar a sus lectores su pertenencia tanto a la vida como a la literatura, el *Persiles*, como la mayoría de los viejos *romances* (aunque no del *romance* en general), parece haberse estancado en su propia época. *Don Quijote* tiene su punto de partida en

14. Obras españolas de esta clase se tradujeron en Inglaterra al menos cinco veces entre 1619, cuando apareció la versión inglesa del *Persiles*, y 1623 (Randall, 1963E, p. 124). Hubo también veinticuatro *romances* franceses entre 1620 y 1630, algunos de ellos de múltiples tomos. Su auge continuó hasta la década de 1660.

15. Véase especialmente Forcione (1972D) y Casalduero (1947D). Y también Stegmann (1971D), Forcione (1970D) y la introducción a la edición de Avalle-Arce (1969A).

la persona de su héroe, y las implicaciones de la obra parecen interminables. El *Persiles* parece encadenado a lo absoluto. Sin embargo, deja bien claro lo lejos que estaba el autor del *Quijote* de renunciar al género del *romance*, pensara lo que pensara del *romance* caballeresco.

2. LA NOVELA PICARESCA

La novela moderna no fue simplemente el resultado de una transformación del *romance*. También heredó numerosas características de un amplio campo de la literatura: factual, especulativa, prescriptiva y otras parecidas, así como de la de ficción. Si las fuentes del antiguo *romance* eran los cultos religiosos, el drama, la épica y la historia, la novela moderna es, como lo expresó Pío Baroja, un «saco que contiene todo»: cartas, sermones, confesiones, historias, memorias, relatos de viajes, diálogos dramáticos, poemas, emblemas, resúmenes de información exótica, colecciones de proverbios, aforismos, chistes, anécdotas, leyendas: casi todo lo que circulaba por la prensa y la tradición oral.[16] Los autores de obras de ficción en prosa de la época los utilizaban y los manejaban manifiestamente, con distintos grados de capacidad organizativa. A veces el producto sólo difería ligeramente de aquellas compilaciones misceláneas que atendían, en su origen, al gusto que sería posteriormente satisfecho por las revistas.

Cervantes contribuyó, quizá sin saberlo, a una de esas recopilaciones. Las primeras versiones de *Rinconete y Cortadillo* y *El celoso extremeño* aparecieron en la hoy perdida *Compilación de curiosidades españolas*, antología compuesta de cuentos, cartas, chistes, relatos de viajes, dichos graves y graciosos y elogios poéticos recopilados por el licenciado Porras de la Cámara (*c.* 1606), que, aunque sin publicar, era toda una miscelánea. Las versiones revisadas aparecieron en 1613 en las *Novelas ejemplares*.[17]

---

16. Véase Clements y Gibaldi (1977E), pp. 14-16. También Márquez Villanueva (1973D), pp. 115 ss., para algunas de las fuentes protonovelísticas de Cervantes. Efectivamente, como afirma Segre (1974D, p. 192), se puede considerar la historia de la novela como una sucesión de intentos por combinar tipos diferentes de novela.

17. Se agradece el intento asiduo de E. T. Aylward de comparar las dos versiones de ambas novelas. Pero me parece que su categórica determinación de

La tendencia a reunir los relatos cortos en colecciones debe obedecer principalmente a sus orígenes orales. «Cuéntanos otro», pide el público al juglar. Tan pronto se juntan en el papel unos cuantos relatos, surge de algún modo un problema de organización. Esto se puede solventar con el hallazgo de un denominador común o título que englobe un tipo determinado de historias («Novelas ejemplares», «Cuentos del terruño», «Cuentos de verdad»), o bien intentando organizarlas según algún principio totalizador. Entre la obra que está formada por diferentes historias como una sarta de cuentas distintas y la que está formada de partes que se integran en una sólida narración, no hay ninguna distinción fácilmente mesurable —en especial cuando los narradores se hacen también personajes—, aparte de la convención tipográfica, entre relato, episodio, entrega, capítulo, suceso o cualquier otro componente narrativo. El producto final puede ser como el libro del *Génesis*, las *Metamorfosis* de Ovidio, *Las mil y unas noches*, el *Decamerón*, *La casa lúgubre* de Dickens o *La comedia humana* de Balzac.

Cualquier lector de Cervantes estará de acuerdo en que el relato corto era su género favorito. La *Galatea* y el *Persiles* vienen a ser un conglomerado de historias. Cada parte del *Quijote* contiene media docena de «episodios externos» que pueden ser básicamente considerados como historias independientes. Cervantes nunca llegó a publicar ninguna colección de relatos en un marco parecido al del *Decamerón*, pero en tres ocasiones prometió a los lectores un libro llamado *Semanas del jardín*, lo que nos recuerda las colecciones de novelas cortas ligadas a la manera de Boccaccio. Las dos últimas *Novelas ejemplares* están enlazadas por un recurso articulador. Todo lo que tiene en común la colección es el propósito de ejemplaridad implícito en el título y unas pocas aseveraciones de naturaleza similar que se exponen en el prólogo.

Los libros españoles de la época mostraban en sus páginas preliminares la licencia de publicación autorizada por el Consejo del Reino en nombre del rey y, frecuentemente, una o más aprobaciones censorias. La elaboración de éstas solía recaer en eclesiásticos y conocidos escritores. En tres de las que preceden a las *Novelas ejemplares*, cuatro veces se repite la frase «de honestísimo entrete-

---

demostrar *a priori* que las versiones de Porras no son cervantinas arruina su tesis. Es poco probable que llegue a cambiar la opinión establecida.

nimiento» justamente a continuación del título, como si formara parte de éste (I, 46, 49).[18]

Hacía poco que se iban asociando títulos descriptivos de este tipo a las colecciones de *novelle* en castellano. En 1580 apareció una versión castellana de las *Piacevoli Notti* de Straparola bajo el ameno y decoroso título de *Primera parte del honesto y agradable entretenimiento de damas y galanes* (hubo cinco ediciones más de la Primera y/o Segunda parte hacia 1585 y dos más entre 1598 y 1612). En 1589, una traducción de catorce cuentos de Bandello, basada en la versión francesa, fue publicada bajo el título más grave de *Historias trágicas ejemplares* (y vuelta a publicar en 1596 y 1603). El año 1590 también presenció la publicación en castellano de las *Hecatommithi*, obra traducida por Luis Gaitán de Vozmediano y titulada *Primera parte de las cien novelas de M. Juan Bautista Giraldo Cinthio*. En su prólogo, Gaitán observa la escasez de traducciones de *novelle* italianas y francesas y la carencia de este género en España. Insta a sus compatriotas a cultivarlo ya que, según cree, podrían hacerlo mejor que nadie.[19] Su ruego obtuvo respuesta. Cervantes se jactaba, en lo esencial con razón, de ser el primer escritor original de novelas cortas en castellano (*Novelas ejemplares*, pról.; I, 52).[20] A lo largo del reinado de Felipe IV (1621-1665) esta fue la forma más floreciente de la obra de ficción en prosa.

Pese al significativo auge de la traducción y publicación de *novelle* italianas en las décadas de 1580 y 1590, el verdadero y asombroso nuevo apogeo fue el de un género diferente. Este acontecimiento fue la explosión de la novela picaresca, que se inició con la publicación en 1599 de la Primera parte del *Guzmán de Alfarache*, de Mateo Alemán. Entre 1599 y 1605 se publicaron otras cinco obras nuevas de cuatro géneros distintos, todas ellas dentro del marco de la obra de ficción en prosa escrita en castellano: un *romance* de caballerías, un *romance* pastoril, otro bizantino y dos

---

18. *Novelas ejemplares*, H. Sieber, ed. (1980A). Todas las citas son de esta edición.

19. Para el estudio de la evolución de la novela corta en España, véanse Pabst (1972E), Clements y Gibaldi (1977E), y Forcione (1982D), pp. 21 ss.

20. Hay excepciones aisladas, como la historia mora de *El Abencerraje*.

obras «misceláneas».[21] En el mismo período se publicaron cuatro novelas picarescas y se compusieron (lo cual no es menos importante) tres más. Eso sin hablar de otra novela realista, no picaresca: la Primera parte de *Don Quijote*. Las siete obras picarescas fueron:

1599   *Guzmán de Alfarache*, Primera parte, de Mateo Alemán.

1602   La continuación del *Guzmán*, Primera parte, de Juan Martí.

1604   *Guzmán de Alfarache*, Segunda parte, de Mateo Alemán.

1604   *El guitón Honofre*, de Gregorio González (sin publicar).[22]

c. 1604   *Rinconete y Cortadillo*, de Cervantes, versión de Porras.

c. 1604   *El buscón*, probablemente compuesto por primera vez por Quevedo (publicado en 1626).[23]

1605   *La pícara Justina*, de López de Úbeda.

La historia de la ficción narrativa sólo ha vivido anteriormente dos épocas equiparables a esta. La primera fue la década del 160 d. C., en la que parece que fueron compuestos *Leucipe y Clitofonte*, *El asno de oro* y *Dafnis y Cloe*. La segunda época abarca los años 1215-1240, en los que se compuso el gran ciclo de la Vulgata de los *romances* artúricos franceses, desde *L'Estoire del Graal* hasta *Le Roman de Palamède*. La diferencia es que ninguna de las obras españolas es ya un *romance*. Por «primitivas» que parezcan si se las compara con las obras de Balzac, Dickens, Flaubert o Galdós, comparten con éstas buena parte de su realismo novelesco. Sus precedentes más cercanos en la narración en prosa se hallan probablemente en el *Satiricón* de Petronio, en el *Asno de oro* de Apuleyo y en el *Lazarillo de Tormes*. Esta última obra trajo consigo la

21.   Estas cinco obras fueron, respectivamente, *Don Policisne de Boecia* (1602) de Juan de Silva, *El prado de Valencia* (1600) de Gaspar Mercader, *El peregrino en su patria* (1604) de Lope de Vega, *El viaje entretenido* (1603) de Agustín de Rojas y los *Diálogos de apacible entretenimiento* (1605) de Gaspar Lucas Hidalgo. No nos cansamos de repetir que la eclosión de la picaresca no significó el fin de la publicación de *romances*. En esta época fueron reimpresos por lo menos nueve *romances* caballerescos anteriores. El *Peregrino en su patria* de Lope aparece en seis impresiones diferentes entre 1604 y 1605, y de su obra pastoril *La Arcadia* (1598) ya habían salido siete ediciones a fines de 1605. Para *Don Policisne*, véase Russell (1982E).

22.   Es decir, hasta que fue editada por Hazel Généreux Carrasco (1973C).

23.   Esta es la fecha aceptada por Lázaro Carreter en su edición (1965C), pp. LII-LV, y por la mayoría de especialistas, a excepción de Parker (1967E), p. 57.

ruptura más radical con el *romance* desde la composición de la obra de Apuleyo en el siglo II d.C., aunque no sería hasta principios del siglo XVII cuando nacería el nuevo género de la picaresca.

Este nacimiento no acaecería con la aparición del *Lazarillo*, porque para constituir un género se necesita más de una obra; pero tampoco habría podido producirse sin su vital influencia.[24] Publicado en 1554, medio siglo antes de la época a la que pertenece, el *Lazarillo* había declinado durante la segunda mitad del siglo XVI. Entonces, con la aparición del *Guzmán*, volvió a florecer con gran fuerza. Fue probablemente un astuto librero llamado Juan Berrillo quien aprovechó la ocasión para, dada la coincidencia del género de ambas, lanzar de nuevo a la luz el *Lazarillo*, que pronto alcanzaría las nueve ediciones en 1603 (Guillén, 1971E, pp. 138 ss.; Moll, 1979E, pp. 99 ss.).

Pocos géneros novelescos parecen con tanta evidencia el producto de su contexto inmediato como la picaresca. Sin embargo, la consideración de las circunstancias sociales, económicas e ideológicas de la época no aclara suficientemente —por lo menos para mí—, pese a la gran atención que se ha prestado al tema, la causa por la que la novela picaresca apareció cuando lo hizo, y en España más que en otras partes.[25]

Las preocupaciones sociales y religiosas latentes en las primeras novelas picarescas españolas más importantes son en principio inseparables. El *Lazarillo* surgió del «clima de sátira social nacido de la necesidad de una reforma religiosa» (Parker, 1967E, p. 20), y tenía raíces erasmistas. También es difícil no asociarlo con la ley de la mendicidad y las discusiones teológicas sobre la pobreza y el vagabundeo que suscitaron los intentos de aplicar esta ley en la década de 1540 (Herrero, 1979E, p. 878). El *Guzmán* y *El buscón* reflejan una honda preocupación por el mal, típica de la Contrarreforma. Cuando la mendicidad se volvió a plantear como problema fundamental, Mateo Alemán compartió con los «arbitristas» y con reformadores sociales como Miguel Giginta algunas de estas preocupaciones. Sus conocidos contactos personales con Cristóbal Pérez de Herrera, autor de *Discursos del amparo de los legítimos pobres*

---

24. Véanse Guillén (1971E), pp. 135 ss.; Lázaro Carreter (1972E), pp. 195 ss.
25. Véanse, más recientemente, Dunn (1979E), pp. 139 ss.; Michel Cavillac (1983E).

(1598), lo garantizan.[26] En un plano menos formal, España no tuvo una tradición de biografías rufianescas tan prolífica como la de la Inglaterra isabelina. Sin embargo, dispone de algunas memorias soldadescas y de un notable relato sobre la vida en prisión, la *Relación de la Cárcel de Sevilla* (1596-1599), de Cristóbal de Chaves.

Para justificar la presencia del pícaro en la novela española y su eterna dependencia del ascenso o descenso en la escala social no es suficiente con referirse al supuesto interés del público por los mendigos y los galeotes. En un sentido más profundo, el pícaro debe ser un producto del temprano crecimiento contemporáneo de las modernas sociedades capitalistas europeas (*El buscón*, Don Pablos, de Quevedo, es uno de los ejemplos más claros), pese a que la novela picaresca surgiera primero en uno de los países que, aunque pronto salió del feudalismo, tardó más en desarrollar una economía capitalista.

En la España posterior a la Armada Invencible (1588) había bastantes estímulos para el escritor no idealista, especialmente —aunque no de modo exclusivo— para aquellos que padecían marginación social, como fue el caso de Alemán a causa de sus antecedentes de converso judío. En 1595 asistimos, no por vez primera, a una bancarrota nacional. La inflación, por esa época, era desbordante. Se arruinaron las cosechas, el hambre asoló el país y, en 1596, la plaga llegó al norte de España y barrió hacia el sur con espantosas epidemias que terminarían con la vida de decenas de millares de hombres. Las fuerzas españolas sufrieron derrotas militares en el extranjero. Los inicios del siglo XVII, según un historiador, «no sólo marcaron una época de crisis, sino de plena conciencia de crisis, un amargo darse cuenta de que las cosas van mal» (Elliott, 1963E, p. 294). Aunque de modo menos patente, también se daba la conciencia profundamente perturbadora, no circunscrita a España, de que el propio modelo del universo, aceptado durante siglos, estaba empezando a decaer. Aún no se había «desmembrado, perdida toda coherencia» (en las conocidas palabras del poeta John Donne), pero transcurrirían muchos años antes de que Newton creara uno nuevo. En 1605 Kepler terminó su *Astronomia Nova* y Bacon publicó *The Advancement of Learning*.

---

26. Véase la edición de Cavillac (1975C), Introducción, pp. CXXX ss. Para el tema de los arbitristas, véase infra, cap. 10.

Contemplada esta época de aparente agitación y decadencia desde la perspectiva de los años ochenta de nuestro siglo, no habría sido insólito el surgimiento de una literatura de desesperanza. Pero no ocurrió así, y, aunque se extendía un sentimiento de desengaño entre los escritores, éste no llegó a ser universal. El desengaño apenas tipificaba el nuevo drama. Incluso entre las novelas picarescas, el *Guzmán* atormentado por el remordimiento y la sátira negra de Quevedo en el *Buscón* no eran elementos típicos del género, cuyo campo era muy amplio. Las circunstancias sociales, económicas e ideológicas por sí solas no justificaban ni las novelas picarescas ni el *Quijote*. Cada una de ellas era también obra de un individuo complejo y formaba parte de un proceso de evolución literaria de la que el estado desarrollado de la novela española era un factor principal.

Todas las novelas picarescas inmediatamente posteriores a la Primera parte del *Guzmán de Alfarache* parecen ser algún tipo de respuesta o reacción a ésta. La continuación de Juan Martí es, por supuesto, la imitación más próxima y fiel. La deuda de Gregorio González con Alemán es patente, y González lo reconoce en un soneto preliminar del *Honofre*. Por otra parte, lejos de meditar tristemente sobre el pecado y la salvación como lo hace Guzmán, su pícaro es alegremente irreverente. Cervantes, que utiliza ciertos componentes estructurales básicos del género en *Rinconete y Cortadillo* e incluso en su ridiculización de la mal empleada piedad religiosa del patio de Monipodio, desencadenando un serio problema religioso digno de Alemán, reacciona, sin embargo, de forma vigorosa contra su predecesor. Y lo hace de tal forma que muchos considerarían esta incompleta novela corta, de doble protagonista y escrita en tercera persona en un tono ligero, con poco comentario moral, sólo secundariamente picaresca. El *Buscón* de Quevedo (como *El guitón Honofre*) tiene algunas claras reminiscencias del *Guzmán* y del *Lazarillo*, pero la casi absoluta carencia de comentario moral señala un prejuicio contra el primero. No contiene diatribas ni disciplinas y deja que el lector saque sus propias conclusiones acerca de la historia, con frecuencia grotesca y feroz, de Pablos. *La pícara Justina* de López de Úbeda es, en algunos aspectos, la novela más notable de todas ellas. Con su pícaro femenino, su virtuosismo despreocupado, su charlatanería interminable y sus subrayadas banalidades morales, se la suele considerar una parodia del

Guzmán, y se le imputan también otros propósitos esotéricos y virulentos.[27]

Así, los autores de novelas picarescas anteriores a 1605 explotan las posibilidades de las logradas fórmulas de Mateo Alemán y, con una mirada puesta en el *Lazarillo*, lo imitan, lo adaptan, lo modifican e incluso, en ocasiones, lo ponen tácitamente en cuestión. Evidentemente, y no nos sorprende, la mayoría de ellos reaccionó contra los extensos comentarios moralizadores de Alemán. González se limitó a emplear proverbios y sentencias; Cervantes los supedita casi por entero a las reacciones finales de uno de sus pícaros protagonistas; Quevedo los elimina; López de Úbeda se burla explicándolos de la forma más sencilla posible.

Todos ellos coinciden en emplear un estilo parecido al de Alemán, creativo y coloquial, que combina la retórica con la vivacidad. Gregorio González opta por la expresiva sentenciosidad; López de Úbeda, por una animosa plática que ocupa gran parte de la novela, de tal modo que su pícaro narrador femenino casi excede a Tristram Shandy.[28] Es evidente que Cervantes quiso entretener al lector con el lenguaje de los diálogos de *Rinconete y Cortadillo*. Tenía la misma intención, en grado más alto aún, el estilo deslumbrante de Quevedo en el *Buscón*. Gran parte del atractivo de la novela picaresca reside, precisamente, en su tratamiento coloquial y familiar (un rasgo también presente en el *Lazarillo*).

El impacto que tuvo el *Guzmán de Alfarache* en obras de otros géneros publicadas entre 1599 y 1605 es, naturalmente, menos evidente, pero no por ello completamente nulo. Una obra miscelánea, *El viaje entretenido* (1603), de Agustín de Rojas, que goza de claras afinidades picarescas, alude al *Guzmán* y al *Lazarillo* en uno de sus prólogos (1972C, p. 66). Lope de Vega, cuando empezó a escribir en 1600 *El peregrino en su patria*, no podía sin duda desconocer el éxito popular que había alcanzado el *Guzmán*. Si hay alguna alu-

---

27. Sobre el papel predominante desempeñado por esta obra en los alborotos que rodean al *Guzmán*, véase en particular Márquez Villanueva (1983E).

28. En una introducción de más de cuarenta páginas en la edición de Antonio Rey Hazas (1977C), la Pícara Justina se dirige, sucesivamente, a la pluma con la que escribe, a un pelo que se le ha pegado, a una mancha de tinta, a una culebrilla que ha encontrado dibujada en el papel, al libro y al tintero, antes de empezar a relatar su nacimiento, momento en el que brevemente asume el punto de vista de la vocinglera niña en cuestión.

sión a éste en el libro de Lope, no la he advertido, pero la afinidad y el contraste entre el pícaro y el peregrino ya han sido comentados.[29] Mientras siga siendo materia de conjetura si *El peregrino* es un tipo de réplica al *Guzmán*, no podemos descartar la posibilidad de que represente una especie de contrarréplica literaria.

Convencionalmente, la novela picaresca es descrita, en términos genéricos, como una reacción contra el *romance* heroico e idealista. «La historia del héroe produjo la historia del pícaro. El vacío que dejara el retiro del héroe de ficción dio lugar al antihéroe de la sociedad: el pícaro español», como afirmara F. W. Chandler en su clásico estudio de 1899 (1961E, p. 14). Desde entonces la picaresca ha sido frecuentemente considerada como el contragénero o antitipo del *romance*, y no hay ningún motivo para oponernos a esta denominación.[30] Del héroe al antihéroe, de la virtud al vicio, de las clases altas a las bajas: efectivamente, la novela picaresca posee unas características diametralmente opuestas a las del *romance*. Otras características las heredó sin cambios esenciales: algunos rasgos básicos de la estructura narrativa, tales como, por ejemplo, iniciar la historia narrando los orígenes del protagonista, su partida «en busca de fortuna», sus viajes, sus encuentros y sus aventuras episódicas.[31] Algunos conceptos se invirtieron, otros fueron modificados y otros permanecieron intactos. Cualquier nuevo género ha de adoptar rasgos de los antiguos.

Los primeros novelistas picarescos estaban sin duda reaccionando contra el *romance* tradicional, pese a que, sorprendentemente, lo hicieran casi sin atacar abiertamente el género. Después del *Lazarillo* apenas se encuentran elementos que denoten una parodia o una sátira deliberada, más allá de lo que la noción de contragénero lleva implícita.[32] Y esto es así pese a la existencia de un famoso

29. Véase la edición de Avalle-Arce (1973C), Introducción, pp. 31 ss.

30. Así también, por ejemplo, Guillén (1971E), p. 97; Wicks (1974E, 1978E); Scholes y Kellogg (1975E), p. 75; Bjornson (1977E), pp. 10, 153.

31. Estos, por supuesto, son rasgos más propios del *romance* de caballerías que del pastoril. Se pueden encontrar sin dificultad similitudes estructurales entre la narrativa picaresca y la pastoril. Sin embargo, considerar por tal motivo al *Rinconete* como obra de este último género, como se ha hecho varias veces recientemente, no me parece correcto.

32. El título, la irónica primera frase del prólogo y el inicio de la historia de esta pequeña pero extraordinariamente sofisticada obra sugieren una pretensión paródica. Lo mismo podría afirmarse de partes del *Guzmán*, aunque no es tan evidente.

precedente conocido por todos: *La Celestina*, que no es ninguna
novela picaresca, pero efectúa, con Calisto, una parodia del amante
cortesano, aludiendo así al *romance* sentimental español, probablemente a la *Cárcel de amor* y a su héroe.[33] Por lo general, los
escritores españoles de novelas picarescas no manifestaron la oposición existente entre sus obras y el *romance*. La novela moderna,
como observó A. A. Parker, puede ser históricamente considerada
una reacción ante el *romance*, «pero como alternativa, y no como
sátira». En esto difiere significativamente no sólo del *Quijote*, sino
también de las obras de Sorel y Scarron del siglo XVII francés, que
surgieron por oposición al *romance*.[34]

Parece ser que no les fue fácil a los escritores de novelas picarescas romper del todo con el *romance*. Mateo Alemán todavía no
se había desprendido de él cuando, en la Primera parte de su novela, incluyó el cuento morisco, básicamente idealista, de Ozmín y
Daraja. Más aún, el *romance* llegó a insinuarse de un modo más
sutil y duradero dentro del entramado de la narrativa picaresca.
Fue, por cierto, un ajuste mutuo. Lo que se dio fue una absorción
de elementos del *romance*, lo que hizo el efecto de pulir las formas
más toscas y aligerar el tono de la narrativa picaresca. Incluso
volvemos a vislumbrar la mano de la Providencia dorando las nubes y retirándolas para preparar un final feliz. Este proceso parece
haber empezado con Cervantes. Continuó con el *Marcos de Obre-
gón* (1618) de Vicente Espinel y con ciertas novelas de Salas Barbadillo y Castillo Solórzano. No todas las novelas picarescas españolas fueron afectadas; con la ayuda del *Quijote*, parece que hizo más
mella en la picaresca francesa y en la inglesa. Un cierto grado de
adaptación entre las convenciones del realismo social urbano y el
idealismo romántico se dio también en la llamada novela cortesana
y en las comedias de capa y espada del siglo XVII.

El primer indicio de la ascensión moral del pícaro se halla en
Rinconete y Cortadillo, en cuyo final ambos mozos todavía no se

33. Véanse June Hall Martin (1972E) y Severin (1982E). Agradezco a la pro-
fesora Severin que me permitiera leer una copia de su estudio antes de su publicación en 1984.

34. Hay bastantes más puntos de contacto entre la novela tradicional y las
primeras novelas picarescas de los que he señalado hasta aquí, como espero demostrar en un futuro próximo. Para una aproximación distinta a la crucial relación
entre el *Quijote* y la picaresca, véase Walter L. Reed (1981E).

han integrado plenamente en el ambiente criminal, en el que destacan por su superioridad ética e intelectual. En *La ilustre fregona* Cervantes eleva deliberadamente a sus protagonistas masculinos a un nivel aún superior. Son unos jóvenes caballeros de los que lo peor que se puede decir es que pasan su juventud haciéndose pícaros voluntarios. El más pícaro de ambos es presentado, casi como una contradicción, en estos términos: «En fin, en Carriazo vio el mundo un pícaro virtuoso, limpio, bien criado y más que medianamente discreto» (*Novelas ejemplares*, II, 140). Acaba resultando, por supuesto, que la fregona del título, con la que se casa el segundo caballero, no es tal fregona, sino que viene a ser una heroína (aunque algo pasiva) de *romance* en todos los aspectos importantes.[35] Su unión encierra un premeditado intento de casar los géneros del *romance* y de la novela picaresca, lo que hasta entonces nadie se había atrevido a probar. Pero la réplica más completa y compleja de Cervantes a Alemán la desarrolla en su extraordinario *Coloquio de los perros*. Se dirige a lo más bestial de la naturaleza humana, opone el ejemplo a la predicación e incluye un comentario que queda reducido a conceder al lector (es decir, a Cipión y a Peralta) el derecho a la réplica. A mí me parece que el *Coloquio* ha quedado demasiado desplazado del núcleo del género para, propiamente hablando, pertenecer a él, pero es sin duda la crítica más aguda que hace Cervantes de la picaresca.[36]

Evidentemente, como hicieron otros escritores españoles de principios del siglo XVII, Cervantes se opuso a Alemán. Probó fortuna en el nuevo género y combatió la orientación que aquél daba a éste. También el *Quijote* contiene ecos del *Guzmán de Alfarache*, pero sus fuentes y espíritu son completamente diferentes. En ningún sentido significativo del término es el *Quijote* una variante de la novela picaresca.

Una clave para comprender bien la diferencia entre ambas novelas reside en establecer las diferentes relaciones que sostienen con

35. La transformación de género es aún más sorprendente si la comparamos con la escabrosa presentación de las mozas que sirven en las posadas a la que asistimos en el folklore contemporáneo y en la novela picaresca. Véase Joly (1983D).

36. Véase, sobre todo, Forcione (1984D), pp. 15 y *passim*. Se ha escrito ampliamente sobre la relación de Cervantes con Alemán y la picaresca. Véanse, especialmente, Blanco Aguinaga (1957D); Castro (1966D), pp. 42 ss.; Alfaro (1971D); Bataillon (1973D), pp. 226 ss.; Sobejano (1975D); Dunn (1979E), pp. 90 ss. (1982E).

el *romance*. Con la probable pero parcial excepción del *Lazarillo de Tormes*, la parodia deliberada del *romance* no es una característica de la picaresca española. En cambio, es un pilar básico del *Quijote*. La reacción de los escritores de novelas picarescas fue alejarse del *romance*. La de Cervantes fue la de acercarlos en un gesto entre el agarrón del luchador y el abrazo. La parodia implica una relación íntima en la que predomina una actitud crítica, pero no por ello necesariamente desprovista de afecto.[37] Es una actitud completamente distinta. Si la novela picaresca ha de llamarse «anti-*romance*», el término no es aplicable a *Don Quijote*. Aunque sean hermanados como tempranos modelos de la novela moderna (se podría considerar a *La Celestina* como otro, aunque híbrido), son muy diferentes.

37.　Harry Levin (1963E, pp. 43 ss. y 1973D, pp. 377 ss.) y Northrop Frye (1976E, p. 39) han subrayado adecuadamente la importancia de la parodia como vínculo entre el *romance* tradicional y la moderna novela realista. Pero como demuestran las novelas picarescas españolas, no fue tan indispensable como parecía.

Capítulo 3

NOTAS PRELIMINARES

1. La publicación de *Don Quijote*, Primera parte

Comúnmente se ha creído que la observación hecha por Cervantes al inicio de su prólogo a la Primera parte del *Quijote* calificando al héroe, o su historia, «bien como quien se engendró en una cárcel» (I, 50) venía a significar que la idea del libro había sido concebida durante una de sus dos estancias en prisión, probablemente la que sufrió en Sevilla el año 1597. La hipótesis es plausible, aunque no lo es tanto la idea de que lo empezara a escribir allí.[1] El grueso de la novela fue escrito probablemente entre 1598 y 1604. Una o dos de las historias intercaladas pudieron haber sido compuestas con anterioridad: se ha sugerido que la del cautivo fue escrita entre 1589 y 1590 (I, 39; I, 473 n.).

En julio o agosto de 1604 Cervantes vendió los derechos de la Primera parte del *Quijote* al librero de la corte Francisco de Robles, cuyo padre le había publicado la *Galatea* veinte años antes. No sabemos cuánto le pagó Robles, pero probablemente más de los 1.330 reales que le dio por la *Galatea* y menos de los 1.600 que le ofreció en 1612 por las *Novelas ejemplares*. El privilegio real tiene fecha de 26 de septiembre de 1604. Éste protegía, en teoría, los derechos del autor en Castilla por un período de diez años. No

---

1. Cervantes distingue entre concebir y escribir sus *Novelas ejemplares* de esta manera: «mi ingenio las engendró, y las parió mi pluma» (pról.; I, 52). Pero Avellaneda, autor de la continuación apócrifa, supuso que Cervantes había querido decir con ello que había escrito la Primera parte en prisión (Avellaneda, *Don Quijote*, pról., 1972C, I, 13: las citas corresponden a esta edición).

hubo aprobación censoria. La dedicatoria al joven duque de Béjar es de una brevedad excepcional y nada original, probablemente porque Cervantes no tenía muchas esperanzas de obtener su patrocinio.

Robles entregó el manuscrito al impresor madrileño Juan de la Cuesta, quien compuso y tiró la primera impresión de la obra entre septiembre y diciembre. La primera edición se puso a la venta a principios de 1605, probablemente en enero. Algunos investigadores opinan que Cervantes tuvo alguna prisa especial por publicarla, quizá una carrera con la publicación casi simultánea de *La pícara Justina* de López de Úbeda en Medina del Campo, aunque no está claro el objeto que se perseguía con la victoria. De cualquier modo, el éxito fue instantáneo. Cuesta empezó a imprimir una segunda edición inmediatamente, y por mayo ya la había terminado. Cuando la primera hubo salido a la luz, Robles procuró obtener el permiso para publicarla en Portugal y Aragón, pero no lo consiguió con la rapidez suficiente como para impedir la aparición de ediciones furtivas en Lisboa y Valencia. Por agosto ya habían aparecido dos ediciones en Madrid, dos en Lisboa y una en Valencia (o dos en esta última ciudad, si tomamos las impresiones ligeramente distintas como ediciones diferentes). Siguieron cuatro más (Bruselas, 1607; Madrid, 1608; Milán, 1610, y Bruselas, 1611) antes de que se publicara la Segunda parte en 1615. Ello constituía un éxito considerable en términos de difusión, aunque no tanto como el que obtuvo el *Guzmán*, ni mucho menos.

Gracias a la ingeniosa y concienzuda labor detectivesca de Robert Flores (1975D), algunos detalles importantes sobre las dos primeras ediciones de Cuesta y su relación con el manuscrito desaparecido han quedado esclarecidos. Los cajistas de la primera edición trabajaron directamente sobre este manuscrito, debiéndose así las variantes textuales más a éstos que a posibles copistas. La división del trabajo fue muy irregular, y sometieron la ortografía de Cervantes a «una despiadada manipulación y desfiguración» (p. 5). Esto vale mucho para exculpar a Cervantes de la acusación de muchos críticos y editores de descuido en la ortografía y en el estilo.[2] En

---

2. Rosenblat (1971D), pp. 243 ss., ya ha mostrado ampliamente cuán infundados eran muchos de los cargos de impropiedad lingüística que se habían imputado a la novela.

todo caso, la lectura que hacemos hoy del *Quijote* no corresponde al texto exacto que Cervantes escribió. No obstante, por deplorable que fuera la primera edición de 1605 en Madrid, es la única versión autorizada de que disponemos, ya que la segunda edición fue aún peor, y de las siguientes no podemos esperar nada mejor.

En aquel entonces reimprimir significaba recomponer, ya que no se guardaban los tipos utilizados, por lo que las modificaciones proliferaron en la segunda edición. Cuesta encargó la impresión de cinco fascículos a otra imprenta, y los nuevos cajistas emplearon sus propios métodos, corrigieron viejos errores y cometieron otros. El mismo Cervantes no tuvo nada que ver con la revisión del texto ni con la impresión de las pruebas, ni en la primera edición ni en la segunda. De poco sirve, por tanto, utilizar la segunda edición, como los editores han hecho normalmente, para corregir la primera. Como Flores concluye, con comprensible consternación (pp. 85-86), si los tres cajistas de la segunda edición de Cuesta, trabajando sobre una copia perfectamente legible, hicieron 3.925 cambios, ¡cuántos habrán realizado los cuatro cajistas que utilizaron el manuscrito cervantino en la primera edición!

No sólo fueron la ortografía y la puntuación. Los impresores también fueron responsables de hechos tales como la omisión del título del capítulo 43 en la primera edición y su inclusión en lugar equivocado en la segunda. Otros encabezamientos erróneos o mal colocados, como los capítulos 28, 29, 35 y 36, pueden deberse a ellos, a Cervantes o a ambos. El incongruente título del capítulo 10 debió ser consecuencia de un cambio de plan por parte del autor. La extraordinaria confusión creada por el rucio de Sancho, que desaparece y reaparece inexplicablemente en la primera edición, fue supuestamente aclarada en la segunda. Por desgracia, los pasajes que faltaban fueron insertados en los capítulos 23 y 30, en vez de en el 25 y el 42 (o incluso antes), a los que respectivamente correspondían. El autor debió provocar la confusión con su cambio de plan, pero probablemente los cajistas agravaron el error.[3] Cervantes está posiblemente reconociendo una doble culpabilidad cuando, en la discusión entre Sancho y Sansón Carrasco, hace decir al primero que debe ser culpa o del autor o del impresor (II, 4).

Queda bien patente que no hubo nunca ninguna edición publi-

---

3. Stagg (1959D), Flores (1980[1]D, 1980[2]D).

cada con anterioridad, en 1604, como algunos críticos han creído. No hay ninguna evidencia que apoye esta teoría. Pero no es inverosímil que Cervantes leyera, mostrara o hablara de su obra a otras personas antes de que ésta se publicara, y hasta es probable que de este modo alcanzara cierto renombre.

En cualquier caso, los héroes de Cervantes se hicieron famosos tan pronto como apareció el libro. Aparte de las numerosas reimpresiones, es elocuente testimonio de ello el modo en que Don Quijote y Sancho calaron en la imaginación popular, siendo rememorados en forma de máscaras en fiestas y en carnavales. El primer caso conocido se dio en los festejos de la corte celebrados en Valladolid en junio de 1605. Hacia 1607 aparecieron como figuras de carnaval en Perú, y en 1613 en Heidelberg. Hacia 1621 Don Quijote ya había hecho, por lo menos, diez apariciones de este estilo. Parece que en 1605 muchas copias de las primeras y segundas ediciones de Juan de la Cuesta habían cruzado el Atlántico (Leonard, 1949E, pp. 270 ss.). Tenemos noticias de una copia que llegó a Lima en diciembre y de otras que se hallaron en Cuzco, sede del viejo imperio de los Incas, en 1606.

2. EL PRIMER PRÓLOGO

El prólogo a la Primera parte del *Quijote*, escrito probablemente en 1604, refleja indirectamente algo de la agitación existente en el mundo literario hispánico en los primeros años del nuevo siglo.[4] En ningún otro prólogo se vinculó tanto Cervantes a la escritura de la ficción novelesca de su época. Lo hizo especialmente en torno a una cuestión fundamental. El objeto inmediato no eran Alemán y la picaresca, sino, a todas luces, Lope de Vega y los dos *romances* que había publicado, uno de ellos (*El peregrino en su patria*) probablemente sólo unas pocas semanas antes. Cervantes no aporta nombres, por lo que nunca podemos estar bien seguros, pero estas obras de Lope responden perfectamente a la descripción, aunque

---

4. Aunque dedicados principalmente a temas distintos de los que tratamos aquí, los mejores estudios críticos sobre los prólogos del *Quijote* son los de Castro (1967[2]D) y Socrate (1974D). Para la comparación con otros prólogos de la misma época, véanse también Porqueras Mayo (1965E, 1968E) y Laurenti (1971E).

no excluyen otras, quizá una o dos novelas picarescas. Una palabra definiría la mayor de las críticas hechas por Cervantes: «presuntuosidad». La presuntuosidad literaria puede adoptar muchas formas, por supuesto, pero a lo que él expresamente se opone es a interferir en el propio propósito de una obra de ficción narrativa. Es evidente que Cervantes opinaba que no se podía acusar de extravagancia únicamente a los *romances* de caballerías.

El autor expresa a su «amigo» la preocupación de que su libro resulte tristemente deficiente en notas marginales eruditas y bastante parco en sonetos laudatorios compuestos por «duques, marqueses, condes, obispos, damas o poetas celebérrimos» (I, pról.; I, 53). Con una carcajada, el amigo desestima estas dificultades explicándole lo fácil que es salvarlas sin ser por ello cogido en falta y conseguir el favor que intenta alcanzar. La mayor parte de la ironía se va desvaneciendo a medida que llega al clímax de su argumento: «Cuanto más que, si bien caigo en la cuenta, este vuestro libro no tiene necesidad de ninguna cosa de aquellas que vos decís que le falta, porque todo él es una invectiva contra los libros de caballerías» (p. 57).

El mensaje positivo de este prólogo tan lleno de jocosa ironía es que lo importante es el propósito de la obra, no sus adornos, y que eso es lo que debería regir su forma. Se afirma tres veces que su objeto es desacreditar los libros de caballerías. Por este motivo, el amigo declara que todo lo que necesita es escribir bien y llanamente, «pintando, en todo lo que alcanzárades y fuere posible, vuestra intención» (p. 58). Y continúa aconsejándole que intente satisfacer a todos los lectores, sea cual sea su temperamento o disposición intelectual.

Se ha insistido con frecuencia en que a quien Cervantes tenía en mente como ofensor principal era a Lope de Vega. La desasosegada relación entre ellos se había deteriorado sensiblemente por esta época. La *Arcadia* de Lope, publicada en 1598 y nunca mencionada en el *Quijote*, era un gran alarde gratuito de erudición, la mayor parte de ella extraída de manuales y antologías, algunos ahora identificados. En la portada se anunciaba la inclusión de un índice de nombres históricos y poéticos, y al texto se añaden unas 450 notas. Su *Peregrino en su patria*, fuera escrito antes o después del prólogo cervantino, es poco menos presuntuoso en cuanto a erudición e inclusión de elogios en verso por autores distinguidos. Este prólogo empieza con una referencia a la Epístola 31 de Séneca, y en las primeras diez frases encontramos cuatro citas latinas. El Lope escritor de *romances* idealistas o de poesía heroica era muy diferente del Lope autor y defensor de la comedia que elevaba los derechos de la «naturaleza» por encima de los del «arte» y que ofrecía al vulgo lo que éste solicitaba. Para ser justos, le podemos otorgar crédito por intentar dignificar un género entonces no tenido en gran estima, en vez de suponer necesariamente que sólo estaba alardeando, pero debemos admitir que Cervantes tenía razón al sostener que los medios no eran los adecuados. En lo referente a sonetos y otros poemas preliminares, la *Arcadia* tenía trece en sus páginas frontales, siendo añadidos dos más como colofón a la edición de Valencia de 1602. El *Peregrino* tiene nueve poemas compuestos por personas célebres, otro a continuación del prólogo, al que sigue una réplica de Lope, y tres más al final del libro. Si algunos de los admiradores de Lope, como Avellaneda, creían que Cervantes lo estaba atacando, probablemente tenían razón.

Pero no es preciso ir muy lejos para ver lo frecuentes que eran estas prácticas, incluso en la ficción narrativa. Los primeros escritores de novelas picarescas se daban menos a esto, por la sencilla razón de que, como norma, se suponía que era el propio pícaro el que narraba la historia. Aun así, el autor de *El guitón Honofre* no puede resistir la tentación de señalar a sus lectores las instructivas sentencias de Cicerón, Demóstenes y otros clásicos que incluye en su obra, aunque admite que es bastante difícil insertarlas en un material cómico. Había incluso pensado añadir notas al margen para que se les prestara el crédito correspondiente, pero en última instancia decidió que no era necesario (pról., p. 43). Uno casi se pregunta si estaría hablando en serio.[5]

Se sabe que Mateo Alemán hizo uso precisamente del tipo de erudición de segunda mano que había recomendado irónicamente el «amigo» de Cervantes y que estaba disponible en las misceláneas y en los libros de sentencias y apólogos de la época (Cros, 1971E, p. 168), pero su didáctica busca más causar un impacto moral que la ostentación erudita. Este autor no parece ser el blanco fundamental

---

5. En su Introducción (I, 106) la Pícara Justina atribuye las *Metamorfosis* (de Ovidio) al «poeta de las Odas» (Horacio). Con jocosidad similar, Cervantes atribuye líneas de Esopo y Horacio a Horacio y Catón, respectivamente (p. 55).

de Cervantes. Sin embargo, no es improbable que el autor del *Quijote* encontrara en el método moralizador de Alemán otra forma de presunción. ¿Estaba, por lo tanto, pensando el amigo en el *Guzmán* cuando aconsejaba a Cervantes que se guardara de ir «... mendigando sentencias de filósofos, consejos de la Divina Escritura, fábulas de poetas, oraciones de retóricos, milagros de santos»? ¿O cuando afirmaba que la novela de Cervantes no tenía necesidad de «predicar a ninguno, mezclando lo humano con lo divino, que es un género de mezcla de quien no se ha de vestir ningún cristiano entendimiento»? (p. 57). Si lo hacía o no, tenía sus motivos. Ninguno de estos tipos de ostentación aportó nada positivo, ni siquiera en la época de la Contrarreforma, a la ficción narrativa.[6]

Detrás de la modestia burlona y de la ironía del prólogo se percibe una nota desafiante, casi provocativa, que va más allá del mero rechazo de la pedantería y de la presunción. El mismo Cervantes se aparta de ciertas prácticas literarias de su época, sin importancia en sí mismas, pero indicativas de una tendencia que él podía razonablemente deplorar, tanto por motivos de estética como desde la perspectiva del escritor conocedor de su público. El «esnobismo» no era una imagen que los novelistas debían cultivar. Cervantes expresa en su novela el deseo de «que el sinple no se enfade», además de obtener la admiración del «discreto», la aprobación del «grave» y el elogio del «prudente» (p. 58). El tono puede haber sido un poco corrosivo pero expresa mayor perspicacia respecto a la naturaleza y las funciones de su obra que la de la mayoría de los novelistas contemporáneos. La nota de orgullo se manifiesta de forma evidente cuando reconoce que es demasiado poltrón y perezoso para intentar encontrar autores que digan lo que él es perfectamente capaz de decir por sí solo (p. 53).

Cuando nos apercibimos de que Cervantes ha fabricado este prólogo con palabras tomadas de su amigo, nos damos cuenta de lo escurridizo de la ironía cervantina y, de nuevo, al sospechar que el amigo es imaginario. El orgullo y la ironía están muy presentes en

---

6. Otro tipo de presunción es satirizado en los versos atribuidos a Urganda la Desconocida (p. 60), en los que se mencionan los «indiscretos hierogli[ficos]» representados en el falso escudo de armas de alguien. Es casi seguro que el perpetrador de esta indiscreción heráldica fue Lope de Vega o, como ha defendido Marcel Bataillon (1969E) de modo convincente, López de Úbeda. Cervantes (como muchos otros) no era amigo de López de Úbeda, a quien satiriza en el *Viaje del Parnaso*, VII.

el primer párrafo, en el que concede al lector lo que él exige para sí mismo:

> ... no quiero irme con la corriente del uso, ni suplicarte casi con las lágrimas en los ojos, como otros hacen, lector carísimo, que perdones o disimules las faltas que en este mi hijo vieres, y ni eres su pariente ni su amigo, y tienes tu alma en tu cuerpo y tu libre albedrío como el más pintado, y estás en tu casa, donde eres señor della, como el rey de sus alcabalas, y sabes lo que comúnmente se dice, que debajo de mi manto, al rey mato. Todo lo cual te esenta y hace libre de todo respeto y obligación, y así, puedes decir de la historia todo lo que te pareciere, sin temor que te calunien por el mal ni te premien por el bien que dijeres della (pp. 50-51).

Este prólogo provocó algunos revuelos. Avellaneda, por su parte, lo calificó de «cacareado y agresor». Y, por si éste no fuera considerado un testigo de confianza, el mismo Cervantes abrió el prólogo a las *Novelas ejemplares* con la observación de que «no me fue tan bien con el que puse en mi *Don Quijote*, que quedase con gana de segundar con éste» (I, 50). Parece como si opinara que no hay prólogo fácil de escribir. Sin embargo, el hecho de que escribiera el prólogo a la Primera parte de su *Don Quijote* a partir de sus dificultades y preocupaciones críticas es característico de Cervantes. Éstas proporcionan el tema del diálogo con aquel amigo sin duda imaginario. El punto de partida para esta conversación es ese memorable retrato de sí mismo —que da lugar, en el prólogo a las *Novelas*, a un retrato a pluma a gran escala— en que se halla sentado ante el papel, con la pluma en la oreja, el codo sobre el bufete, la mano en la mejilla, pensando qué decir (pp. 51-52). Este autor tan despierto transforma la crítica en creación y, aquí como en tantos otros lugares, lleva la atención al acto de composición de su obra.

Capítulo 4

ORÍGENES DE LA OBRA

1. *Don Quijote* como parodia

Un viejo hidalgo se vuelve loco de tanto leer *romances* de caballerías, acaba creyendo que son reales y se le mete en la cabeza la idea de convertirse en un caballero errante para enderezar entuertos y emprender aventuras, como si el mundo fuera uno de sus libros de caballerías. Es difícil hallar una idea para una historia que se salga más de lo corriente, sea más sencilla y esté más llena de potencial. ¡Cuánto nos gustaría saber cómo se le ocurrió a Cervantes! ¿Sería una anécdota sobre algún lunático del siglo XVI? ¿Un pariente chiflado? ¿Simplemente leyendo el *Orlando furioso* o uno de los *romances* en prosa? ¿Acaso el simple deseo de entretener a otros y a sí mismo por medio de una parodia? ¿Una necesidad de poner a prueba alguna teoría crítica, o quizás incluso de eliminar una forma literaria supuestamente «perniciosa»? ¿O era la cristalización de algún complejo proceso de reflexión acerca de su propia experiencia en la vida, escindida como estaba entre un pasado lleno de hazañas heroicas y arriesgadas aventuras y la monótona rutina del presente? Podría haber sido cualquiera de estas causas o cualquier otra. Pero la figura misma de Don Quijote viene a la mente de una forma tan inmediata y enérgica al mencionar el libro que se hace difícil creer que cualquier consideración abstracta pudiera haber gozado de prioridad, en cualquier aspecto importante, sobre la concepción de la figura central.

Sea cual fuera la fase en que se le ocurriera a Cervantes la idea de elaborar una parodia, ésta es fundamental en la novela. Cervantes es, con Joyce, uno de los mejores parodistas de la historia. Para sus contemporáneos, gran parte del placer de leer la novela de Cervantes debe haber procedido de reconocer en ella incidentes determinados o típicos, situaciones y giros extraídos de su exótico hábitat en los *romances* de caballerías y que luego florecían con agradable extrañeza en la tierra hogareña del *Quijote*. El *Quijote* está basado en la intertextualidad.

El *romance* parece poseer un potencial latente para la parodia y la ironía, que espera ser denotado por el escritor y/o el lector, pero no necesariamente por ambos. De aquí que en muchos *romances* originales esos momentos o pasajes extensos lleven a algunos lectores a sospechar que el autor intentó desarrollar una especie de proceso de desacreditación cómica del género o de autoparodia; sospecha que otros nunca llegarán a entender. Esto es especialmente probable que suceda con obras ahora lejanas en el tiempo. El *Tirant lo Blanc* de Joanot Martorell, por ejemplo, ha sido leído, sin duda alguna, de maneras muy distintas por personas bien diferentes en épocas diversas.[1] El *romance* tradicional parece exigir una infantil ingenuidad tanto al escritor como al lector, lo que, por un lado, puede degenerar en una insensatez sin más y, por otro, en una explotación cínica del convencionalismo del género. Los escritores de algunos libros caballerescos en la España renacentista se mostraron desconcertantemente ambiguos acerca de sus propias obras (Riley, 1962D, pp. 166-168). En las continuaciones francesas del *Amadís de Gaula* el lado ridículo era a veces acentuado casi hasta el extremo de la parodia anticaballeresca (O'Connor, 1970E, pp. 103-105, 216-217). Volcar en la parodia cómica el libro de caballerías no precisaba gran habilidad. Mayor sensibilidad requería emplearlo con la mezcla adecuada de burla y afecto como ya habían hecho muy anteriormente Chaucer y Ariosto.

El *Quijote* es una parodia compleja, de la cual sólo una parte es convencional; en general, no toma la forma relativamente directa que adoptan, por ejemplo, Pulci o Ariosto. La obra no es un

---

1.   Por los contemporáneos del autor, por Cervantes y sus coetáneos, y por los lectores de los siglos XIX y XX. Véanse Terry (1982E), pp. 177 ss.; Yates (1980E), pp. 181 ss.; Riley (1962D), pp. 24-25. En el *romance* atípico *El caballero Cifar*, de principios del siglo XIV, se describe brevemente al héroe mientras éste descansa su cabeza en el regazo de su mujer, que lo despulga (1954C, cap. 39, p. 89). Aquí podemos descartar casi con seguridad la calificación de comedia deliberada.

romance de caballerías hecho cómico por medio de la exageración directa, de contratiempos e incongruencias. La acción se lleva a cabo en un tipo de obra enteramente distinto —y por lo tanto distanciado— del original. Lo cómico surge de la incompatibilidad de situar en un marco moderno y realista una narrativa fantástica y anticuada. El agente inmediato de la parodia es más el mismo Don Quijote que el autor Cervantes.

La verdadera intención de Don Quijote es *ser*, literalmente, un héroe de *romance* de caballerías, lo que significa que intenta transformar su vida en un *romance* caballeresco. Incluso cree que sus acciones están siendo registradas en un libro (en esto tiene razón, aunque no en el libro que él cree). Fracasa irremediablemente, porque no se puede tratar la vida de esta manera. El resultado no es una verdadera imitación de la literatura, sino más bien una accidental parodia cómica de ella. El esfuerzo es aún más absurdo si tenemos en cuenta que el tipo de literatura que escoge para imitar no es el género narrativo sin más, sino un género sumamente fabuloso. Las posibilidades cómicas e irónicas de esta clase de parodia eran infinitas.

Pese al distanciamiento novelesco, algunas de las situaciones originarias son obvias hasta para el lector moderno: en especial el retiro del turbado Amadís a Peña Pobre, abiertamente imitado por el Caballero en Sierra Morena (I, 25-26). Otros incidentes del *Quijote*, como la aventura del cuerpo muerto (I, 19), en buena medida parodia de un episodio del *Palmerín de Inglaterra*, sólo nos han llegado a través de notas editoriales a pie de página.[2] La vela de las armas del héroe (I, 3), la pendencia con el escudero vizcaíno (I, 8-9), la carta a Dulcinea (I, 25), el encuentro con el león (II, 17), la cueva de Montesinos (II, 22-23), la aventura con el barco del río Ebro (II, 29), los desafíos, las baladronadas, los combates y demás habrían parecido familiares a los primeros lectores de Cervantes. Sin embargo, el que el humor no dependa por completo del conocimiento de las fuentes originarias se debe al genio cómico del autor. Si dependiera de ese conocimiento, su novela estaría anticuada por completo.

Para nuestros actuales propósitos no es necesario saber con precisión qué libros conocía y manejaba con mayor asiduidad Cer-

---

2. Concretamente, en las ediciones de Clemencín y Rodríguez Marín. Véase también Riquer (1961D y 1967D, *passim*). Para aspectos más generales de la parodia, Neuschäfer (1963D), Meyer (1968E), pp. 59 ss.

vantes. Seguramente se hallaría entre ellos el *Amadís* de Montalvo,
y probablemente también *Don Belianís de Grecia*, el *Espejo de
príncipes* y los otros libros citados en el escrutinio que se hace de la
biblioteca de Don Quijote (I, 6). Digamos que las numerosas reminiscencias paródicas del *Amadís* podrían representarlos a todos.[3]

Aunque no fuera el primero de los *romances* de caballerías
impresos en España, tal como afirma el cura (I, 6; I, 110), el
Amadís de Gaula inició en Europa occidental la ola renacentista de
fascinación por el género. La primera edición impresa (Zaragoza,
1508) es una reelaboración de Garci Rodríguez de Montalvo de lo
que era probablemente un original de principios del siglo XIV. Hay
quien defiende que el autor era portugués, aunque, en efecto, la
obra es española. Existe un fragmento de una versión manuscrita
de alrededor del año 1420. Montalvo afirmaba haber «corregido»
los libros 1 a 3 y «traducido y enmendado» el 4, lo que probablemente indica que lo compuso en su mayor parte. También redactó
la primera continuación, *Las sergas de Esplandián* (1510), que narra
las hazañas del hijo de Amadís en el libro 5 de la serie. Amadís de
Gaula forma parte de la tradición artúrica (véase Williamson, 1984D,
pp. 29 ss.) y alcanzó gran popularidad. Esto queda patente por el
gran número de ediciones españolas verificadas (veinte hacia 1600)
de los cuatro primeros libros y por las continuaciones y traducciones. Las continuaciones en castellano llegan a doce, las italianas a
dieciocho y las francesas y alemanas a veinticuatro. Aunque el
Amadís llegara relativamente tarde a Inglaterra, esta moda literaria
tan predominantemente nostálgica no conoció fronteras.

Cervantes elabora una parodia bastante directa de todo el montaje del *romance* de caballerías. Un buen ejemplo, seguramente
basado en Montalvo, es el supuesto descubrimiento de unos epitafios y poemas, al final de la Primera parte, escritos en unos perga-
minos medio ilegibles encontrados en una caja de plomo que se
hallaba en una vieja ermita. De modo muy parecido, el libro 4 del
Amadís de Gaula, junto a las *Sergas de Esplandián*,

> por gran dicha paresció en una tumba de piedra que debaxo de la
> tierra en una hermita, cerca de Constantinopla fue hallada, y traydo

---

3.   Según Gebhart (1911E, p. 220), se citan en el *Quijote* unos sesenta episodios
del *Amadís de Gaula*.

por un úngaro mercadero a estas partes de España, en letra y pergamino tan antiguo que con mucho trabajo se pudo leer por aquellos que la lengua sabían (*Amadís de Gaula*, I, pról.; 1959-1960C; I, 9).

Esta era una manida invención de la literatura medieval, parodiada asimismo por Rabelais al principio de su libro *Gargantúa*. Mayor trascendencia tiene la pretensión de que el manuscrito de la mayor parte del *Quijote* estaba escrito en árabe; y aún es más importante la atribución de la «historia» al sabio, mago y cronista moro Cide Hamete Benengeli: ambos recursos literarios son frecuentemente utilizados en los *romances* caballerescos (se pretendía que *Don Cirongilio de Tracia*, de 1545, había sido traducido del griego por el sabio Novarco, y que *Felixmarte de Yrcania*, de 1556, ¡procedía de una versión italiana de Petrarca que venía a su vez de una versión latina de Plutarco de un original griego!). Es, en cambio, menos seguro que la cronología errática del *Quijote* constituya una parodia novelesca. Pero la mejor explicación de la excesiva discontinuidad temporal de la Segunda parte es, ciertamente, que Cervantes estaba parodiando los míticos ciclos temporales tan empleados en los *romances* antiguos (Murillo, 1975D).

Los rasgos de la estructura básica del *Quijote* muestran sólo semejanzas esporádicas con el típico *romance* de caballerías, y no veo evidencias de ningún intento de ajustar el libro con precisión y coherencia a este modelo. Algunas características se corresponden y otras no, o sólo en parte. El *romance* de caballerías suele empezar, desde «un buen principio», describiendo la familia del héroe y el nacimiento de éste. El *Quijote* se abre con la presentación de un héroe que raya en los cincuenta años, y apenas llegamos luego a saber nada más acerca de su «prehistoria». Por otra parte, son bastante típicas las interrupciones que nos dejan en vilo. El énfasis puesto en lo definitivo de la muerte de Don Quijote en la Segunda parte (pról. y cap. 74) no es, en principio, una parodia, sino un recurso para impedir cualquier posible resurrección por parte de algún nuevo Avellaneda. Este tipo de sucesos, así como el intento de impedirlos, ya tenían precedentes en la literatura caballeresca. Feliciano de Silva revivió, sin más, a Amadís de Gaula en el noveno libro de la serie, después de que el escritor Juan Díaz cometiera la imprudencia de asesinarlo en el octavo. Y *La muerte del rey Arturo* terminaba con la simple afirmación de que el maestro Walter Map había «rematado todo según ocurrió; y acaba así su libro, de manera que después de esto no se podía contar nada sin mentir» (1978C, p. 235). Siempre es difícil despachar a los héroes populares de *romances*. Ian Fleming está muerto, pero James Bond seguirá todavía viviendo muchas aventuras.

Algunas de las parodias de Cervantes son tan sutiles que ciertas extravagancias —o cosas que ahora nos parecen exageradas— en los originales son suavizadas por éste. Los héroes caballerescos eran superhombres de notable longevidad y resistencia. Amadís de Gaula tenía ochenta años en el séptimo libro; después de su resurrección, en el noveno, seguía en la flor de la vida y, en el décimo, todavía una doncella podía enamorarse de él. Ninguno de los principales personajes masculinos de la serie muere antes del libro 21, y algunos de los guerreros ya sobrepasaban entonces los cien años de edad (O'Connor, 1970E, p. 124). Esto sencillamente formaba parte de la tradición artúrica. En la última gran batalla se afirma de sus combatientes: «todos ellos sabían que Lanzarote era el mejor caballero del mundo y que tenía veintiún años menos que Gawain. En ese momento, Gawain debía tener setenta y seis años y el rey Arturo noventa y dos» (*La muerte del rey Arturo*, 1978C, p. 186). Según estos criterios, Don Quijote, que frisaba con los cincuenta, sería casi un adolescente. Gran parte del humor más logrado de la novela procede precisamente de lo inadecuado de su edad para el difícil ejercicio de la caballería errante, pero el hecho es que sus modelos principales estaban activos y eran ancianos mucho más viejos que él.

A veces la sutileza de la parodia de Cervantes consiste, en cambio, en una exageración refinada. Dentro de la mejor tradición amoroso-cortesana del *amor de lonh*, un héroe como Esplandián podía amar a Leonorina simplemente «de oídas». Esta es en su esencia la relación que Don Quijote sostiene con Dulcinea; pero él también inventa todo lo referente a ella, con excepción de sus orígenes en Aldonza Lorenzo. Lo que la convierte en el supremo personaje paródico de Cervantes es que es la dama platónico-cortesana por excelencia, el objeto soñado, idealmente perfecto, del amor imposible.

A otro nivel se pueden encontrar palabras y frases del *Amadís* en numerosas páginas del *Quijote*. Si Dulcinea es la «sin par», también lo era Oriana. Maravillas «nunca vistas ni oídas» presentes en el *Quijote* ya habían sido descritas así en el *Amadís* y en otras partes. Hasta una frase tan poco llamativa como «dio con ella [la adarga] tan gran golpe ... que si segundara con otro, no tuviera necesidad de maestro que le curara» (I, 3; I, 91) aparece en la misma obra (sin mencionar un paralelo próximo en *La muerte del rey Arturo*).[4] Es evidente que Cervantes saboreaba el exquisito absurdo de frases como las que los lectores del *Quijote* reconocerán de inmediato: «quitar los tuertos y desaguisados de muchos que los reciben, especialmente de las dueñas y doncellas» y «flor y espejo de toda caballería» (ambas del *Amadís*); «la sobre todas espejo de la hermosura princesa Florisbella» (de *Don Belianís*). La carta que confía Don Quijote a Sancho en las montañas de Sierra Morena para que se la entregue a Dulcinea habrá recordado sin duda a los primeros lectores la carta que Oriana dirigió a Amadís, provocando que se retirara, desesperado, a la isla de Peña Pobre. Empieza así: «El ferido de punta de ausencia y el llagado de las telas del corazón, dulcísima Dulcinea del Toboso, te envía la salud que el no tiene» (I, 25; I, 315). La carta de Oriana tiene la siguiente dedicatoria en su parte exterior: «Yo soy la donzella herida de punta de espada por el coraçon, y vos soys el que me feristes» (II, 44; II, 371).

Quizá saboreó Cervantes, sobre todo, algunos de los nombres maravillosamente ridículos que aparecían en los libros de caballerías —nombres como Contumeliano de Fenicia, Ledardín de Fajarque, Angriote de Estravaus, Pintiquiniestra, Cataquefarás y Quirieleisón—, y en especial los de los ogros Mandansabul y Famongomadán del Lago Hirviente y de las gigantas Gromadaza y Andandona. Los inventados por el mismo Cervantes, como los de los guerreros Timonel de Carcajona, Espartafilardo del Bosque y Brandabarbarán de Boliche, de las princesas Miulina, Micomicona y Antonomasia, del gigante Caraculiambro y del inolvidable ogro bizco Pandafilando de la Fosca Vista, no hacen reír más que sus prototipos caballerescos. Los gigantes tienden a ser tan graciosos como atemorizadores.

También hay pasajes narrativos de parodia sostenida. Los más cómicos parecen compendios de alguna aventura de libro de caballerías, y son frecuentemente creados por personajes que se han

---

4.   «... lo derriba [a Garrehet] del caballo al suelo en tal estado que no necesita médico» (1978C, p. 122; trad. cast., p. 103).

visto inmiscuidos en las aventuras de Don Quijote (Micomicona, I, 30, y la Condesa Trifaldi, II, 38-39, por ejemplo). Más refrenadas son las aventuras en que el mismo caballero da rienda suelta a su imaginación. Incluso la espléndida descripción en que los nobles guerreros se dispersan con sus tropas extraídas del Mundo Antiguo —rebaños de ovejas en realidad— ya es en sí misma únicamente cómica por la selección de nombres e instrumentos heráldicos (I, 18). Aunque la realidad física de los combatientes sea tan diferente, es obvia la reminiscencia de innumerables *romances* y epopeyas que se remontan a la *Ilíada*. Los dos episodios caballerescos que tan brillantemente improvisa Don Quijote en la Primera parte, capítulos 21 («El caballero afortunado») y 50 («El caballero del Lago Hirviente»), están aún más desprovistos de lo burlesco. Son tan fieles a sus modelos, y la descriptiva vivacidad y el ritmo que los caracteriza son tales, que el placer que aportan procede de la percepción de la imitación. Después de todo, la parodia no ha de ser forzosamente cómica.

Tampoco la parodia se restringe únicamente a lo caballeresco. Los episodios pastoriles del libro evocan un estilo apropiado a su género, y los estilos de transición pueden usarse para cubrir la brecha entre aquéllos y el mundo más realista en que habitan Don Quijote y Sancho. Es discutible que cualquiera de los cuatro episodios pastoriles más importantes del libro (Grisóstomo y Marcela y la hermosa Leandra, en la Primera parte; las bodas de Camacho y la fingida Arcadia, en la Segunda parte) pueda calificarse con propiedad como una parodia con propósito cómico. Creo imposible dilucidar si Cervantes hablaba con ironía o no. Quizá la segunda venta de la Primera parte sea una parodia del palacio de Felicia de la *Diana* de Montemayor, y quizá el desaire de las jacas gallegas al acercamiento de Rocinante (I, 15) sea una broma pastoril, como sostienen algunos críticos, pero no veo cómo comprobarlo.

En un plano bien distinto se halla la viva belleza decorativa de la aurora metafórica que invade momentáneamente el hilo de la narración entre las entregas de la historia de Grisóstomo y Marcela. La frase que inicia el capítulo 13, «Mas apenas comenzó a descubrirse el día por los balcones del oriente» (I, 167), se convierte en parodia pastoril en virtud de su aislamiento estilístico en el contexto inmediato y asociación al episodio pastoril que abarca los capítulos que lo preceden y subsiguen.

Tan difícil puede ser identificar con certeza y precisión la parodia del género picaresco como la del pastoril. Pero cuando Ginés de Pasamonte, el miembro más robusto y más villano de la cadena de galeotes, se presenta diciendo que está escribiendo su autobiografía, que será por supuesto muy superior al *Lazarillo* «y ... todos cuantos de aquel género se han escrito o escribiere» (I, 22; I, 271), esta asociación explícita con un género de ficción ha de poner en alerta al lector. Sería factible en este episodio considerar a Ginés, escritor y esclavo de galeras, un eco paródico del mismo Guzmán. Sus posteriores apariciones, disfrazado primero de gitano y en la Segunda parte pasando por Maese Pedro, el maestro titiritero, también sugieren la habilidad proteica del pícaro para encarnarse con facilidad en otros personajes. Es significativo que la parodia de la novela picaresca vaya acompañada de una discusión crítica de la literatura que la ocasionó, tal como sucede, a una escala mucho mayor, con la parodia del *romance* caballeresco.

Sin embargo, el encuentro con Ginés no es el primero de los de su clase que se da en el libro. El ventero de la Primera parte, capítulos 2-3, se ajusta al mismo esquema. No sólo es el primero de los muchos bromistas que, al complacerle, se burlarán del iluso hidalgo, sino que describe su vida en términos tales que formarán una calculada parodia picaresca de la caballería. Afirma haber servido en su juventud la misma honorable profesión que el Caballero, en busca de aventuras (aquí ensarta una retahíla de nombres de localidades famosas como guaridas de rufianes), «haciendo muchos tuertos, recuestando muchas viudas, deshaciendo algunas doncellas y engañando a algunos pupilos» (I, 89). Esta es la inversión de la fórmula del Caballero errante: «deshacer tuertos», «socorrer viudas», etc., utilizada en el capítulo anterior. Más tarde se retira a su «castillo», con sus bienes y los de otras gentes, dispuesto a hospedar a todos los caballeros errantes y a librarles de sus haberes (I, 3; I, 88-89). Hay algo de memorable en este encuentro entre el pícaro jubilado y el aspirante al heroísmo caballeresco. Aunque ya se anunciaba en el *Baldo* (1542), adaptación española de la obra de Folengo, y se visualizaba fugazmente en el *Guzmán*,[5] sólo aquí se lleva a

---

5. *Guzmán*, II, III; 3, 788, en donde Guzmán compara brevemente las damas del mundo caballeresco y los libros en que se inscriben con él mismo y su novela. Para el *Baldo*, véase Blecua (1971-1972E).

cabo una plena confrontación de los dos géneros mediante un tercer género narrativo suficientemente grande para incluirlos a ambos. Es difícil imaginar cómo habría podido suceder esto sin la mediación de la parodia.

2. LA CUESTIÓN DE LAS FUENTES

Durante largo tiempo se ha supuesto que el personaje Don Quijote debió estar inspirado en un personaje real. Uno de los candidatos más populares a este honor, aunque en un sentido bastante diferente del resto, fue el mismo Cervantes. Incluso hoy en día los adaptadores de la obra al cine, al teatro y a la televisión encuentran esta identificación irresistible. Esto se comprende en parte, pero dudo que Cervantes se proyecte de una manera más esencial en Don Quijote que en Sancho Panza. Se ha pensado en otros personajes de la época que tenían nombres parecidos o mostraban un comportamiento extravagante. Uno de los favoritos es un pariente de doña Catalina, procedente de Esquivias y llamado Alonso Quijada. También se ha especulado acerca de un conquistador excéntrico, buscador de El Dorado y hombre de letras, llamado Gonzalo Jiménez de Quesada. Ninguno de ellos es un candidato convincente.

Se han percibido posibles fuentes de inspiración básica, si no exactamente modelos, en varias anécdotas y memorias de la época, algunas presuntamente reales, sobre personas con obsesiones o trastornos o que reaccionaron con extravagancia a la lectura de obras literarias. Cervantes pudo haber leído en Tommaso Garzoni la historia de un hombre que confundió uno de los molinos del río Po con un gigante. Pudo haber conocido de oídas al quijotesco Giulio Spiriti, que estaba obsesionado por la idea de socorrer al prójimo y liberar prisioneros. Pero ¿pudo conocer la historia, relatada por Sacchetti, del septuagenario Agnolo di Ser Gherardo, que pasó por loco al adoptar el deporte caballeresco de las justas y ser derribado por su viejo y esquelético caballo? *Il Trecentonovelle* de Sacchetti no fue publicado hasta 1724. Hubo anécdotas de personas cuyas reacciones ante la lectura de obras de ficción resaltaron lo suficiente como para que se las recordara, se las documentara y la gente se riera de ellas. En su *Suma de Filosofía* (1547) Alonso de Fuentes hablaba de un hombre que enloqueció de tanto leer historias fantásticas. López Pinciano (1596) relataba cómo, en una boda, un invitado había perdido el conocimiento a causa de la impresión que le produjo enterarse de que Amadís de Gaula había muerto. Hubo un milanés que rompió a llorar al recibir la noticia de la muerte de Orlando, marchó a su casa y su mujer apenas consiguió que probara bocado; un hombre que nunca salía de su casa sin llevar el *Palmerín de Olivia* bajo el brazo; otro que estaba siempre dispuesto a jurar por la *Biblia* que todo lo que se contaba en el *Amadís de Gaula* era verdad, y otros. ¿Acaso era Don Quijote una réplica del feo y gracioso Camilote protagonista de *Primaleón* y de la versión dramatizada de éste, *Don Duardos*, de Gil Vicente? ¿O del *Baldus* de Folengo, o de los cómicos *romanzi* caballerescos de Pulci, Boiardo o Ariosto?[6] ¿O incluso de algún caballero procedente de la literatura caballeresca anterior a Orlando, que hubiera perdido momentáneamente su cordura, como Lanzarote, Tristán e Yvain?

Una posibilidad más cercana, aunque discutida, es el anónimo *Entremés de los romances*, en el que el personaje principal, Bartolo, se trastorna al leer los famosos *romances* de la época, a cuyos héroes intenta emular. Hay semejanzas muy concretas con el capítulo 5 de la Primera parte. El problema es que la obra, aunque se cree que fue compuesta entre 1588 y 1591, no apareció impresa hasta 1611 o 1612. ¿Quién imitó a quién? La cuestión no ha sido todavía esclarecida de manera definitiva, pero las últimas investigaciones llevan a pensar que fue Cervantes el remedado.[7]

Más factible es la posibilidad de inspiración parcial que proviene de la comparación de las figuras de Sancho Panza y Don Quijote con los personajes tradicionales de Carnaval y Doña Cuaresma, respectivamente (Redondo, 1978D, 1980D). El «personaje rechoncho de abultada barriga, rodeado de manjares carnosos, sustanciosos» y la alta figura demacrada de Doña Cuaresma montando un caballo escuálido (Redondo, 1978D, p. 42). El simple hecho de que Doña Cuaresma fuera una vieja no debilita demasiado la analogía, aunque la comparación con Sancho es la más sobresaliente de las

6. Maxime Chevalier (1966E) ha demostrado que la influencia del *Orlando furioso* en el *Quijote* es menor de lo que se había creído. Por supuesto, el poema de Ariosto sigue siendo un vínculo fundamental entre el *romance* medieval y el *Quijote* dentro de la historia de la novela; pero la relación reside más en la esfera de las técnicas narrativas que en los tipos de personajes representados.

7. Murillo (1983D).

dos. Fiel a su apellido, Sancho siempre disfruta de sus manjares y en más de una ocasión se le acusa de glotonería. El elaborado episodio de su gobierno de la «Ínsula» de Barataria (II, 42-53) está lleno de evocaciones al personaje de Carnaval. Por su parte, Don Quijote, que come de una manera bastante frugal, montado sobre Rocinante muestra un parecido iconográfico muy perceptible con la figura cuaresmal.

Ya existía otro precedente en una distinguida pareja de cómicos italianos popular de 1574 en adelante. Éstos eran Bottarga (un hombre corpulento) y Ganassa (un hombre delgado), a los que parece que se asoció con las figuras tradicionales de Carnaval y Cuaresma. Es bastante improbable que Cervantes no los conociera, por lo menos de oídas, y es en cambio probable que, de manera consciente o inconsciente, su creación del personaje de Don Quijote deba algo a Ganassa.[8]

Aparte del humor festivo, lo más importante es aquí el aspecto iconográfico. Los antecedentes emblemático-populares de los dos héroes cervantinos pueden haber contribuido poco o nada a las sutilezas de la caracterización novelística, pero explican sin duda en gran parte su poderoso atractivo visual. No hay ninguna pareja de personajes en la literatura occidental que sea reconocible de una manera más inmediata y universal, incluso para la gente que no ha leído el libro. Este efecto no se debe únicamente a las dotes de Cervantes para la descripción breve y encendida, sino también a su identificación con un cierto elemento arquetípico.[9] El antecedente del Carnaval también ayuda a comprender la razón por la que los

---

8. Joly (1976E); Redondo (1980D), pp. 40-44. Un grabado del siglo XVI que representa a Arlequín (posiblemente Ganassa) como un caballero andante, con una cazuela por yelmo y montado sobre un asno esquelético, recuerda extraordinariamente a Don Quijote. El grabado se reproduce en Oreglia (1968E), p. 13. Agradezco al señor Daniel Rogers que me lo hiciera notar. También aparece en Joly (1976E), y el asunto es tratado por ella y Redondo, entre otros. Para otros aspectos emblemáticos de Don Quijote, véase Márquez Villanueva (1980D). Bajtin (1968E, pp. 20-23) fue el primero en señalar la importancia del carnaval como precedente. Para los aspectos carnavalescos del coloquio de Sancho con Tomé Cecial y uno o dos incidentes más, véase Forcione (1984D), pp. 205-207.

9. En *El alcalde de Zalamea* de Calderón (*c.* 1640) se describe así la primera aparición de Don Mendo: «Un hombre / que de un flaco Rocinante / a la vuelta desa esquina / se apeó, y en rostro y talle / parece aquel don Quijote / de quien Miguel de Cervantes / escribió aventuras». (Acto I, vv. 213-214.)

personajes de Cervantes se dieron a conocer en festividades y procesiones con tanta rapidez por todo el mundo.

Dicho todo esto, lo prudente sería no otorgar demasiada importancia a ninguno de esos precedentes, sean históricos, literarios o pictóricos. Los investigadores, siempre a la caza de fuentes y afinidades, tienen tendencia a infravalorar la originalidad imaginativa de los escritores de ficción. En lo que se refiere a los modelos extraídos de la realidad, Cervantes podría haber sostenido, como Graham Greene, que «la experiencia me ha enseñado que a mí me es dado basar sólo un personaje secundario y momentáneo en un personaje real. Un personaje real es un obstáculo para el poder de la imaginación» (1980E, p. 298). Es posible que se pueda decir lo mismo de los principales «modelos» literarios.

Capítulo 5

DON QUIJOTE Y SANCHO EN LA PRIMERA PARTE

Caer en generalizaciones acerca del carácter de Don Quijote es inevitable. Éstas suelen ser de dudoso valor, por dos motivos fundamentales: el primero es la combinación de locura y cordura que hay en su persona; el segundo es que su personalidad evoluciona notablemente a lo largo de la novela. Así, una y otra vez se cae en el error de creer que el Quijote de los primeros capítulos es el definitivo, como si la actitud y el comportamiento del hombre que entra en Barcelona no fueran distintos de los del hombre que desafió a los molinos de viento. Sin embargo, no sería simplificar demasiado afirmar que Don Quijote es el elemento central de la novela y que su locura es el rasgo más característico del personaje. Casi todo lo que sucede está relacionado con él. Hasta los episodios accesorios, las historias intercaladas, pueden justificarse por su relación con él y con Sancho.

Cervantes tiene el hábito de confundir la persona de su héroe y la obra escrita de la que forma parte. Al principio del primer prólogo se refiere a «este libro» como «hijo del entendimiento», y entonces «la historia de un hijo seco, avellanado, antojadizo» se convierte casi imperceptiblemente en el mismo Don Quijote, de quien, según el autor, es más padrastro que padre. Poco después menciona «las faltas que en este mi hijo vieres», refiriéndose al libro (I, 50-51). Esto, junto con otros ejemplos elaborados, nos sugiere que, para el autor, el personaje central sobresalía de entre los demás aspectos de la obra.[1]

---

1. Véanse, por ejemplo, I, 32; I, 396, y II, 70; II, 567; también *Comedias y entremeses* (1915-1922A), vol. 1, dedicatoria, p. 11.

Es improbable que *La Galatea* fuera creada con este mismo planteamiento.

Aunque la mayoría de los héroes de *romance* son intercambiables, probablemente la marca distintiva de la moderna novela realista sea que tiene su eje central en un personaje. No es lo mismo querer descubrir lo que le sucederá al héroe que preguntarse lo que decidirá hacer a continuación o cómo reaccionará cuando algo le acontezca, como le pasa a uno con Don Quijote. Así es como tienden a reaccionar también otros personajes de la obra que lo conocen, ya sea personalmente o de oídas. En sus últimos estudios Américo Castro (1962D, 1966D, 1971D) insistía en que en el *Quijote* el personaje no es una entidad inmutable, sino que su existencia va definiéndose por sí misma y va sufriendo un proceso continuo de autorrealización. Sería el genio de Cervantes, decía Américo Castro, el que habría de «expresar cómo se encuentra existiendo la figura imaginada en lo que le acontece, en lugar de narrar o describir lo que le acontece» (1971D, p. 25). De hecho, Cervantes desarrolla ambas técnicas, pero Don Quijote y Sancho son fundamentalmente definidos por lo que hacen y dicen, y Castro tenía razón al subrayar la originalidad e importancia de una obra de ficción que describe una vida dirigida desde dentro.[2]

Había una especie de precedente en autobiografías espirituales, como la de Santa Teresa. En el marco de las obras de ficción, fue probablemente *La Celestina* la que vino a expresar con mayor precisión el sentido de las vidas interiores que formaban parte integral de las existencias físicas que las contenían. Algo semejante podemos afirmar del *Lazarillo*. Sin embargo, como ha dicho Rosalie Colie, el pícaro típico no «evoluciona»; más bien, «su sentido de la realidad se hace más profundo a través de sus continuas experiencias. Su conciencia, si no su personalidad literaria, se perfila y toma

---

2. «Sería muy difícil hallar un libro en el que la repercusión psicológica de los acontecimientos tuviera mayor importancia» (Brenan, 1969D, p. 21). Sin embargo, un hecho destacable de las primeras novelas españolas modernas, como el *Lazarillo* o el *Quijote*, es su carencia de análisis de los personajes. El carácter de éstos se revela más por sus palabras y acciones que por las descripciones narrativas de su estado. Véase Bell (1982D), pp. 326 ss. Esto parece estar relacionado con la aproximación experimental, antigeneralizadora, a la personificación de la obra (Forcione, 1982D, pp. 166, 264). Las valoraciones sobre el personaje de Don Quijote son demasiado numerosas y diversas para ser tratadas aquí. Quizá la más influyente de este siglo haya sido la de Madariaga (1947D).

sustancia» (1973E, pp. 94-95). Pero aún tiende a carecer de definición. Hasta Guzmán de Alfarache, en su esquizoide manera de ser, tiende, como tantos narradores en primera persona, a convertirse en una conciencia locuaz pero de perfil algo borroso.

A diferencia de los pícaros, como a diferencia aun de Emma Bovary, se describe a Don Quijote más como una individualidad única que como un tipo especial de persona. Después de todo, ¿quién ha conocido, o quién ha oído de alguien que se volviera loco de tanto leer novelas? No obstante, reconocemos en seguida que Don Quijote, como Sancho, es uno de los nuestros, como ya señaló el doctor Johnson. No es ni un tipo ni un arquetipo, y es demasiado complejo para ser una caricatura. Podríamos describirlo como una prolongación de ciertas propensiones humanas. Esa es una definición aproximada de la locura, y eso es lo que distingue con mayor propiedad a Don Quijote de los otros personajes y de los mismos lectores.

Aunque su desemejanza con los otros queda patente a lo largo del libro, en el famoso párrafo inicial se nos presenta, sorprendentemente, no en su singularidad individual, sino como un miembro típico de una clase específica, definido en función de sus circunstancias sociales y económicas. «En un lugar de La Mancha, de cuyo nombre no quiero acordarme, no ha mucho tiempo que vivía un hidalgo de los de lanza en astillero, adarga antigua, rocín flaco y galgo corredor ...» (I, 1; I, 69).[3] El linaje de los hidalgos podía ser antiguo o reciente y podían ser tanto ricos como pobres. Lucían escudo de armas y gozaban del codiciado privilegio de la exención de impuestos. Los recursos financieros de Don Quijote parecen estar un poco por debajo de la media, pero, sin duda, no se puede confundirlo con el escudero empobrecido del *Lazarillo*.

La aproximación a la persona del héroe se lleva a cabo rápidamente, de manera centrípeta. Pasamos de conocer su domicilio anónimo a conocer su estatus social, sus bienes, su dieta, su manera de vestir, a los de su casa, su edad aproximada y su aspecto físico. Al llegar a este punto casi cae en el anonimato. No se aclara cuál es su apellido: ¿Quijada, Quesana o Quejana? Esto no es parodia del *romance* de caballerías; es algo enteramente distinto.

---

3. Este tipo ya había sido descrito por Antonio de Guevara en su *Menosprecio de corte y alabanza de aldea*, donde nos habla de «una lança tras la puerta, un rocín en el establo, una adarga en la cámara» (nota de Murillo, I, 70).

De esta mediocridad socioeconómica y de este anonimato iba a surgir el más individualista de los héroes. El personaje más conocido por su habilidad para vivir sin trabas en el reino de su propia imaginación es primero cuidadosamente situado en el limitado contexto de sus circunstancias materiales. El conjunto de la historia de Don Quijote se basará en la conjunción, conflicto e interrelación de estos dos mundos, el mundo material en que se mueve y el interior que se configura en su mente.[4] La dislocación definitiva entre estos dos mundos se produce ya en el primer folio del libro, cuando, tras la descripción de sus lecturas favoritas, se vuelve loco. Esta es la configuración más dinámica que podemos encontrar de un personaje. Permanecerá muy trastornado y luego mejorará hasta recuperar la cordura en su lecho de muerte, ciento veinticinco capítulos más adelante. La locura de Don Quijote es el punto de partida para todo lo que sucede en el libro y es absolutamente fundamental para la comprensión de éste. Por ello es importante aclarar esta cuestión. No hay ambigüedad en lo que dice Cervantes acerca de las causas ni en la forma que adopta esta locura.

Cervantes aporta unas ligeras pero adecuadas indicaciones acerca de los motivos de este peculiar trastorno en términos médicos de la época, que se basaban en la teoría de los humores.[5] La vida activa del cincuentón Alonso Quijano (madrugador y amigo de la caza), así como su apariencia enjuta sugieren, de entrada, un temperamento colérico. Pero su salud se ve dañada: «del poco dormir y del mucho leer se le secó el cerebro» (I, 1; I, 73). La «adustez» o el consumo del humor colérico tornarían negra su bilis amarilla y provocarían en él una melancolía antinatural. «Él es, entonces, un loco de melancolía a quien se le ha encendido el cólera, y luego, cuando se le ha enfriado el humor, un tipo melancólico, de adustez melancólica; de cualidades primero cálidas y secas y luego frías y secas» (Kong, 1980D, p. 234).

Es su imaginación lo que ha quedado afectado, y no sus otras facultades. Como ya señaló Burton sobre los melancólicos en su *Anatomy of Melancholy*, «sus memorias son en su mayoría buenas,

---

4. Los elementos estructurales de su interrelación han sido estudiados por Ferreras (1982D).

5. Las observaciones que siguen a continuación están basadas en las conclusiones de Deborah Kong (1980D, pp. 201-234). Enmiendan o amplían las de Green (1970D) y Avalle-Arce (1976D), pp. 124 ss. Véase también Halka (1981D).

tienen un ingenio feliz y condiciones excelentes para la comprensión» (Kong, 1980D, p. 203). La mayoría de los síntomas de Don Quijote, así como su aspecto físico, pueden contrastarse en Burton u otras fuentes de autoridad de la época. No son propiedad exclusiva del famoso *Examen de ingenios* del doctor Juan Huarte de San Juan, al cual se han atribuido muchas influencias en Cervantes, aunque, dada la fama que obtuvo tanto dentro como fuera de España, es muy probable que el autor del *Quijote* lo conociera. En el título del libro Don Quijote es llamado «ingenioso», término que habría que entender sobre todo como «imaginativo», con connotaciones de sutileza. Fuera cual fuese cualquier otro sentido que Cervantes le hubiera querido dar, el término refleja con suficiente claridad la imaginación hiperactiva que caracteriza al protagonista.[6]

El calor estival, la carencia de una nutrición adecuada y la pérdida de sueño que acompañan su modo de vida caballeresca acaban por agravar aún más su condición. La terapia prescrita incluía distraer al paciente con «alguna mentira disimulada, noticias extrañas, gracias, inventos de artificio».[7] Esto es precisamente lo que hacen el cura, el barbero y el bachiller de Salamanca Sansón Carrasco en la Segunda parte. Sin embargo, a veces, hasta los amigos mejor intencionados de Don Quijote se pasan de la raya. El peligro que entraña una sobredosis de este tratamiento es obvio: divertir al paciente puede convertirse fácilmente en una tomadura de pelo y puede terminar atormentándolo. Luis Vives escribió con compasión en *De subventione pauperum*:

> Es de compadecer una mengua tan grande en esta nobilísima facultad humana y se ha de tratar al que la ha padecido con tal tiento y delicadeza, que no se le aumente ni siquiera se le alimente su locura, como acontece con los furiosos, haciendo burla de ellos, provocándolos e irritándolos, y con los fatuos asintiendo y aprobando lo que dijeren o hicieren neciamente o incitándolos para que desbarren con mayor ridiculez, como quien fomenta y ceba la insulsez y la necedad. ¿Qué mayor inhumanidad puede mentarse que la de enloquecer a uno por tener de qué reír y hacer materia de diversión de una tan grande desventura?[8]

6. Para un resumen de las opiniones, véase Percas de Ponseti (1975D), vol. I, pp. 34 ss.

7. Burton, citado en Babb (1951E), p. 46.

8. Vives (1947-1948C), vol. I, p. 1.396.

Es bien conocido el degradante tratamiento que se aplicaba a los enfermos mentales en toda Europa. Hasta los más humanos los consideraban objetos de risa. Pero sería hipócrita pasarse al otro extremo y afirmar que el comportamiento de estos desequilibrados no es divertido en absoluto. Las payasadas de Don Quijote son la fuente primordial de la comicidad del libro. El lector se une a los numerosos personajes de la novela que se ríen de ellas, lo que no excluye que, de vez en cuando, uno y otros sientan lástima por Don Quijote.[9] Es curioso que no se sugiera en ningún momento de la novela que Don Quijote debiera ser encerrado en un sanatorio, como sucede en la continuación de Avellaneda. Como tampoco se hace ninguna mención a una posible relación de aquél con la hechicería, a pesar de su interés por los encantadores. Uno debe concluir, pues, que Cervantes deseaba evitar las asociaciones que evocaran los asilos públicos y la nigromancia.

Después de los datos iniciales de la persona y las circunstancias de Don Quijote, Cervantes describe con vivacidad cómo los libros de caballerías se convierten en su obsesión. De este modo nos presenta el rico mundo de la compleja prosa de Feliciano de Silva, al tantas veces herido Don Belianís y discusiones con el cura y el barbero sobre Palmerín, Amadís y otros, cuyos méritos relativos son puestos en tela de juicio como podrían serlo hoy los de futbolistas u otros deportistas. Por un momento creemos que Don Quijote podría haber jugado un papel más normal en este contexto, como escritor, ya que había querido terminar el *romance* inacabado de *Don Belianís*. Pero su afición lo lleva al borde de la locura:

> Llenósele la fantasía de todo aquello que leía en los libros, así de encantamientos como de pendencias, batallas, desafíos, heridas, requiebros, amores, tormentas y disparates imposibles; y asentósele de tal modo en la imaginación que era verdad toda aquella máquina de aquellas sonadas soñadas invenciones que leía, que para él no había otra historia más cierta en el mundo (p. 73).

Don Quijote ha llegado a creer que las fabulosas ficciones de los *romances* de caballerías son históricamente ciertas. Este es el

---

9. Como hacen, por ejemplo, en I, 38; I, 471. Las actitudes frente a la enfermedad mental fueron bastante inteligentes en España, que desde 1409 pudo enorgullecerse del bien dirigido Hospital de los Inocentes de Valencia, modelo pionero de posteriores sanatorios (véase Márquez Villanueva, 1980D, pp. 99 y 111 n.).

núcleo irreducible de su locura, y todo lo demás radica en él. La frase siguiente deja bien claro que no ve ninguna distinción entre un héroe histórico, Ruy Díaz, el Cid, y uno de ficción, el Caballero de la Ardiente Espada (Amadís de Grecia), sólo que está más impresionado por las hazañas de este último.

El segundo aspecto de la locura de Don Quijote es una consecuencia directa del primero y está íntimamente ligado a él.

> En efecto, rematado ya su juicio, vino a dar en el más estraño pensamiento que jamás dio loco en el mundo, y fue que le pareció convenible y necesario, así para el aumento de su honra como para el servicio de su república, hacerse caballero andante, y irse por todo el mundo con sus armas y caballo a buscar las aventuras y a ejercitarse en todo aquello que él había leído que los caballeros andantes se ejercitaban, deshaciendo todo género de agravio, y poniéndose en ocasiones y peligros donde, acabándolos, cobrase eterno nombre y fama (pp. 74-75).

Si las historias caballerescas son hechos históricos, no es entonces ilógico convertirse en un caballero errante, haya o no pasado de moda la caballería. El honor y el renombre, el servicio al prójimo, las aventuras, deshacer entuertos... quizá no sea un programa de gran organización, pero sí contiene la esencia de la caballería. Sucediera lo que sucediese a la época de las caballerías, la misión de Don Quijote de restablecerla confirma de algún modo su inmanencia en el mundo.

El tercer aspecto de su locura no queda verdaderamente demostrado hasta el segundo capítulo. Esto sucede cuando su imaginación impone a la realidad exterior imágenes del mundo de los *romances* caballerescos, transformando ventas en castillos, campesinas en princesas, molinos de viento en gigantes, rebaños de ovejas en ejércitos armados, etc. Su susceptibilidad a las ilusiones sensoriales alcanza su cota más alta en el episodio nocturno con Maritornes, en la posada, cuando su vista, oído, tacto y olfato quedan todos afectados (I, 16). Es de destacar que todas estas alucinaciones de Don Quijote tienen un origen físico: no saca las alucinaciones del aire, más que cuando está dormido y soñando o medio despierto (por ejemplo, I, 7). Cuando las personas y los objetos reales se comportan dentro de la norma y se ajustan lo suficientemente bien al modelo caballeresco, Don Quijote los acepta sin realizar ninguna distorsión física. Este es el caso de las aventuras del mozo Andrés (I, 4), de la procesión funeraria (I, 19) y de los galeotes (I, 22), por ejemplo. Cuando otras personas dan pie conscientemente a sus fantasías, se produce entonces una elaboración de la situación.

Estos son, por así decir, los pilares básicos de la locura de Don Quijote según los establece Cervantes de modo inequívoco al principio de la novela. No es una locura caprichosa que lo abarca todo, sino que se dirige únicamente a su obsesión caballeresca, como se comenta alguna vez en la narración (por ejemplo, II, 43). Cuando sale de su obsesión puede hablar y actuar tan cuerdamente como cualquiera y la gente se maravilla del buen sentido y de la inteligencia de su discurso. Se lo define como un loco con «intervalos lúcidos» (II, 18; II, 173). Esta combinación deja intrigados a otros personajes, en especial al canónigo de Toledo (I, 49).

En general, es bastante fácil, desde la perspectiva del sentido común, distinguir lo que hay de anormal y de sano en su comportamiento, incluso cuando su fusión es muy fuerte (Close, 1978[1]D). Sin embargo, esto no significa que su insania no tenga ninguna de las problemáticas implicaciones que, en los dos últimos siglos, los lectores han hallado en su conducta. Como tampoco pudieron todas estas implicaciones haber pasado desapercibidas a Cervantes. Ya con anterioridad al desarrollo de la psiquiatría moderna ha habido análisis de los estados mentales más complejos que la tosca y funcional distinción impuesta por los intereses sociales compulsivos. Erasmo estableció una sencilla distinción que demuestra la dificultad de marcar límites cuando afirmó:

> Si a algún legañoso le pareciera mulo un asno, o si alguien admirase un poema insulso como doctísimo, tampoco a ése, sin más lo consideraríamos loco. Pero si alguien yerra no sólo en sus sentidos, sino en las apreciaciones de su razón y si tal cosa ocurriera más de lo habitual o continuamente, a ése precisamente habrá que considerarlo dado a la locura.[10]

(Como veremos, Cervantes utiliza el primero de estos dos ejemplos en varias ocasiones; y emplea el segundo cuando el narrador comenta con disimulado regocijo cómo se enorgullecería Don Lorenzo del pródigo elogio de Don Quijote a su mediocre poema: II, 18.) *El*

---

10.   Erasmo de Rotterdam (1964C), p. 127; trad. cast., p. 193.

elogio de la locura, en donde se da esta observación, es el libro más famoso de la época que trata las complejas y paradójicas naturalezas de la necedad y la locura, de la sabiduría y del sentido común.

Sería imprudente afirmar que Cervantes había leído esta u otra obra de Erasmo, dado que, después de los Índices de 1551 y 1559, sus obras estuvieron proscritas en España durante mucho tiempo. Sin embargo, eso no impidió por completo su circulación, ni mucho menos su continua influencia. En una generación anterior, en especial a finales de la década de 1520 y en la de 1530, probablemente no hubo ningún otro país en Europa que acogiera con tal entusiasmo las doctrinas de Erasmo. Éstas fueron expuestas en la corte de Carlos V, puestas al servicio de la política imperial y dejaron una profunda huella en la vida intelectual y en la literatura, como todavía era visible después del Concilio de Trento. Con ninguna otra corriente ideológica del siglo parecen mejor armonizados los escritos de Cervantes que con la erasmista.[11]

El concepto erasmista del «tonto sabio» se filtra fácilmente en el *Quijote*, aunque más en relación con Sancho que con su amo. La locura de Don Quijote muestra, como cualquier otra, áreas indeterminadas cuando tratamos de delimitar sus fronteras. Sus palabras y sus acciones revelan engaños de los sentidos y errores de juicio que van desde la locura palpable a la trivialidad disculpable.

Su locura tiene lo que podríamos llamar una cara pública y otra privada. Desde el primer punto de vista, su celo reformista lo pone frecuentemente en conflicto con las normas de la sociedad y en ocasiones lo convierte en una amenaza pública. Como los pícaros, está reñido con la sociedad, pero, a diferencia de ellos, intenta mejorarla. El choque más espectacular se da cuando libera la cadena de galeotes, justificando su acción por medio de un sublime llamamiento al precepto cristiano del perdón, no del castigo (I, 22; I, 273 y I, 30; I, 371). No nos sorprende que la Santa Hermandad (precedente de la Guardia Civil) pronto lo persiga. Hay en él algo de fanatismo, como en cualquier activista utópico, cuando se pone al margen de la ley. Los que ejercen su oficio, dice, son ministros de Dios en la Tierra y los brazos que ejecutan su justicia (I, 13; I, 173); y se pregunta: «¿Quién el que ignoró que son

---

11. Forcione (1984D), pp. 223-224, aporta el resumen más reciente del estado de la cuestión.

esentos de todo judicial fuero los caballeros andantes, y que su ley es su espada, sus fueros sus bríos, sus premáticas su voluntad?». ¿Quién de ellos pagó una sola vez alcabala, deuda o portazgo, o pagó a su sastre o al guardián de un castillo? (I, 45; I, 547-548). Esta cara byroniana de Don Quijote se ganó el aprecio de los románticos del siglo XIX, uno de los cuales, Espronceda, se tomó aparentemente en serio el segundo discurso (a juzgar por su epígrafe a la Primera parte de *El estudiante de Salamanca*), lo que no habría hecho ningún lector del siglo XVII. Sin embargo, una cosa es enderezar entuertos o hacer proclamas arrogantes, y otra muy distinta amenazar con aporrear a pasajeros inocentes si no admiten que Dulcinea u otra dama en concreto es incomparablemente bella (I, 4 y II, 58). Esta es quizá la cara inaceptable de la caballería.

La incompatibilidad entre las normas privadas y las socialmente aceptadas hace que el comportamiento de un individuo sea considerado demente o criminal. Desde la perspectiva de Don Quijote, la lógica y la coherencia de los criterios por los que intenta regular su carrera no son simplemente justas, sino también geniales. Ello está muy bien defendido por Edwin Williamson (1984D, p. 144). Una premisa de la cultura medieval, de la que formaba parte el *romance* caballeresco, era que todo estaba cargado de significado. Los símbolos de un orden trascendente de la verdad divina estaban engastados en el mundo material (podríamos añadir que en *La Demanda del Santo Grial* esto se hace sobremanera explícito, ya que los santos ermitaños explican una y otra vez a los protagonistas el significado de los acontecimientos, con lo que cobran conciencia de estar viviendo una alegoría, no sólo en el sentido literario del término, sino en el literal). Al adoptar la orden de caballería, Don Quijote está volviendo a un código ideado para cubrir el vacío existente entre el mundo visible y su orden trascendente. Al resucitar la práctica de la caballería, está deseando renovar el mundo degenerado, en el que las apariencias ya no corresponden a la realidad oculta, y eliminar la discrepancia entre lo potencial y lo real. Es por este motivo que Dulcinea es, para él, más real que Aldonza Lorenzo. Desde un punto de vista público y práctico, sus particulares esfuerzos por ejercer sus creencias no tienen, inevitablemente, ningún sentido y son dignos de burla. Pero la esencia de sus creencias no es ninguna broma.

Tan serios como son para Don Quijote sus motivos, su empresa tiene otro aspecto, el privado (por lo menos para empezar): que es como un juego. Es importante recalcar que en esto no hay ninguna discrepancia. Como Huizinga señala en su clásico estudio sobre el *homo ludens*, «la diferencia entre el juego y la seriedad es siempre inestable» (1970E, p. 27). Numerosas aventuras vividas por Don Quijote en la Primera parte se parecen mucho al juego infantil «Imagina que soy...». Un psicólogo ha opinado acertadamente que la regresión infantil forma parte de su locura (Deutsch, 1965D, p. 221). Por supuesto, no se considera que un niño sufre alucinaciones mientras juega; cree y no cree simultáneamente, y muestra a menudo a su manera una profunda seriedad. Ha entrado en un mundo mágico paralelo, conocido también por las culturas «primitivas» y presente en el *romance*, donde rige un conjunto especial de normas.[12]

Don Quijote presenta con frecuencia signos de estar en este infantil estado mental, especialmente en la Primera parte. Un ejemplo de ello se da en el primer capítulo, en el que intenta decidir qué nombre darse a sí mismo, a su caballo y a su dama con una seriedad tal que se pasa días con esta sola preocupación en mente. O cuando afirma al vecino que le recuerda quiénes son: «Yo sé quién soy ... y sé que puedo ser no sólo los que he dicho, sino todos los doce Pares de Francia, y aun todos los nueve de la Fama» (I, 5; I, 106).

Esto lo apreciamos una y otra vez en sus relaciones con Sancho, a quien inicia como compañero algo desconcertado. Cuando la aventura de los mazos de batán no da el resultado esperado, responde agriamente: «Si no, haced vos que estos seis mazos se vuelvan en seis jayanes, y echádmelos a las barbas uno a uno, o todos juntos, y cuando yo no diere con todos patas arriba, haced de mí la burla que quisiéredes» (I, 20; I, 249). Posteriormente otra gente se une al juego, por una razón u otra, como cuando el cura, el barbero y

---

12. «El niño está casi literalmente "fuera de sí" de regocijo, encantado hasta tal punto que casi cree ser verdaderamente tal o cual cosa, sin llegar, no obstante, a perder por completo la conciencia de la "realidad ordinaria". Su representación corresponde más a una realización aparente que a una realidad falsa: "imaginación" en el verdadero sentido del término» (Huizinga, 1970E, pp. 32-33). Gonzalo Torrente Ballester dedica un estudio (1975D) al tema en el *Quijote*. Hay, por supuesto, un claro componente lúdico en la propia caballería, como muy bien sabía el autor de *El otoño de la Edad Media*.

Dorotea inventan la aventura de la princesa Micomicona para intentar devolverlo a su hogar. En la Segunda parte, en el castillo de los duques y en algún otro sitio, este tipo de acontecimientos se da en un grado tal que tiene consecuencias importantes. Aquí se estrecha el vacío existente entre el mundo personal de Don Quijote y el de otras personas.

En una novela tan extensa y llena de incidentes, personajes y discursos, no siempre es fácil seleccionar episodios que revelen algo nuevo en la conducta del héroe o algún cambio en la mentalidad con que se lanzó a su oficio. Es fundamentalmente en la Segunda parte donde se hace más perceptible la evolución del hidalgo, que pasa de una locura con apariencia de extroversión y autoconfianza a una introspección cautelosa y propensa a la duda. Sin embargo, en la Primera parte pronto se dan algunos signos que anuncian una subsecuente tendencia al desengaño y a la sensatez.[13]

Ya en el capítulo 1 (p. 75) lo hallamos defendiendo sus ilusiones, como también, por ejemplo, en el capítulo 18 (p. 224); aceptando el consejo del ventero de viajar con dinero, camisas limpias, medicamentos y escudero (cap. 7); reconociendo al segundo ventero como tal (cap. 17, p. 213); admitiendo que no había nada sobrenatural en la aventura de los encamisados (cap. 19, p. 233); riendo cuando Sancho se ríe de su error sobre los mazos de batán (cap. 20, p. 248); expresando sus dudas acerca de la caballería en los tiempos modernos (cap. 20, p. 251, y cap. 38, p. 471). El desenlace de la aventura de los galeotes lo aturde un tanto, y acepta fácilmente el consejo de Sancho de retirarse a Sierra Morena (cap. 23). La decisión de hacer allí penitencia produce un nuevo giro en los acontecimientos, al decidir deliberadamente volverse loco (o, por lo menos, actuar como tal), y otro cuando admite la distinción entre Dulcinea y Aldonza Lorenzo (cap. 25, pp. 305-311).

Mientras las historias de los personajes secundarios van cobrando relieve, Don Quijote queda relegado a un segundo plano. Le roban la iniciativa quienes conspiran para devolverlo a su casa, pero consigue captar la atención con algunas interrupciones (caps.

___

13. Howard Mancing (1982D) demuestra que este proceso se desarrolla más profundamente en la Primera parte de lo que se había creído. Sin embargo, me parece que el cambio decisivo no se produce hasta la Segunda parte. Véase también Allen (1969D), vol. 1, pp. 33 ss.; y, para una interpretación muy distinta, Williamson (1984D), pp. 92-99.

37-38, 43). Cuando lo alcanzan las consecuencias de dos anteriores aventuras, empieza a experimentar frustración: se defiende duramente de la acusación de haber liberado a los convictos (cap. 30, p. 371, y cap. 45, p. 547) y se perturba cuando el mozo Andrés lo acusa de interferir en los asuntos ajenos (cap. 31, p. 391). Se enfurece cuando no le hacen caso (cap. 44, p. 532). En ocasiones muestra una nueva capacidad para aceptar que otras personas pueden ver o sentir las cosas de modo diferente. Por fin, prefiere no cansarse contando sus desgracias a personas no versadas en la caballería errante (cap. 47, p. 561).

En contra de estos ejemplos podemos enumerar muchos otros que testifican el continuo vigor de su locura en todos sus aspectos. Esta demencia, a la que acompañan el optimismo y la autoconfianza, no disminuye hasta que abandona la segunda posada por vez primera (cap. 17). Al llegar a su casa es metido en cama, tiene los ojos atravesados, no sabe dónde está. Ha escarmentado un poco, pero todavía está muy trastornado (I, 52). Los episodios que he señalado arriba se salen empero de la norma y marcan una pauta para el posterior «enfriamiento» del «humor» de Don Quijote y para la continuación de la Segunda parte.

La relativa complejidad de Don Quijote se debe en parte al hecho de que posee en sí mismo las cualidades básicas y opuestas de «cuerdo» y «loco», que los otros personajes comentan y de las que se admiran (como en II, 17; II, 166). Esto prácticamente garantiza que él nunca pueda ser un personaje psicológicamente tan simple como la mayoría de los que desfilan por el *romance*. Es interesante observar que una escritora de modernas novelas amorosas como Claire Ritchie, autora de *Bright Meadows*, *The Heart Turns Homeward* y *Hope is my Pillow*, hace la misma observación:

> Algunos personajes tienen dos o más rasgos característicos igualmente marcados (y posiblemente en conflicto). Así suelen ser los personajes llanos, en oposición a los de la novela romántica, ya que ese conflicto interno presente en su naturaleza los hará forzosamente demasiado complejos para ejercer de protagonistas en un relato relativamente sencillo como puede ser un *romance*.[14]

14. Claire Ritchie, *Writing the Romantic Novel*, Londres, 1962, pp. 45-46, citado en G. D. Martin (1975E), p. 160.

El mismo tipo de dualismo básico lo presentan con gran claridad otros personajes de Cervantes. Sancho Panza es uno de ellos y está desarrollado de un modo bastante paralelo al mismo Don Quijote. Menos elaborados están los personajes secundarios, como la maliciosa y libertina, aunque amable y cristiana, Maritornes (I, 16-17) y el feroz pero caballeroso jefe de bandoleros Roque Guinart (II, 60-61). Un ejemplo representativo fuera del *Quijote* lo ofrece la fascinante combinación de obsesivos celos y generosidad inherente a Carrizales en *El celoso extremeño*. Esto si sólo mencionamos los personajes cuyos rasgos son significativamente binarios, y no aquellos que los poseen en mayor diversidad y menos intensidad (Sansón Carrasco, Don Diego de Miranda, el Duque y Doña Rodríguez, por ejemplo). Los primeros pueden presentar o no una caracterización menos sofisticada que los últimos, pero revelan un indudable interés por las complejidades de la personalidad humana por parte de su creador. Y esto no puede estar desconectado de ese giro decisivo que despertaría el interés por el carácter de los personajes y que marcaría la mayor diferencia entre el *romance* y la novela moderna.

Don Quijote es humanamente mucho más interesante de lo que podría serlo cualquier paradoja sobre la cordura y la demencia. Como cualquier persona real, posee cualidades y defectos y tendencias distintas y hasta contradictorias: valentía, cortesía, generosidad, vanidad, irascibilidad, temeridad, capacidad pedagógica, etc. Hay algunas constantes en su carácter. Una de las más importantes se puede apreciar en el último capítulo de la novela, donde se observa que, tanto cuando era simplemente Alonso Quijano (es decir, cuerdo) como cuando representaba a Don Quijote de la Mancha (loco), «fue siempre de apacible condición y de agradable trato, por lo que fue bien querido por todos» (II, 74; II, 589). Por otra parte, también cabe añadir que hay algo de misteriosa imprevisibilidad en su persona. En una o dos ocasiones se reserva su famoso valor y considera prudente huir o, por lo menos, «retirarse». Y cuando en la venta tiene lugar la discusión sobre la bacía del barbero y alcanza un cariz violento que evoca el campo de Agramante de Ariosto, no es otro sino Don Quijote el que, con palabras autoritarias pero razonables, logra llevar a sus cabales a los contendientes.

A pesar de todo esto, faltan en la Primera parte del *Quijote* conflictos internos que alcancen un grado significativo, de los cuales raramente están exentos los personajes principales de las grandes novelas realistas. Una vez enloquecido el protagonista, el conflicto se proyecta en combates públicos con seres y objetos (desde nuestra perspectiva, molinos de viento, ovejas, arrieros, odres, etc.; gigantes, malvados caballeros y extraños poderes de encantamiento, según la suya). En la Segunda parte el conflicto se trasladará a la mente del Caballero.

Sancho ya existe como idea antes de que se materialice en persona en el capítulo 7. La necesidad de agenciarse un escudero se la sugiere a Don Quijote el primer ventero (I, 3). Por eso, Sancho debe su existencia de algún modo a la necesidad que Don Quijote siente de él (como, por otras razones, también se la deben Dulcinea y Cide Hamete Benengeli). Este pobre pero valioso campesino, «de muy poca sal en la mollera», como se le describe en primera instancia, es identificable con mayor facilidad que su amo con un tipo existente en la vida y en la literatura. Cervantes lo debió extraer de la propia vida (el ligero prejuicio de «cristiano viejo» le cuadra a la perfección); además, tiene un pedigrí literario mucho más claro que Don Quijote. En los libros de caballerías había habido unos pocos escuderos picarescos —Ribaldo en *El caballero Cifar* e Hipólito en el *Tirant lo Blanc*—, pero las similitudes significativas terminan ahí. Más importante fue el bobo de las comedias y pasos del siglo XVI, y quizá una cierta noción imprecisa de la rusticidad a la que se asociaba el nombre de Sancho en el refranero popular.[15] En el caso de Sancho, las asociaciones con el rollizo personaje de Carnaval son mucho más pronunciadas que las cuaresmales de Don Quijote, como ya señalamos anteriormente. También tiene algo de bufón de corte, en lo que efectivamente se convierte en el castillo de los duques.

Aunque inicialmente se presenta como un personaje más simple que su amo, Sancho se convierte con el tiempo en una criatura de una complejidad comparable a la del hidalgo. Su necedad e ignorancia están más que compensadas por una especie de astucia que

15. El nombre del gobernador de la Ínsula Firme, en *Amadís de Gaula*, es Ysanjo. Sobre los antecedentes literarios de Sancho, véanse Close (1973[2]D) y Márquez Villanueva (1973D), pp. 20 ss.; para los aspectos folklóricos, Molho (1976D), pp. 217 ss.; sobre ambos aspectos y, en particular, la parodia literaria, Urbina (1982D); Flores (1982[2]D) aborda las opiniones sobre Sancho a lo largo de los siglos.

recuerda a los sirvientes de *La Celestina* y otras obras del mismo género. De esta combinación de sentido práctico y sapiencia natural, que debe poco o nada a la educación formal, saltan de vez en cuando chispas de verdadero ingenio. Pese a todas sus debilidades, tiene un firme sentido de la moral; en la concepción de su personaje, Cervantes se vio influido por las ideas humanistas cristianas relativas a la bendita ignorancia de los indoctos. Sancho es, en parte, un derivado del «tonto sabio» de Erasmo. Como en Don Quijote, aunque de forma distinta, en él se funden la irracionalidad y el sentido común.

El propósito que lo lleva a abandonar su hogar y a su familia para acompañar a un hombre trastornado es, en un principio, puramente material o, por decirlo de manera más halagüeña, consecuencia de una necesidad natural de mejorar su posición. En la segunda salida, no obstante, lo hace además por divertirse. La promesa de Don Quijote de recompensar a Sancho con el gobierno de alguna ínsula subraya, por supuesto, la credulidad de Sancho; pero debe recordarse que muchos españoles, algunos de origen bastante humilde, hicieron verdaderas fortunas en el imperio de América. La simplicidad, la ambición y un respeto innato por aquellos que han conseguido una posición de autoridad en la vida pueden servir de perfecta justificación para la inverosímil decisión de Sancho. Por lo demás, Cervantes pone en boca del narrador y de otros personajes su sorpresa por la ingenuidad casi quijotesca que demuestra de vez en cuando (por ejemplo, I, 29; I, 363).

Sancho se deja convencer fácilmente por personas de rango superior, lo que viene a ser un modesto reconocimiento de sus propias limitaciones, y tiende a creer cualquier cosa que escape a su experiencia personal. Cuando depende de sí mismo, acostumbra basar sus juicios en la evidencia de los sentidos. Estos factores, junto con las presiones concretas del propio interés, explican fundamentalmente el comportamiento de Sancho en el episodio de la princesa Micomicona, que a primera vista parece extraño e incoherente. A veces se encuentra con la evidencia de que se está fraguando una trampa y toma nota del hecho (por ejemplo, I, 27, 36 y 46). En otras ocasiones lo cogen desprevenido (por ejemplo, I, 29 y 30). No obstante, si se las examina, sus reacciones no son tan enigmáticas. Cuando duda o discute acerca de los acontecimientos es que ha presenciado algo que desvirtúa su verosimilitud; pero, apoyado por una fuerte dosis de interés propio, aceptará que personas supuestamente entendidas lo corrijan. Se niega a poner en duda la realidad física de una experiencia: no querrá admitir que el acontecimiento de su manteamiento en la venta (I, 17) tenga en absoluto que ver con encantamientos, sino que le parece una experiencia corriente, aunque desagradable. Esto se parece un poco a aquel episodio en que el doctor Johnson intenta refutar el idealismo del obispo Berkeley pateando una piedra.

Más adelante, Don Quijote aporta una de las mejores síntesis de su carácter:

> Sancho Panza es uno de los más graciosos escuderos que jamás sirvió a caballero andante; tiene a veces unas simplicidades tan agudas, que el pensar si es simple o agudo causa no pequeño contento; tiene malicias que le condenan por bellaco, y descuidos que le confirman por bobo; duda de todo, y créelo todo; cuando pienso que se va a despeñar de tonto, sale con unas discreciones que le levantan al cielo (II, 32; II, 293).

No alcanza su capacidad o complejidad más plenas hasta la Segunda parte, pero bastante pronto —por lo menos a partir del capítulo 15— se puede observar cómo influyen en él los acontecimiento y las acciones de Don Quijote y los demás personajes. El escudero miente para defender la reputación de su amo cuando llegan a la venta (I, 16), pero la evolución más sobresaliente se aprecia en la noche de la aventura de los mazos de batán (I, 20). En un acceso de terror ante la idea de quedarse solo en el oscuro bosque, Sancho suplica a su amo en un discurso de una elocuencia sin precedentes, recurriendo incluso, en su desesperación, al castellano arcaico de los *romances* (I, 239; véase Mancing, 1982D, pp. 62 ss.). Aquí se ve obligado a participar en el juego caballeresco de Don Quijote, como hará en el futuro de vez en cuando con facilidad creciente. Esto hace que sus reacciones sean más difíciles de juzgar. Sancho engaña seriamente a su amo por primera vez cuando inmoviliza a Rocinante (p. 240). La falsedad evoluciona un paso más cuando, incitado por el cura y el barbero (cap. 27), afirma, mintiendo, haber visitado a Dulcinea (caps. 31-32), lo que reportará unas consecuencias exorbitantes en la Segunda parte. Aunque aparenta modestia, la vanidad le hormiguea al pensar que sus hazañas puedan quedar registradas en un libro junto a las de Don Quijote (cap. 21). Aunque más de una vez está a punto de dejarlo todo y volver a casa, cuando por fin regresa demuestra un gran entusiasmo por los placeres corridos en sus andanzas y por emprender la siguiente excursión (I, 52).

Juntos, Quijote y Sancho forman un todo mayor que la suma de ambas partes. Kafka, en su pequeña parábola *La verdad sobre Don Quijote*, los entendió originalmente como un solo ser. Su camaradería y sus interminables conversaciones sobre todo tipo de temas revelan y moldean poco a poco sus personalidades (véase Close, 1981D).

La unión de un personaje alto y delgado y uno bajo y gordo forman el verdadero prototipo de pareja de un buen número de relaciones presentes en la ficción literaria y en las variedades y las películas cómicas, aunque la idea es más antigua que Cervantes, como ilustran las figuras de Carnaval y Cuaresma y la cómica pareja de Ganassa y Bottarga. Hay variaciones modernas del tema que seguimos considerando cervantinas, incluso cuando varían las características de los papeles: Joseph Andrews y Parson Adams, Mr. Pickwick y Sam Weller, Sherlock Holmes y el doctor Watson en la literatura; Laurel y Hardy y Abbott y Costello en las películas cómicas. Las últimas representaciones de los dos arquetipos los reflejan de modo extraordinario, tanto visualmente como en otros aspectos. Son los robots C3P0 y R2D2 de *La guerra de las galaxias*, y dudo que marquen el fin del camino.

Capítulo 6

LA TEORÍA LITERARIA

> Y ¿cómo es posible [pregunta el canónigo de Toledo] que haya
> entendimiento humano que se dé a entender que ha habido en el
> mundo aquella infinidad de Amadises, y aquella turbamulta de tanto
> famoso caballero, tanto emperador de Trapisonda, tanto Felixmarte
> de Hircania, tanto palafrén, tanta doncella andante, tantas sierpes,
> tantos endriagos, tantos gigantes, tantas inauditas aventuras... y,
> finalmente, tantos y tan disparatados casos como los libros de caba-
> llerías contienen? (I, 49; I, 577-578).

A lo que Don Quijote, poco después, responde: «Pues yo ...
hallo por mi cuenta que el sin juicio y el encantado es vuestra
merced, pues se ha puesto a decir tantas blasfemias contra una cosa
tan recibida en el mundo y tenida por tan verdadera ...» (p. 579).
Al ser esta convicción de Don Quijote el centro de su locura, lo que
se impone como núcleo de la novela es una cuestión literaria teórica
acerca de la relación existente entre la ficción caballeresca y la
realidad histórica. Si Don Quijote debe ser disuadido de su creencia, como en vano intenta el canónigo, los argumentos a esgrimir
deben incluir una buena parte de teoría literaria. Esto justifica
plenamente la inclusión de discusiones literarias en la Primera parte
(caps. 6, 32 y gran parte de los que van del 47 al 50).

El segundo aspecto o fase de su locura, la decisión de ser un
caballero errante y de vivir una novela, tiene consecuencias teórico-
literarias de otro tipo profundamente enraizadas en la obra. Su
imitación de los héroes ejemplares disponía de la aceptación humanística más venerable. La emulación de las virtudes de los héroes y
de los santos era prescrita en la educación. Y no sólo eso. En el

Renacimiento se escribieron muchas biografías con el solo objeto de proporcionar modelos para su imitación (Kristeller, 1965E, p. 27). A los jóvenes caballeros se les exhortaba para cultivar las cualidades de Escipión y Alejandro; a las jóvenes doncellas, a seguir los pasos de las más castas matronas romanas y de las mártires cristianas. En la Edad Media la práctica y la literatura de la caballería estaban fuertemente cohesionadas. Caballeros españoles, franceses e ingleses se dedicaron, en el siglo XV, a imitar a conciencia a los héroes de los *romances* y a emular sus aventuras. En el siglo XVI, doce de los hombres de Cortés hicieron votos caballerescos a semejanza de los Doce Pares de Francia. Este tipo de acciones podía llegar hasta límites insospechados. La promesa de un caballero catalán del siglo XV, Miquel d'Oris, de llevar una daga clavada en su muslo hasta que hubiera luchado con un caballero inglés no era, sin duda alguna, un acto de exhibicionismo sin precedentes.[1]

Cuando uno busca personajes importantes en que inspirarse, no importa que los modelos sean históricos o ficticios. Como ya observara sir Philip Sidney, «un modelo fingido tiene tanta fuerza como uno verdadero».[2] Es una premisa importante que subyace a la reacción de Don Quijote ante las objeciones expresadas por el canónigo. A él no le importa que sus fuentes de inspiración sean reales o no. Pero al final de la discusión afirma que, desde que se convirtió en caballero errante, ha sido «valiente, comedido, liberal, biencriado, generoso» y otras cosas más (I, 50; I, 586). Es posible que la imitación haya muerto como doctrina, pero el poder inspirador y de influjo de la ficción literaria popular —y aún más el de los medios visuales—, para bien o para mal, todavía pervive con fuerza. Sólo los héroes cambian, y los del cine, la televisión y el video, y los de los comics ejercen la misma —si bien menos edificante— fascinación sobre los más jóvenes. Esta fascinación presente en la vida real continúa, a su vez, siendo un terreno muy fértil para la expresión artística. En la película *À bout de souffle*, de Godard, Poiccard, inspirado por las películas de Hollywood, más que ser un gánster auténtico, hace el papel de gánster.

1. Véase Riquer (1967E), pp. 66 ss., 123. Para la sorprendente difusión de la influencia de los libros de caballerías, véase Leonard (1949E). California debe su nombre a una isla maravillosa que aparece en *Las sergas de Esplandián* de Montalvo, el quinto libro de la serie de Amadís. Véase Eisenberg (1982E) para los *romances* caballerescos españoles en general.

2. Sidney (1904C), vol. 1, p. 169.

Don Quijote no es el único personaje del libro que imita la literatura. Destacan las damas y los caballeros que desempeñan el papel de pastoras y pastores en su Arcadia (II, 58); la diferencia estriba en que éstos representan su papel de forma consciente. Don Quijote es un caso extremo en que la emulación heroica se convierte en locura: en primer lugar, porque escoge héroes fabulosos e inalcanzables como modelos (superhombres que derrotan a vastos ejércitos sin ayuda de nadie, que hunden flotas, parten gigantes por la mitad como si fueran alfeñiques y superan a malignos encantadores); en segundo, porque su imitación intenta ser, cosa imposible, literal y total. No le basta con tratar de ser, a su modo, tan valiente y cortés como ellos en un medio distinto; intenta transformar ese medio en función del prístino estado de cosas que en él subyacen. Y esto, como mínimo, es impracticable. La realidad puede no ser siempre lo que parece desde fuera, pero se impone haciendo que la imitación quijotesca del *romance* se vuelva una involuntaria parodia cómica.

Esto lo acomete Don Quijote con tal cuidado y propósito que el resultado es aún más cómico. El esfuerzo que pone en ello, aun siendo infantil, es conscientemente artístico.[3] Imitar modelos con objeto de llegar a su altura o de elogiarlos estaba prescrito no sólo como norma de conducta, sino también en el arte, la literatura y la oratoria. Este principio, expuesto antiguamente por Horacio y Quintiliano, fue muy recordado en el Renacimiento. Podría parecer que el impulso de Don Quijote no tiene sentido, pero es al mismo tiempo artístico y heroico (los dos aspectos no están disociados). Incluso en un plano inferior, la idea de aplicar el arte a la vida era muy conocida en esa época: se le exigía al cortesano de *Il Cortegiano* de Castiglione. Los preparativos de Don Quijote implicaban una selección cuidadosa de nombres. Sus serios discursos son verdaderas joyas de una consciente improvisación retórica cuyo objeto era que se le escuchara, admirara y recordara. Su acto más voluntariamente artístico es su penitencia, antes de la cual se plantea cuidadosamente si imitar a Amadís o a Roldán (I, 26); y antes de esto

---

3. Riley (1962D), pp. 64 ss.; Avalle-Arce (1976D). Freud afirmó: «El escritor creativo hace como el niño cuando juega. Crea un mundo de fantasía que se toma muy en serio —es decir, al que confiere grandes dosis de emoción— pero al que separa ostensiblemente de la realidad» (citado en Storr, 1972E, p. 14).

invoca el clásico precepto artístico de imitar a los grandes modelos (I, 25).

«Un artista es aquel que está, en su interior, lleno de imágenes», manifestó Durero. Pero también debe saber cómo proyectarlas en el medio que emplea; y aquí, como observa Sancho una o dos veces, el Caballero se queda más en palabras que en hechos. Dulcinea, la más gloriosa de sus creaciones, permanece largo tiempo encerrada en su mente, lo que le permite, como revela a su escudero, describirla como le plazca (I, 25; I, 314). En efecto, tiene la maravillosa libertad de imaginar todo ese libro del que se ve como héroe principal. Nos da una muestra de ello al principio de la primera salida, cuando describe su partida al amanecer con un lenguaje que es una espléndida parodia de la retórica artificiosa del *romance* («Apenas había el rubicundo Apolo ...»: I, 2; I, 80). Mientras pueda ajustar sus palabras y sus actos al propósito de su libro, será tan autor como héroe del mismo, redactándolo y protagonizándolo al mismo tiempo. Hasta cierto punto, es él quien determina su propia historia. El problema es que no puede determinar todo lo que querría.

Por extraña que pueda parecer la intención de Don Quijote, no se trata de un caso aislado. También el convicto Ginés de Pasamonte escribe sus propias aventuras a medida que las va corriendo (véase El Saffar, 1975D, p. 106). El protagonista-autor caballeresco encuentra aquí a su paralelo picaresco. Sucede que Don Quijote deja la redacción de esta obra maestra en manos de un mago desconocido que todo lo ve, siguiendo así los pasos de la mejor tradición de los libros de caballerías. Esto significa, desde la perspectiva de Don Quijote, que la relación es la de un historiador (biógrafo) con su objeto de estudio; y a continuación el Caballero arremete contra los historiadores que no cumplen con su digna profesión (II, 3; I, 64). Está, por supuesto, absolutamente en lo cierto cuando afirma que sus palabras y hazañas están siendo registradas en un libro que pasará a la posteridad. La ironía radica aquí en que ese libro no es el que él piensa.

Al hacer que Don Quijote intente vivir un *romance*, podría pensarse que Cervantes está poniendo con ello a prueba este tipo de ficción, confrontándola con una vida en particular. Pero en seguida recordamos que esa «vida» no es realmente una vida, o sea, un asunto de la historia. Es ficción a otro nivel, de otra clase. Por lo

tanto, si se está comparando el *romance* caballeresco con otra clase
de ficción, ésta es la de la novela de Cervantes. En resumidas
cuentas, lo que se confronta aquí es el *romance* caballeresco con la
novela realista. No es que Cervantes conociera estos términos; en
absoluto. El término usual para una ficción narrativa larga era
«libro» o «historia». Aunque el significado inmediato de este último en el *Quijote* tiene normalmente el mismo sentido general que
«crónica», el hecho de que sepamos que la narración de Benengeli,
que pretende pasar por histórica, es realmente un relato ficticio
produce cierta oscilación entre los dos sentidos de la palabra «historia» (véase Wardropper, 1965D, pp. 2 ss.).

La gran originalidad de Cervantes como teórico radica en que
desarrolló un cuerpo considerable de teorías sobre la ficción narrativa, rebasando los límites de la poética contemporánea en que está
sólidamente basado. Probablemente sólo en parte de forma consciente, en parte por intuición y por el ejemplo del *Quijote*, sentó las
bases para una teoría de la novela moderna.[4] No habría podido
llevarlo a cabo sin haber establecido antes la distinción entre los
dos géneros que hoy llamamos *romance* y novela. La mayoría de
las cuestiones fundamentales, si no todas, surgen de los rebosantes
pero bien estructurados diálogos entre el canónigo y el cura y entre
el primero y Don Quijote (I, 47-50).

La polémica sobre los *romances* caballerescos en parte procedía,
inevitablemente, de las angustiosas preocupaciones o de las inequí-
vocas censuras que numerosos moralistas, teólogos y humanistas
erasmistas, cuyo objeto era fundamentalmente ético o educativo,
corearon durante gran parte del siglo XVI. Se quejaban sobre todo
del efecto que podía causar la lectura de tales obras en las mentes
jóvenes e ingenuas. También se criticaron otros géneros, incluso la
poesía, pero en menor grado. La imprenta (introducida en España
en la década de 1470) era demasiado reciente en la época de la
Reforma y en la del Concilio de Trento como para que las mentes
responsables no se preocuparan por ella.[5]

---

4. Para explicaciones más detalladas, véanse Forcione (1970D), en especial
cap. 3; Riley (1962D) y (1973[1]D), pp. 310 ss.
5. Hubo algunos intentos de proscribir estos libros en España, y otros, con
más éxito, de prohibir su importación a las Américas.

Las objeciones que se oponían a los *romances* de caballerías eran principalmente de tres clases: morales, estilísticas y las que los acusaban de absurda falsedad. Estos libros fueron censurados porque podían inflamar las pasiones, en especial las de las muchachas jóvenes. Las voces críticas dentro del *Quijote* insisten poco en este aspecto; y, cuando lo hacen, normalmente es más para ridiculizarlo que para condenarlo. Recuérdese el absurdo pero maravilloso fragmento acerca de las

> doncellas, de aquellas que andaban con toda su virginidad a cuestas, de monte en monte y de valle en valle; que si no era que algún follón, o algún villano de hacha y capellina, o algún descomunal gigante las forzaba, doncella hubo en los pasados tiempos que, al cabo de ochenta años, que en todos ellos no durmió un día debajo de tejado, y se fue tan entera a la sepultura como la madre que la había parido (I, 9; I, 141).

También se sostenía que estos libros estaban mal escritos. Esto era cierto en algunos casos, aunque es probable que no siempre se tomara en cuenta el hecho de que sus autores renacentistas cultivaran en ellos un estilo arcaico. En el *Quijote* se los condena de forma inexorable por estar construidos de forma incoherente: «los componen con tantos miembros, que más parece que llevan intención a formar una quimera o un monstruo que a hacer una figura proporcionada», exclama el canónigo de Toledo (I, 47; I, 565), adaptando a Horacio y evocando a Minturno y a otras autoridades. Y él no es totalmente insensible al hecho de que los antiguos *romances* estuvieran estructurados según pautas no aristotélicas, como indica su comentario sobre la potencialidad de un *romance* bien escrito.

Esta discusión se debe al debate crítico que se desarrolló en Italia durante el siglo XVI acerca del poema épico basado en el modelo clásico y del popular *romanzo*, tipificado en el *Orlando furioso*. Se aplicó con facilidad a la ficción narrativa, ya que «la épica también puede escrebirse en prosa como en verso» (I, 47; I, 567), un argumento aplicado también a la *Etiópica* de Heliodoro por J. C. Escalígero y López Pinciano. En los pasajes dedicados por Cervantes a la teoría encontramos ecos de los teóricos españoles el Pinciano y Carvallo y de los italianos Tasso, Giraldi Cinthio,

G. B. Pigna, A. Piccolomini y Minturno. Debió haber leído por lo menos a algunos de ellos.

Los juicios del canónigo reflejan el neoaristotelismo de la época, como el de el Pinciano; pero, al igual que éste, no es ningún dogmático intolerante. Aunque ataca los *romances* por considerarlos increíblemente absurdos y mal construidos, ve en ellos algunas posibilidades y expresa su opinión acerca de adónde podría llegar una obra de este estilo si estuviera inteligentemente escrita. En especial, su variedad y ejemplaridad agradarían e instruirían al público (I, 47; I, 566-567). Ha llenado más de cien páginas de literatura caballeresca, luego abandonadas, por lo que tiene derecho a opinar. También cabe destacar que su aguda descripción del funcionamiento de la verosimilitud, con su empeño en conseguir una suspensión de la incredulidad, parece presagiar una obra más parecida a un *romance* aventurero lleno de sorpresas que a otra cosa: «Hanse de casar las fábulas mentirosas con el entendimiento de los que las leyeren, escribiéndose de suerte que, facilitando los imposibles, allanando las grandezas, suspendiendo los ánimos, admiren, suspendan, alborocen y entretengan, de modo que anden a un mismo paso la admiración y la alegría juntas» (p. 565).

La tercera —y mayor— objeción a los *romances* caballerescos es, precisamente, que no sólo eran irreales, sino increíbles. Si en rigor parece que la segunda de estas acusaciones podría neutralizar cualquier daño producido por la primera, no cabe duda de que los *romances* fueron juzgados perjudiciales para la verdadera historia, una fuente de confusión para los simples (aunque es preciso ser tan loco como Don Quijote para tomárselos al pie de la letra) y una atrocidad desde el punto de vista estético. Como ya explicaron Vives, Tasso y el Pinciano, sin verosimilitud es imposible crear un placer inteligente en la obra de ficción. Las afirmaciones del canónigo apuntan más hacia una racionalización del *romance* caballeresco que a su proscripción, pese a que se hallan algunas observaciones vehementes al respecto. Lo que hace fundamentalmente es exigir, como buen clásico, que se escriba bien y que se dé la debida importancia a la verosimilitud. Había poco acuerdo respecto al significado exacto de la verosimilitud y las definiciones variaban entre las muy estrictas y las muy ambiguas.[6] Parece que a Cervantes

6. Véanse Nelson (1973E), pp. 50-51; Weinberg (1961E), vol. 1, pp. 435 ss.

le preocupaba más que nada cuanto contravenía el orden de la naturaleza. Como dejan bien claro las ya citadas palabras del canónigo y el ejemplo del *Persiles*, Cervantes tenía sus métodos para hacer aceptable lo maravilloso y hasta lo increíble. Debían incorporar en su presentación un elemento de incertidumbre semejante al que rodea la narración de cualquier historia fantástica en la vida real, convirtiéndola por ejemplo en una historia de segunda mano contada por un intermediario al que no tenemos por qué creer. Su idea de la verosimilitud no corresponde en absoluto a la del realismo moderno. Cervantes nunca pudo llegar a rechazar la idealización de la experiencia, pese a la débil desconfianza que mostraba ante la exageración inseparable de lo ideal. Cervantes trazó la difusa línea que separa el idealismo de la fantasía más cerca de esta última.[7] Pero tuvo un respeto realista por la factualidad histórica, procedente de la poética neoaristotélica, y por aquellas preocupaciones empiristas del siglo XVI que causaron la crisis contemporánea en la historiografía[8] y aportaron el nuevo concepto de la necesidad en el arte de tratar la verdad de forma responsable (véase Parker, 1967E, pp. 21 ss.).

Por otra parte, el *romance* y la fantasía estaban frecuentemente relacionados con el sueño. Cervantes introduce esta asociación en un número significativo de referencias esporádicas. El cura llama a los *romances* caballerescos «sueños contados por hombres despiertos, o, por mejor decir, medio dormidos» (II, 1; II, 50); el narrador habla de «toda aquella máquina de aquellas sonadas soñadas invenciones» (I, 1; I, 73). Berganza llama a los *romances* pastoriles «co-

---

7. Sobre este tema véase el importante pasaje en el *Viaje del Parnaso*:

> ... que a las cosas que tienen de imposibles
> siempre mi pluma se ha mostrado esquiva.
>   Las que tienen vislumbre de posibles,
> de dulces, de suaves, y de ciertas,
> explican mis borrones apacibles.
>   Nunca a disparidad abre las puertas
> mi corto ingenio, y hállalas contino
> de par en par la consonancia abiertas.

(VI, p. 138)

8. Véanse Domínguez Ortiz (1971E), pp. 249 ss.; Wardropper (1965D), pp. 7 ss.; Nelson (1973E), pp. 41 ss.

sas soñadas» (*Coloquio, Novelas ejemplares*, II, 309), y el alférez, refiriéndose al *Coloquio* como a una obra de imaginación, habla de «esos sueños o disparates» (p. 295). Mientras la censura pasa revista a la biblioteca de Don Quijote, el Caballero está dormido y soñando (I, 6-7), como lo está también mientras se discute sobre los *romances* en la venta (I, 32). La misma asociación ocurre en la aventura de la cueva de Montesinos (II, 23). Y también en el relato de la isla maravillosa que hace Periandro en el *Persiles*, y en la comedia *La casa de los celos*, y en el *Viaje del Parnaso* (VI, 137). No es difícil llegar a la conclusión de que, si el *romance* representa un mundo de sueños, se necesitará otro género literario para tratar el mundo de la experiencia en vigilia.

El otro aspecto —más esencial— del *romance* premoderno, el idealista, era más difícil de tratar que el fantástico. Cervantes tenía ciertas reservas acerca del idealismo, que solía expresar por medio de la ironía. Pero sus propios *romances* dejan bien claro que nunca lo rechazó, como sí hiciera con la fantasía que carecía de una base sólida. Para él, hacerlo casi hubiera equivalido a rechazar la misma Poesía (con P mayúscula), a la que adoraba como si fuera «una iluminación interior, una videncia, un transporte exaltado que eleva el alma a la región de lo esencial», por utilizar las palabras de Casalduero (1943D, p. 58).[9] A los duros hechos de la «historia» se contrapone la idealización poética, desde el punto de vista de los tres amigos que discuten en la Primera parte del *Quijote*, como se aprecia en un conocido pasaje situado poco después del comienzo de la Segunda parte. El bachiller dice:

> ... dicen algunos que han leído la historia que se holgaran se les hubiera olvidado a los autores della algunos de los infinitos palos que en diferentes encuentros dieron al señor Don Quijote.
> —Ahí entra la verdad de la historia —dijo Sancho.
> —También pudieran callarlos por equidad —dijo Don Quijote—, pues las acciones que ni mudan ni alteran la verdad de la historia no hay para qué escribirlas, si han de redundar en menosprecio del señor de la historia. A fe que no fue tan piadoso Eneas como Virgilio le pinta, ni tan prudente Ulises como le describe Homero.

---

9. Cervantes llevó a cabo cuatro grandes encomios de la poesía: en la *Gitanilla, Novelas ejemplares*, I, 90-91; en el *Parnaso*, IV, 106-110; en el *Quijote*, II, 16; II, 155; y en el *Persiles*, III, 2, 284.

—Así es —replicó Sansón—; pero uno es escribir como poeta y otro como historiador: el poeta puede contar o cantar las cosas no como fueron, sino como debían ser; y el historiador las ha de escribir, no como debían ser, sino como fueron, sin añadir ni quitar a la verdad cosa alguna (II, 3; II, 61).

Este intercambio de opiniones muestra claramente lo enraizado que estaba el *Quijote* en el debate crítico de la época sobre la relación entre la poesía y la historia. No fue la distinción que hace Aristóteles en la *Poética* (1451b) lo que le dio pie, pero sin duda definió esta relación como nadie lo había hecho: «La diferencia entre el historiador y el poeta ... consiste verdaderamente en esto, en que uno describe lo que ha sido, y el otro algo que podría ser». No establecer una clara distinción entre «lo que podría ser» y «lo que debería ser» era un rasgo de la teoría renacentista. El *Quijote* es la única obra en la que Cervantes encontró un medio satisfactorio para compatibilizar el ideal poético con la representación de la realidad terrenal. Sitúa este ideal en la mente y en el alma de su héroe, quien lo interioriza, en tanto que los libros de caballerías (animados por el mismo idealismo) se convierten en parte de la realidad histórica representada en la novela.

En su diálogo con Don Quijote el canónigo representa la opinión razonable, ilustrada y moderna. Tiene tanta fuerza para cualquiera que esté en sus cabales que sería necio infravalorarla. Cervantes sabía tan bien como nosotros la ventaja que tiene el hecho histórico (o, como Borges nos recordara, lo que juzgamos un hecho histórico) sobre la ficción. Pero, como ya demostró Forcione (1970D, pp. 91 ss.), es un error creer que Cervantes apoyaba exclusivamente al canónigo. Aquí muestra, como en tantas ocasiones, su capacidad para ver las dos caras de los asuntos. En comparación con el del canónigo, el razonamiento de Don Quijote es medieval, pero, no obstante su confusividad contiene una chispa de inspirado ingenio y una parte de dura realidad. Merece, por tanto, algo de atención.

El Caballero aporta un montón de ejemplos seleccionados al azar de la historia y de la ficción. El canónigo hace un pequeño esfuerzo para distinguir la fábula de la verdad y de la media verdad, pero su discreta discriminación no logra hacer frente a la obsesión dogmática. Tiene razón —¿cómo no estar de acuerdo?—, pero no la suficiente. No llega a percibir una curiosa deducción no expuesta por Don Quijote y que, en efecto, ni el mismo Cervantes parece haber notado, pero que Unamuno (1958D, p. 192) extrajo de otra parte del libro y que otros escritores modernos han descubierto en sus propias novelas. Se trata del hecho curioso de que, en última instancia, no hay nada que permita distinguir a un personaje ficticio de alguien que vivió en una época determinada y que hoy está muerto y, para la posteridad, pertenece a la historia. En efecto, hay personajes ficticios —Hamlet, por ejemplo— que han sido más importantes para la posteridad que otros incontables personajes históricos. El personaje histórico existe únicamente en virtud de ciertos testimonios materiales; pero éstos pueden ser falseados o inventados. Por consiguiente, una vez hemos dejado de vivir no hay ninguna prueba irrefutable que asegure que hemos existido. George Orwell lo creyó así: «El compañero Ogilvy, inimaginable hace una hora, era ahora un hecho. Le admiraba que se pudieran crear hombres muertos pero no hombres vivos. El compañero Ogilvy, que nunca llegó a existir en el presente, existía ahora en el pasado, y, en cuanto ignoráramos el hecho de la falsificación, existiría tan auténticamente, y con la misma evidencia, como Carlomagno o Julio César».[10] Pero como esta escalofriante deducción no es explícitamente expuesta por Cervantes, sería impropio profundizar más en ella.

La última objeción de Don Quijote al canónigo agota el tema de la verosimilitud en el principio —para él— más importante del placer artístico. Los libros caballerescos, arguye, son leídos con placer por uno y por todos, por grandes y pequeños, pobres y ricos, doctos e ignorantes, plebeyos y caballeros. ¿Cómo pueden contar mentiras cuando *parecen* tan verdaderos en todos sus numerosos y objetivos detalles? «Léalos, y verá el gusto que recibe de su leyenda» (I, 50; I, 583-584). Sin detenerse, el hidalgo en seguida se mete de lleno en la espléndida fantasía paródica del Caballero del Lago Hirviente. Emplea todos los recursos de que dispone para narrar

10. Orwell (1950E), p. 51. De modo semejante, el autor de *Monsignor Quixote* escribe en una novela anterior a ésta: «¿Qué importaba la verdad? Una vez muertos todos los personajes, si continúan existiendo en el recuerdo, tienden a convertirse en personajes ficticios. Hamlet no es ahora menos real que Winston Churchill, y Jo Pulling no menos histórico que Don Quijote» (Greene, 1971E, p. 67). Borges ha elaborado esta idea en varios de sus cuentos.

esta aventura, cuya intensidad visual queda aquí resaltada de forma extraordinaria. Nunca llegaremos a conocer la respuesta del canónigo, pero es difícil no darse cuenta de que, probablemente, Don Quijote se ha ganado un punto táctico al pasar de la dialéctica a la demostración del gran impacto irracional que puede tener el *romance* y que comparte con el cuento de hadas y el mito.

Quizá el canónigo representa al Cervantes que habla con la cabeza sobre los *romances* de caballerías, y Don Quijote al mismo autor hablando de ellas con el corazón. Pero incluso eso sería simplificar demasiado. Hay pruebas repetidas de que sus simpatías están divididas, y eso es lo mejor que uno puede afirmar con cierta seguridad.

Capítulo 7

LA ESTRUCTURA DE LA PRIMERA PARTE

1. LA HISTORIA PRINCIPAL

Hay muchas maneras de estudiar la forma en que está construido el *Quijote* y en qué consiste esta estructuración. Cualquier método que pretenda explicarlo en su integridad tenderá a fracasar bajo el peso del detalle o a deshacerse en abstracciones. Por este motivo, lo que sigue a continuación es una sencilla consideración de algunos aspectos seleccionados por su aparente importancia. Será inevitable enfocar la obra como un todo acabado, un ente estático aunque complejo. Pero también debemos recordar dos procesos diferentes en el tiempo: aquel en que Cervantes compuso el libro y el que emplea el lector cuando lo lee por primera vez. Un novelista que esté trabajando en el primer proceso siempre tendrá en mente el segundo.

Desde 1905, por lo menos, se ha creído comúnmente que Cervantes empezó su libro pensando en escribir una novela corta.[1] La brevedad de la primera salida de Don Quijote, sin Sancho, sugirió sin duda esta idea. Pero si Cervantes empezó la obra con esta intención y cambió de propósito al ver las posibilidades que se le abrían, llevó a cabo su cometido tan bien que es difícil imaginar lo que habría podido ser la historia original y, concretamente, cómo habría terminado. En nuestra novela el Caballero acude a su hogar para equiparse tal como le aconsejó el ventero, y no ha dado ni un

---

1. Menéndez Pidal (1964D), p. 57; Hatzfeld (1966D), p. 113; Stagg (1964D). Casalduero (1949D), p. 64, y Gaos (1959D), pp. 95 ss., rechazan esta teoría.

paso hacia la recuperación de su juicio. Podría ayudar a resolver la cuestión un análisis más pormenorizado del que se ha hecho de la técnica cervantina del relato corto; actualmente, esta putativa novela corta parece, por lo menos, tan poco concluyente como *Rinconete*. Por eso, aunque no haya ninguna objeción determinada a la teoría, no veo más en su favor que en su contra y parece más útil estudiar la novela que tenemos que la novela corta de que no disponemos.

Ello no implica que Cervantes no cambiara de idea acerca de la forma que adoptaría su obra a media que la iba escribiendo. Hay evidencias poderosas de, por lo menos, una alteración básica del plan de la obra. La pionera labor de Stagg (1959D), continuada por Flores (1980[2]D), hace posible reconstruir con cierta seguridad esta parte de un diseño anterior. Cervantes se retrajo y trasladó el episodio de Grisóstomo y Marcela de su anterior situación en los capítulos de Sierra Morena (que empiezan ahora en el capítulo 23) a su actual localización en los capítulos 11-14. Así como unas pequeñas incoherencias, hay un súbito cambio de escenario cuando se pasa de un campo abierto cerca de una carretera a un terreno rocoso y montañoso. Los cabreros del capítulo 10 son probablemente los que informan a Don Quijote acerca de Cardenio en el capítulo 23. El motivo del cambio es sencillo: Cervantes pudo muy bien haber decidido reducir el puñado de relatos intercalados que se amontonaban en exceso en la sección central de la Primera parte.

El cambio conllevaba ajustes, uno de los cuales llevó a cabo mal, probablemente debido a que trabajó en ello con interrupciones y precipitación. Es el célebre caso de la desaparición del asno de Sancho. En la primera edición de Cuesta, de 1605, el animal aparece en los capítulos 7-25 y no vuelve a ser nombrado hasta los capítulos 42-44, en los que se mencionan nuevamente las albardas que llevaba. El mismo rucio reaparece en el capítulo 46. En la segunda edición de Cuesta y en todas las otras de 1605 se insertaron dos fragmentos más, uno que describe su robo por Ginés de Pasamonte y, otro, su recuperación. Desgraciadamente, se los colocó en lugares erróneos (caps. 23 y 30), lo que hace absurdas las menciones al asno como acompañante de Sancho entre los capítulos 23 y 25. No es probable que fuera Cervantes quien los colocara erróneamente. Cuando empezó a escribir la Segunda parte, donde se discute la anomalía (caps. 3-4), no hizo ninguna mención a las enmiendas, pero su propia explicación, confiada a Sancho, utiliza y elabora algunas de las informaciones que contienen. Cervantes es un experto en explotar cualquier cosa que pueda ofrecer materia para su novela, aun esta tonta confusión.

También se cree que Cervantes decidió tardíamente dividir la Primera parte en capítulos y partes, renunciando luego a esta última subdivisión. Las afirmaciones parecen aquí menos seguras pero, siempre que se llevó a cabo, la estructuración por capítulos fue realizada con un admirable sentido de los ritmos narrativos subyacentes y con un gran sentido del humor.[2] Además, está Benengeli, que aparece con brillantez en el capítulo 9 para ser nombrado nuevamente sólo en cuatro ocasiones y desaparecer luego por completo en la Primera parte después del capítulo 27. Sorprende muchísimo que no se lo nombre cuando termina su «manuscrito» (véase Flores, 1982[1]D). Hasta la Segunda parte no adquiere verdadera entidad.

Si exceptuamos las obvias incoherencias, una narrativa aparentemente desordenada puede tener una construcción compleja, y no descuidada. Contrariamente, escribir según una fórmula intrincada no siempre supone un gran trabajo intelectual. Como todo organismo, el *Quijote* tiene simetrías e irregularidades. También trasluce marcas de distintas formas literarias preexistentes. Aparte de los *romances* caballerescos y de las novelas cortas intercaladas, las discusiones literarias reflejan tratados críticos, a menudo dialogados, de la época. También hay, por ejemplo, burlas,[3] coloquios serios, proverbios y anécdotas del tipo recogido en las misceláneas, que incluyen temas de origen popular.[4] Pero, visibles como son estas fuentes, una diferencia fundamental entre el *Quijote* y todas las novelas picarescas que lo preceden es la superioridad del modo en que Cervantes las asimila y subordina a los principales temas de su novela.[5] La única excepción la proporcionan los relatos intercalados, y es menos completa de lo que se podría suponer.

---

2. Véase Willis (1953D). En novelas de ficción anteriores hay algún precedente de las interrupciones inesperadas pero eficaces de los capítulos: por ejemplo, *Amadís de Gaula*, III, 33-34; IV, 94-95; IV, 131-132.

3. Véanse Joly (1982E), un estudio fundamental; y Welsh (1981E), pp. 81 ss., para su función en el realismo novelístico.

4. Véanse Guilbeau (1962D) y Barrick (1976D).

5. Segre ha observado que «Il Don Chisciotte è una specie di galleria dei generi letterari del suo tempo» (1974D, p. 192).

No es difícil encontrar ciertos rasgos estructurales que presentan simetrías formales y regularidades temáticas. Las dos expediciones del Caballero en la Primera parte están basadas en el esquema: salida de casa y de la aldea, estancia en una venta, regreso al hogar. Se puede considerar la obra como una serie de burlescas aventuras caballerescas, historias de amor, discusiones literarias y diálogos que se suceden libremente. Está «enmarcada» entre los burlescos versos preliminares y los versos del último capítulo.[6] Hay dos discursos de Don Quijote (I, 11 y 37-38) que comparten un vínculo explícito y que tienen conexiones temáticas con episodios adyacentes. Don Quijote hace vigilia dos veces en el patio de una venta: una, velando sus armas (cap. 3), y otra, custodiando a las damas de la posada (cap. 43), como buen caballero que era. Los seis episodios accesorios son los cuatro que están en el centro del libro y dos pastoriles, uno que los precede y otro que se halla hacia el final de la novela. Y así por el estilo.

Desde la década de los cincuenta la crítica ha venido subrayando que Cervantes trabaja su arte de un modo sumamente consciente. Hasta entonces, el concepto predominante acerca de él —y que sigue siendo el popular— era el de un fácil improvisador, un genio descuidado. La verdad se halla entre los dos extremos pero, incuestionablemente, más hacia el lado del artista consciente.[7] A veces olvidamos lo mucho que debió haber batallado en el *Quijote* con problemas cuya solución hoy consideramos elemental. Es probablemente por esta razón por la que uno de sus máximos principios era que el escritor debe ser muy consciente de lo que hace. Hay muchas evidencias de la importancia que otorgaba a este principio, aunque no lo expresara exactamente con estas palabras. La mejor ilustración es la repetida anécdota (II, 3 y 71) del inepto pintor Orbaneja, el tema de cuyos cuadros era «lo que saliere» (véase Riley, 1962D, pp. 20 ss.).

Aparte de unos pocos errores textuales obvios, dos o tres cosas contribuyen especialmente a dar la impresión de improvisación.

6. Pierre Ullman describe una función estructural más profunda de estos poemas (1961-1962D).

7. Varias aproximaciones a toda la cuestión de la estructura se encuentran en: Casalduero (1949D), Parker (1956D), Togeby (1957D), De Chasca (1964D), Hatzfeld (1966D), pp. 7 ss., Castro (1967[1]D), Bell (1968D), Segre (1974D), Percas de Ponseti (1975D), vol. 1, pp. 156 ss.

Una de ellas es la carencia en Don Quijote de un destino establecido (lo que no significa necesariamente que el autor no sepa adónde va). Otra es la naturaleza episódica de la narración. Una novela que relata viajes que entrañan una sucesión de acontecimientos y encuentros diversos tenderá casi con seguridad a ser episódica, y no por ello desmerecerá. La Primera parte sólo es episódica hasta cierto punto, si «episódico» significa que se pueden quitar o trasladar episodios sin que ello vaya en su detrimento. Uno podría, por ejemplo, eliminar o cambiar de sitio el incidente de Don Quijote con la procesión religiosa (I, 51) sin apenas ninguna consecuencia significativa, pero esto mismo no sería posible en la aventura de los batanes (I, 20). Hay menos cabida de lo que parece para tales maniobras.

Un tercer motivo de la sensación de improvisación es el modo en que Cervantes deja que el lector lo vislumbre —o crea vislumbrarlo— en el propio acto de creación.[8] Desde el mismo inicio nos alerta ese retrato que da de sí mismo en el prólogo, apoyando una mejilla en su puño y preguntándose qué decir. Luego está la tan inesperada interrupción que se produce cuando la narración, que es reasumida otra vez en el manuscrito de Benengeli (I, 8-9), queda congelada a media lucha con el escudero vizcaíno. Por otra parte, las discusiones sobre la prolijidad, la digresión o sobre la sorprendente naturaleza de los acontecimientos funcionan de modo muy semejante. Despertando nuestro sentido crítico, Cervantes nos hace pensar que no estamos siguiendo solamente los incidentes de la narración, sino también su propia elaboración.

En la Primera parte están los orígenes de una interrelación entre el carácter de los personajes y los acontecimientos, y entre los mismos personajes, que se desarrollará con más fuerza en la continuación. Esto, más que nada, da a la obra un tipo de articulación sutil en la que la causa y el efecto externos se mezclan con la intención y la reacción internas de los personajes, reproduciendo algo así como los fundamentos de la experiencia. Don Quijote y Sancho discuten e interpretan continuamente lo que les sucede. Con mayor frecuencia que el narrador, exponen su significado, y el

---

8. «La novela es un ejemplo significativo del proceso de creación de una obra de arte en la mente de un escritor y de la fortuna en el escribir» (Pritchett, 1965E, p. 170).

lector, esté de acuerdo o no, contempla una y otra vez su visión de los acontecimientos. Es precisamente en las conversaciones que tratan de ellos cuando los sucesos sobrepasan los límites de lo acontecido, aunque, otra vez, es en la Segunda parte donde esto realmente se desarrolla.

La estructura está engarzada con lazos de causa y efecto y dispone —como toda buena novela— de una amplia pero flexible red de anticipaciones y recuerdos. Algunos de ellos contribuyen aquí al efecto de improvisación. Considerado sincrónicamente, sencillamente conectan diversas partes de la obra. Si lo miramos desde el punto de vista diacrónico, cuando se lee el libro de principio a fin estos lazos funcionan más bien como un proceso orgánico de germinación y crecimiento. Hay conexiones evidentes, como las existentes entre las apariciones de Andrés (I, 4 y 31) y los episodios con el barbero de la bacía (I, 21 y 44). Mucho más sutil es el origen de una serie de relaciones subyacentes al motivo principal del encantamiento y desencantamiento de Dulcinea en la Segunda parte. El origen se halla en el consejo que el cura y el barbero dan a Sancho: «que si le preguntase Don Quijote, como se lo había de preguntar, si dio la carta a Dulcinea, dijese que sí» (I, 27; I, 328). Sancho dice la mentira y se ve obligado a adornarla con invenciones (I, 31). Esto lo pone en un aprieto cuando visitan El Toboso (II, 9-10) y traerá a ambos desastrosas y múltiples consecuencias. La razón por la que el cura y el barbero aconsejan a Sancho que mienta se puede remontar a la causa primera de la novela: la locura de Don Quijote.

Muchas de las conexiones nos invitan a inferir no sólo algunas decisiones del autor respecto a algún giro de los acontecimientos o respecto al desarrollo de la narración, sino que una idea específica se ha apropiado de la mente de un personaje para luego retoñar en la acción o en un papel en especial. La sobrina le dice al Caballero que un perverso encantador, Frestón, había hecho desaparecer su biblioteca (I, 7); entonces Don Quijote atribuye a éste el percance con los molinos de viento (I, 8), y así llega a convertirse en el primero de la horda de malintencionados que lo persiguen. Don Quijote menciona la penitencia de Amadís, en I, 15; el episodio en que lo imita tiene lugar en I, 25. En el capítulo 25 Sancho se imagina a Dulcinea rastrillando lino o trillando en las eras; en la ficticia historia de su visita a la muchacha la describe ahechando trigo en el corral (cap. 31). Cuando Sancho apoda a Don Quijote

«Caballero de la Triste Figura» (cap. 19), su amo ve en esto una feliz inspiración puesta en boca de Sancho por el mago que está escribiendo su historia.[9] Pero ya anteriormente había dado a Amadís de Grecia el título de «Caballero de la Ardiente Espada», lo que bien podría considerarse como la inspiración de Sancho. Este caso es un ejemplo curioso de interrelación entre autor y personajes. El famoso descenso a la cueva de Montesinos en la Segunda parte (caps. 22-23) tiene precedentes en las alusiones a tres aventuras que suceden en otros mundos: una aventura subterránea, en la Segunda parte (cap. 14), y dos subacuáticas, en la Primera parte (caps. 32 y 50).

Suponemos que la primera mención descansa de forma más o menos inconsciente en la mente del personaje y muy probablemente en la del autor. En realidad, el producto final no ofrece ninguna guía acerca de lo que pasaba por la mente del escritor mientras lo componía, y los posibles efectos de la revisión son incalculables. De todas maneras, con o sin la mediación de un personaje, a menudo nos cuesta dejar de pensar que estamos observando al autor mientras trabaja, quizá preparando la base para un posterior suceso o sólo acusando sus propios procesos de creación. Sea como fuere, el acto de enlazar imaginariamente fragmentos y retazos de experiencias anteriores y posteriores, de pensamiento y de acción, tan semejante a lo que todos hacemos en nuestras vidas, es una forma verosímil y satisfactoria de articular la novelística, que alcanzará su cota más alta en el *Ulises* de Joyce.

No podemos decir lo mismo de la estructura cronológica del *Quijote*. En cualquier novela moderna realista se presupone un respeto por el orden temporal. Así ocurre en el *Guzmán de Alfarache*. La cronología de los sucesos del *Quijote* en lo que se refiere a días, meses y años es, en comparación, anárquica. Desde 1780, los críticos se han venido estrujando el cerebro intentando encontrarle sentido. El tema ha sido intensamente investigado y explicado por Murillo (1975D). Brevemente: la primera salida de casa de Don Quijote tiene lugar al amanecer de una mañana de julio; las aventuras de la Primera parte cubren luego unas pocas semanas, hasta que regresa a su hogar para ser puesto en cama. Desde ese momen-

9. Véase Atlee (1982D) para la interpretación del título de «Caballero de la Triste Figura».

to hasta que se recupera, ya al inicio de la Segunda parte, dispuesto a emprender otra excursión (esta vez para participar en las justas que se celebrarán en Zaragoza el día de san Jorge, el 23 de abril), transcurre cerca de un mes. Las justas no se producen sino hasta el capítulo 52, aunque las cartas de los capítulos 36 y 47 están fechadas el 20 de julio y el 16 de agosto, respectivamente. Atrapado, como parece, en algún ciclo de primavera-verano, Don Quijote, tras cambiar de ruta para ir a Barcelona (II, 59), llega a esta ciudad al amanecer del día de san Juan (24 de junio). La mejor explicación de esto es que, como afirma Murillo, se ha sobrepuesto libremente una escala temporal del *romance* de caballerías vinculada a los grandes festejos estacionales y comprendida en el período que va del equinoccio de primavera al solsticio de verano.

En lo que se refiere al año, las muchas alusiones históricas en el episodio del Cautivo hacen posible fijar en 1589 la fecha de su narración; pero los libros de la biblioteca de Don Quijote (cuya modernidad es comentada abiertamente en I, 9; I, 141) la sitúan en un momento posterior a 1591. Sin embargo, la carta del capítulo 36 de la Segunda parte está datada en 1614. Aquí se atropella la verosimilitud temporal. Es imposible determinar cuándo la falta de atención da lugar a una calculada indiferencia o a la confusión, pero también es imposible que, tarde o temprano, Cervantes no se diera cuenta de estas anomalías. Aunque a primera vista son sorprendentes, de hecho Cervantes es con frecuencia impreciso, burlón o equívoco cuando se trata de determinar números. La verdad es que las fechas precisas en que tienen lugar las acciones de Don Quijote (una preocupación típicamente moderna) no afectan al relato. Como se nos recuerda en una o dos ocasiones, el lector no debería dar más credibilidad a la historia que la que otorga el sensato a los libros de caballerías (I, 52; I, 604). La analogía temporal con estos últimos, en especial en la llegada triunfal a Barcelona en la fiesta de san Juan (II, 61), resulta demasiado impresionante para ser otra cosa que una parodia.

Cervantes, al hacer de su novela un relato de viajes, utiliza también una estructura corriente en los escritores de *romances*. Pero, aunque esto fortalece el papel del azar en los acontecimientos y se opone a una causalidad más mundana, las afortunadas y providenciales coincidencias de que tanto depende el *romance* están notablemente ausentes de las aventuras de Don Quijote y Sancho. No hay nada de este estilo que ofenda la credibilidad desde el punto de vista del moderno lector de novelas. El cura y el barbero se encuentran con Sancho en la venta (I, 26), pero como el motivo de su viaje era llevar a casa a Don Quijote no hay en ello nada sorprendente. La reaparición de Andrés está dispuesta de forma similar. Esto es bastante diferente en lo que concierne a los personajes de los relatos intercalados, como veremos más adelante.

La armonía artística fue, sin duda alguna, una de las mayores preocupaciones críticas de Cervantes. Son frecuentes las referencias a digresiones, y se dan con mayor extensión en las discusiones sobre literatura; el canónigo critica los *romances* caballerescos por su desorganización. Pero *per tal variar natura è bella*: Cervantes también era muy consciente del gusto proporcionado por la variedad, y sobre esta base argumenta que los «cuentos y episodios» de la Primera parte son «no ... menos agradables y artificiosos y verdaderos que la misma historia» (I, 28; I, 344). Éstos seguirían, sin embargo, preocupándole, por lo que en la continuación aplicaría criterios más rigurosos. El cuidado por la unidad de la forma que mostró Cervantes era un hecho excepcional en un escritor español de novelas de ficción de su generación. Mateo Alemán, por ejemplo, introdujo varias historias cortas en su novela sin preocuparse por ello en absoluto.

Las seis que pertenecen al *Quijote*, Primera parte, requieren un apartado específico, aunque se necesitaría otro libro si quisiéramos hacerles justicia.

2. LOS EPISODIOS INTERCALADOS

Por «episodio intercalado» entiendo una historia de cierta extensión, con un mínimo de coherencia y cuyo origen y desarrollo, aunque no forzosamente su desenlace, carecen de relación con Don Quijote o Sancho. Esto excluye, por lo tanto, las fantasías inventadas por Don Quijote o causadas por él, o un incidente como el de la falsa Arcadia (II, 58), que no contiene ningún «relato» en el propio sentido del término. Abarca los cuentos de Grisóstomo y Marcela (I, 11-14), Cardenio y Dorotea (I, 23-24, 27-29, 36). *El curioso impertinente* (I, 33-35), el Capitán cautivo (I, 39-41), Doña Clara y Don Luis (I, 42-43, *passim*), y Leandra (I, 51).[10]

La breve y triste historia de Grisóstomo y Marcela tiene relación con la de Galercio y la desdeñosa Gelasia en la *Galatea* (IV-VI). Es el primer episodio, y el estilo pastoril puede desconcertar al lector actual. Sin embargo, Cervantes nos va adentrando gradualmente y con suma habilidad en este ambiente «literario» mediante la introducción de unos rústicos cabreros, el discurso sobre la Edad de Oro, el romance de Antonio y la narración de Pedro con sus errores de pronunciación, hasta llegar a la escena funeraria con todo su pomposo lenguaje y sus actitudes dramáticas. En las citadas referencias a los personajes que se disfrazan de pastores hay otra concesión al realismo del contexto narrativo en que se encuentra, aunque no se hace nada por explicar el motivo de esa acción. La historia comienza con la noticia de la muerte de Grisóstomo; Pedro narra los acontecimientos que la han provocado, aunque él no está involucrado en ellos. El desenlace, que es la *raison d'être* del relato, tiene lugar a continuación en el nivel principal de la narración.

Más que la historia de un amor trágico, es el relato del efecto que ejerce en Marcela el suicidio de Grisóstomo.[11] Como muchas narraciones pastoriles, se centra en una cuestión de amor, que en este caso es: si uno es amado apasionadamente por alguien, ¿tiene la obligación de corresponderle? Marcela responde a esta pregunta, en un despliegue de abrumadora elocuencia, con un enfático «No». Su fuerte defensa de los derechos inalienables de la mujer la convierte en una de las más interesantes de las muchas jóvenes mujeres independientes creadas por Cervantes. Su defensa es férrea; pero, como se ha indicado, su falta de compasión y de tacto echa a perder gran parte de la simpatía que despierta su causa (Hart y Rendall, 1978D).

Las historias entrelazadas de Cardenio y Luscinda, Dorotea y Don Fernando forman el segundo relato, que entra y sale de la acción principal y que se refleja de forma cómicamente distorsiona-

---

10. Se ha escrito mucho sobre estos relatos. Además de los ensayos ya mencionados anteriormente en la nota 7, véanse Madariaga (1947D), pp. 85 ss.; Immerwahr (1958D); Dudley (1972D); Márquez Villanueva (1975D), pp. 15 ss.; Avalle-Arce (1975D), pp. 91 ss.; Martínez Bonati (1977D); Herrero (1981[2]D); Williamson (1982D); Johnson (1982D).

11. Para la debatida cuestión del suicidio, véase Inventosch (1974D).

da en el inventado cuento caballeresco fantástico sobre la princesa
Micomicona. Sus personajes, en especial Dorotea —que representa
el papel de la princesa—, se enredan más en los asuntos de Don
Quijote que los personajes de cualquier otro relato, pero es, no
obstante, una novela corta y autónoma. Una serie de misteriosos
descubrimientos conducen al informe del cabrero sobre el loco de
las montañas y, luego, a la aparición del mismo amante distraído,
Cardenio. Éste narra su historia en dos fases, cada una a un público diferente; Dorotea añade una tercera, y el desenlace, que arregla
y reúne a las parejas correctamente, tiene lugar en la venta. El
enredo y desenredo de los enmarañados hados de Cardenio y Dorotea, con la ayuda de la Providencia y de algo de elocuencia femenina (la de Dorotea), habrán sido, sin duda, los rasgos de mayor
interés para los contemporáneos de Cervantes, pero de ningún modo
deja de ser interesante la personalidad de algunos de los personajes.

Cardenio es un modelo de cobardía e indecisión.[12] Impotente en
los momentos críticos, a causa de la traición de Don Fernando y de
su propio remordimiento acaba sufriendo una crisis nerviosa. Dorotea, en cambio, posee una gran determinación y discreción y en su
relación con Don Quijote aporta la cualidad adicional del donaire.
Su estatus social —sus padres son labradores acomodados— es
importante porque Don Fernando es el segundo hijo de un duque.
Don Fernando viene a ser una mezcla —básicamente y sin complicaciones— de egoísta apetito sexual y noble generosidad. La traición
que hace a un amigo, su acto de seducción, sus promesas incumpli-
das y su rapto de Luscinda lo convierten de entrada en un perfecto
don Juan, además de casi prácticamente en un bígamo. Al lector
actual puede producirle incredulidad que se rinda e indignación que
escape hasta a la justicia poética, pero el hecho es que su liberali-
dad —esta palabra es empleada en varias ocasiones— supera su
instinto y su remordimiento es genuino.[13] Esto lo redime por completo. La boda con la débil Luscinda queda invalidada por los
desposorios de Dorotea, cuyas precauciones los habían revestido de
la solemne santidad del matrimonio.

12.   Para la perdida comedia de Shakespeare y Fletcher, basada en esta historia, véase Muir (1960E), pp. 148-160.
13.   Véase Herrero (1976-1977D) para la discernible asociación entre la lujuria
de Don Fernando, el gigante Pandafilando de la Fosca Vista y los odres atacados
por Don Quijote (I, 35), indicada por vez primera por Casalduero.

El curioso impertinente es presentado como una ficción narrativa leída en voz alta por el cura a los reunidos en la venta. El ridículo ataque de Don Quijote a los odres interrumpe esta lectura cuando Anselmo ya se ha creado todo un mundo de ilusión para sí mismo, el cual se derrumbará cuando la historia se reanude. Con su denso y complejo argumento, es sumamente teatral, en el mejor sentido de la palabra. En efecto, es quizá lo más cercano a la tragedia pura que Cervantes llegó a escribir, y posee cierta cualidad shakespeariana. Los acontecimientos avanzan inexorablemente y, aunque un accidente conduce al descubrimiento de la infidelidad de Camila, tal infortunio tenía que llegar antes o después. La decepción se dobla y redobla, pese a que cada giro del argumento es perfectamente plausible. El doble movimiento por el que los acontecimientos van en una dirección y la ilusión en otra es simbolizado por medio de una imagen manierista sumamente cinética: «todos los escalones que Camila bajaba hacia el centro de su menosprecio, los subía, en la opinión de su marido, hacia la cumbre de la virtud y de su buena fama» (I, 34; I, 423). Lo que moviliza todo es la obsesión de Anselmo por la pureza de su mujer.

Comentando más tarde la novela, al cura le cuesta creer que un marido pida a su mejor amigo que ponga a prueba la castidad de su mujer. Pero esto debe aceptarse, y el lector de hoy no tendrá ninguna dificultad para creérselo desde el momento en que se dé cuenta de que Anselmo es un caso psiquiátrico. Cervantes lo deja bien claro ya desde el principio. Anselmo es víctima de su obsesión, de cuya irracional y peligrosa naturaleza es plenamente consciente. Es «un deseo tan estraño y tan fuera del uso común de otros» que se maravilla de sí mismo, y se culpa, se riñe y procura «callarlo y encubrirlo de [sus] propios pensamientos» (I, 33; I, 402). Incluso lo compara a uno de esos irracionales antojos de las mujeres (embarazadas) de «comer tierra, yeso, carbón y otras cosas peores» (p. 411). Insiste y suplica al escandalizado Lotario, quien, para complacerlo, finge rendirse, lo que Anselmo agradece con efusividad fuera de lo común. Está claro que, inconscientemente, Anselmo desea lo que más teme de forma consciente: concretamente, que su amigo se acueste con su mujer. En su gran amistad —a él y a Lotario se los conoce como «los dos amigos»— late una relación homosexual. Un complejo acerca del poder y algo más que un punto de *voyeur* conviven en su personalidad.[14] Cuando sigue su camino, se trastornan los valores convencionales, busca la deshonra, hay un ambiente de neurosis y toda la casa queda infectada.

Sería erróneo, no obstante, querer entender la historia como un estudio de caso de psicología patológica. Lo que aquí más se resalta es la tragedia de las relaciones humanas y la argumentación intelectual. La aberración de Anselmo constituye sencillamente la premisa de la que todo se sigue con lógica aplastante. Menos al principio y al final, se enfoca principalmente a la pareja adúltera atrapada en su propia red de decepciones. Anselmo procura hacer de una relación humana una idea abstracta, y el resultado que obtiene es tan trágico como paradójico. La virtud de Camila resulta ilusoria cuando se la pone a prueba, lo que no habría sucedido si él no la hubiera sometido a ella. Pero ¿cómo habría podido estar seguro de ello sin primero verificarlo? El mensaje es claro. Hay cosas en las que debemos confiar si queremos que se las admita como verdaderas. No admiten comprobaciones empíricas ni demostraciones racionales, e intentar someterlas a ellas representa una curiosidad impertinente. Algunas cosas deben creerse más que demostrarse.

Para Cervantes, también en los celos subyace la curiosidad impertinente.[15] Anselmo padece la misma engorrosa enfermedad —la obsesión por la pureza de su esposa— que Carrizales, el «celoso extremeño». La forma que adopta es diametralmente opuesta, pero el punto de partida es el mismo, como también lo es el calamitoso desenlace. En ambas novelas cortas el marido se da cuenta de repen-

---

14. «Algunos homosexuales varones que todavía están predominantemente fascinados por el varón pueden aún participar en juegos de imaginación en que su hombre favorito tiene relaciones con una mujer. En ocasiones el mismo sujeto observa el acontecimiento con interés» (Storr, 1981E, p. 116). Para ejemplos del tema de la sexualidad irregular en el drama del Siglo de Oro, véase Bradbury (1981E). Podemos señalar la existencia de amistades entre varones en otros episodios: la estrecha amistad entre Grisóstomo y Ambrosio, el amigo traidor de Cardenio, Don Fernando, el amigable rival del cabrero Eugenio, otro Anselmo. La clase de relaciones existentes entre ellos varía mucho (véase Andrist, 1983D) y no hay por qué entender nociones de homosexualidad física en los ideales contemporáneos de la amistad masculina. Pero Anselmo, quien asegura a Lotario que nunca se habría casado con Camila de haber sabido que ello implicaría que ambos amigos se verían menos que antes (I, 33; I, 400), es seguramente un caso aberrante.

15. Véanse la *Galatea*, III; I, 228, y *La casa de los celos* (*Comedias y entremeses*, 1915-1922A, I, 181).

LA ESTRUCTURA DE LA PRIMERA PARTE

te de que él mismo es la causa de su propia deshonra —lo que se aparta bastante de la pauta de aquellos ultrajados maridos que venían a ser los Otelos españoles representados en los dramas del siglo XVII.

El tópico de los dos amigos y la idea del marido que pone a prueba la fidelidad de su mujer tienen antiguos precedentes, como en la *Gesta Romanorum*, sin ir más lejos.[16] Un precedente más próximo es la historia de Timbrio y Silerio que se cuenta en la *Galatea*, paralela a la del *Celoso extremeño*.[17] Como esta última, el *Curioso* es más novela que *romance*, aunque, a causa de sus rasgos retóricos, tal vez no lo parezca. Nicolás Baudouin ya había publicado en 1608 una traducción francesa de esta novela.

La historia del Capitán cautivo sigue a la del *Curioso* y al dramático desenlace en la «vida real» del relato de Cardenio y Dorotea. Se desarrolla en un marco histórico contemporáneo y, como en sus obras teatrales *Los tratos de Argel* y *Los baños de Argel*, Cervantes aprovecha muchas de sus experiencias personales en el norte de África. Pero es una curiosa amalgama porque, aunque se sabe que los episodios más novelescos están basados en hechos reales hasta límites inusuales,[18] presenta también claras analogías con los cuentos populares.[19] El cautivo corresponde a la idea que todos tienen de un héroe: un incondicional hombre de acción y un amante respetuoso. Como narrador de la historia, describe a Zoraida, su doncella mora, como un prodigio de ingenuo encanto y de conmovedora lealtad. Pero se la ha visto como un personaje más ambivalente, implacable en su determinación de escapar con él a España y abrazar la fe cristiana (Percas de Ponseti, 1975D, vol. 1, pp. 226 ss.; Márquez Villanueva, 1975D, pp. 116 ss.). El hecho de que el autor no tenga ningún motivo aparente ni comprensible para desacreditar a Zoraida va en contra de esta interpretación, pero lo

---

16. Véanse Avalle-Arce (1975D), pp. 157 ss.; Percas de Ponseti (1975D), vol. 1, pp. 125 ss.

17. Las tres comparten una fraseología retórica similar en un momento igualmente culminante: «Vi a Nísida, a Nísida vi, para no ver más, ni hay más que ver después de haberla visto» (*Galatea*, II; I, 143); «Leonora se rindió, Leonora se engañó y Leonora se perdió» (*Celoso extremeño, Novelas ejemplares*, II, 129); «Rindióse Camila; Camila se rindió» (*Don Quijote*, I, 32; I, 420).

18. J. Oliver Asín (1947-1948D), especialmente actualizado por Canavaggio (1977D, pp. 73-76, y 1981[1]D).

19. Márquez Villanueva (1975D), pp. 102 ss.; Chevalier (1983D).

cierto es que el foco de interés se desplaza, en el curso del cuento, del drama de la fuga del cautivo a la separación de Zoraida de su angustiado padre.

Un epílogo que se añade a la narración del Capitán sirve para insertarla en la estructura central de la novela. Por una feliz casualidad, el oidor que llega en persona a la venta es un hermano del por largo tiempo desaparecido Capitán (I, 42). Esto ya había quedado artísticamente prefigurado cuando un miembro del público resultó ser hermano de una de las personas nombradas en el relato (I, 39). El oidor ha venido con su hija Doña Clara, y ella y su novio Don Luis son los protagonistas del siguiente episodio, que logra ajustarse a nuestra definición. Es un simple esbozo, en parte narración, en parte acción, un relato de un amor juvenil, una simple aventura llevada, en fases, por una intervención adulta, hasta un vago pero esperanzador desenlace.

El último relato intercalado en la Primera parte es, al igual que el primero, pastoril. Pero la hermosa Leandra es exactamente lo opuesto a la bella Marcela, y pierde su honra, si no su virginidad. Los acontecimientos y el contexto de esta breve historia, narrada en su integridad por Eugenio, uno de los pretendientes heridos de amor, son más realistamente rurales. Sólo cuando la muchacha ha sido encerrada en un convento se refugian los desesperados amantes en los campos y en los bosques, convirtiendo resueltamente el lugar en una Arcadia. Hay una nota sutilmente irónica que sitúa el cuento en una zona indeterminada entre la parodia pastoril y el realismo cómico.

La variedad y escala de esta pequeña antología de cuentos es suficiente prueba de que la Primera parte del *Quijote* no está aún muy lejos de la tradicional colección de *novelle* desarrolladas en un contexto de cuentistas. Pero estos cuentos se imbrican en la novela más sólidamente de lo que parece a simple vista. Se ha encontrado todo tipo de conexiones temáticas y estructurales: de amor y pasión, heroísmo, aberración mental, obsesión, decepción, verdad e ilusión, y otras, incluso algunas de una ingeniosidad extravagante. Sin ahondar demasiado en los acontecimientos, se puede hallar un vínculo significativo con la acción central. A excepción del *Curioso*, todas estas historias intercaladas son, desde el punto de vista de cualquier personaje que se mueve en el nivel narrativo principal, acontecimientos verdaderos y sobresalientes. Aunque la mayoría de historias son amorosas, narran aventuras, pero aventuras *verdaderas*, en contraste con las *fantásticas* imaginadas por Don Quijote o con las inventadas por otros especialmente para él.

Las reacciones del Caballero ante estas aventuras y la frecuencia con que él o Sancho intervienen en ellas son indicativas de su pertinencia. Don Quijote en seguida se interesa por los amores de Grisóstomo y Leandra, e incluso llega a imitar de algún modo a los amantes de Marcela (I, 12; I, 167). También queda fascinado por Cardenio y se ofrece a ayudarlo y consolarlo (I, 24; I, 291). Pero, si acaso oyó la historia del cautivo, no demuestra ningún interés por ella. En realidad, no desea conocer la verdadera historia de Dorotea (I, 37). Aparentemente, no sabe nada de la de Doña Clara. Al *Curioso impertinente* no lo oye nunca. Hace una especie de intervención tardía tras la desaparición de Marcela, e incluso sale en su busca (I, 14; I, 188-189) y se ofrece para sacar a Leandra del convento (I, 52; I, 596). Pero nada de ello tiene éxito. Irónicamente, se le pasan por alto tres de las aventuras reales, lo que en el caso del heroico Capitán y de Dorotea, una genuina doncella en apuros, es una distracción digna de ser remarcada. La deducción a hacer es que está demasiado absorto en su propio mundo interior, demasiado loco para percatarse de ello. En la Segunda parte será diferente.

Si exceptuamos el *Curioso*, todas estas historias contienen claros elementos del *romance*, lo que ha disgustado a muchos lectores, desde Charles Sorel a Thomas Mann,[20] e incluso hasta hoy. Los elementos que llaman más la atención son, primero, la relativa idealización de los principales personajes[21] y, segundo, la intervención del accidente, normalmente en forma de encuentros providenciales. En cuanto surgen personajes de estos relatos aumenta la probabilidad de que se produzcan, de forma inexplicable, apariciones dramáticas y reconocimientos sorprendentes. Este es el caso de Marcela (I, 14), el de la reaparición de Cardenio (I, 27), el del en-

20. «No puedo sino mover desaprobadoramente la cabeza ante los cuentos esparcidos a lo largo de la novela, así de extravagantemente sentimentales son, tan precisamente en el estilo y en el gusto de las obras que el poeta se propuso ridiculizar» (Mann, 1969D, p. 56).

21. Cervantes se encuentra en un problema cuando la encantadora Doña Clara llega a la venta. Si los allí presentes no hubieran visto ya a Dorotea, Luscinda y Zoraida —leemos—, ¡habrían creído muy difícil encontrar una belleza como la de éstas! (I, 42; I, 515). La ironía proporciona una solución, pero no muy apropiada.

cuentro de éste con Dorotea (I, 28-29) y de ambos con Don Fernando y Luscinda (I, 36), y el del Capitán y su hermano (I, 42). Y estas cosas suceden en el nivel narrativo principal, especialmente en la venta, por cuyo motivo se ha considerado a veces que está teñido del mágico resplandor del *romance*. En la historia de Cardenio y Dorotea la idealización del personaje está decididamente limitada, por no decir más, pero la divina Providencia desempeña un papel decisivo para que los acontecimientos tengan un final feliz. Las personas presentes lo reconocen de manera explícita, refiriéndose a la intervención celestial directa en no menos de ocho ocasiones.[22] Como lectores, estamos presenciando una pequeña irrupción del *romance* en la novela, una breve intersección entre dos mundos novelescos.

El *romance* también se introduce de otras formas en este relato concreto. Cardenio y Dorotea se retiran al monte como si fueran amantes cortesanos o pastoriles en pena, aunque, curiosamente, sólo los hallamos en la frontera de la Arcadia. El encuentro con Don Quijote y sus amigos los mantiene a raya, por así decirlo. En un par de ocasiones Cardenio es presentado bajo una luz caballeresca. La primera, cuando se cruza con Don Quijote: «el Roto de la mala Figura» se deja abrazar por «el de la Triste», quien le mira «como si de luengos tiempos le hubiera conocido» (I, 23; I, 290). Más adelante se dirige a Dorotea en los mismos términos que hubiera empleado un caballero: «yo os juro por la fe de caballero y de cristiano de no desampararos hasta veros en poder de don Fernando», e incluso utiliza la frase caballeresca «en razón de la sinrazón» (véase I, 1) (I, 29; I, 360-361). Un aire pastoril envuelve su encuentro con el cura y el barbero: éstos lo hallan cantando poemas tristes cual pastor-cortesano (I, 27). Esto vuelve a suceder cuando Dorotea hace su primera aparición vestida como un joven rústico, revelando su verdadero género mientras baña sus pies blancos como el cristal en el arroyo y suelta sus cabellos dorados como el sol (I, 28).

La escena de la reunión de los cuatro en la venta no evoca, sin

---

22. *Don Quijote*, I, 36; I, 449-450, 453, 454, 456, y cap. 37, p. 456. Ocasionalmente se pueden encontrar alusiones similares en algunas de las novelas realistas, en las que tienden a adoptar un tono manifiestamente irónico. «Ordenó el cielo» que Carrizales se despertara pese a haber sido narcotizado (*Novelas*, II, 130). Rinconete y Cortadillo se encuentran por un «acaso» en la venta de Molinillo, pero Rinconete considera este encuentro «no sin misterio» (*Novelas*, I, 191, 194).

embargo, tanto al *romance* como al alto drama romántico, que Cervantes representa con toda su valía. El autor prolonga el suspense dramático por medio del encubrimiento artificial de las identidades y de los reconocimientos prolongados (I, 36). Algo muy similar vuelve a ocurrir cuando el cautivo y el oidor se reencuentran tras largo tiempo de separación. Don Quijote atribuye esto a los prodigios de la caballería andante (I, 43; I, 520), pero, por supuesto, no hay nada sobrenatural en ello: estas cosas ocurren de vez en cuando.

¿Está, pues, escribiendo Cervantes irónicamente? Parece casi imposible responder a esta pregunta de modo escueto. Depende en gran parte de la mentalidad del lector. Pero incluso cuando Cervantes da rienda suelta a la coincidencia, no veo el menor indicio de que cualquier intención paródica que pueda haber sea despectiva. Como tampoco es probable que no fuera consciente de lo que hacía. La proporción entre *romance* y realismo varía según las novelas. Los lectores modernos han tendido naturalmente a encontrar irritantes los elementos de *romance* tradicional y a considerar de mayor interés los aspectos de los relatos de ambas partes de la novela que, como afirma Edwin Williamson, conforman un área determinada de la realidad, la vida interior de los personajes, fuera del alcance de los procedimientos del *romance* tradicional (1982D, p. 66).[23]

---

23. Compárese con otro novelista moderno que no se asusta por las coincidencias:

—... que esos dos jóvenes se encontraran ayer por la noche de esa manera es, digo, una coincidencia, una notable coincidencia.

—¡Pues no creo —añadió Tim, quitándose sus lentes y sonriendo como con gentil orgullo— que en el mundo haya otro sitio para las coincidencias como Londres!

—Yo no sé de eso —dijo Mr. Frank—, pero...

—¡No sabe de eso, Mr. Francis! —interrumpió Tim, con un aire obstinado—. Bien, pero veamos. Si hay algún lugar mejor para eso, ¿dónde está? ¿Está en Europa? No, allí no. ¿En Asia? Seguro que no. ¿En África? Ni hablar. ¿En América? En cualquier caso, usted no sostendrá eso. Bien, entonces —dijo Tim, cruzándose de brazos resueltamente—, ¿dónde está?

—Yo no pretendía discutir este asunto, Tim —contestó el joven Cheeryble, riendo—. No soy tan hereje como para eso. Todo lo que iba a decir es que me siento obligado por la coincidencia, eso es todo.

—¡Oh!, si no lo discute —dijo Tim, bastante satisfecho—, eso es otra cosa... (Charles Dickens, *Nicholas Nickleby*, cap. 43).

Capítulo 8

LA CONTINUACIÓN DEL *QUIJOTE*

Al final de la Primera parte Cervantes introdujo un rumor o una leyenda acerca de una tercera salida de Don Quijote, dejando así convenientemente abierta la posibilidad de una continuación en caso de que pareciera necesaria. Por si no lo pareciera, concluyó con una serie de epitafios en conmemoración de Don Quijote, Sancho y Dulcinea. De este modo hacía apuestas compensatorias, dejando su novela suspendida entre la posibilidad de una continuación y la sugerencia de un final.[1]

La fecha de iniciación de la Segunda parte es todavía más incierta que la de la Primera parte. Las estimaciones la sitúan entre 1606 y 1612 o más tarde, aunque las más plausibles indican que debió ser hacia 1609. Cervantes anuncia esta continuación por vez primera en las *Novelas ejemplares* (1613); pero el *Parnaso*, el *Persiles* y sus obras dramáticas también requerían su atención. Si, en el capítulo 36, la fecha de 20 de julio de 1614 de la carta de Sancho representa el día en que la escribió, Cervantes ya debía haber escrito la mitad del libro —entonces en proceso— un año más tarde. Sea como fuere, a fines de 1614 tuvo motivos para apresurar su redacción.

Una segunda parte del *Quijote*, con licencia de 4 de julio expedida por la diócesis de Tarragona, fue probablemente publicada en septiembre bajo el nombre de un tal licenciado Alonso Fernández de Avellaneda. Desconocemos todavía su verdadera identidad, pese a los enormes esfuerzos de investigación que se han dedicado a ello

---

1. Aparte de esto, el final de la Primera parte parece el prólogo a una putativa continuación, como indica Mario Socrate (1974D, p. 71).

desde mediados del siglo XIX. Lo único que se puede afirmar con razonable seguridad es que era aragonés, severo católico, que conocía la Universidad de Alcalá de Henares y que era enemigo de Cervantes, por quien se sentía de algún modo ofendido, y ferviente admirador de Lope de Vega.[2]

Avellaneda, olvidando que le rendía el supremo cumplido de la imitación, insulta a Cervantes en el prólogo, burlándose de su edad y de su falta de amigos y acusándolo de guardar rencor y ofender a Lope de Vega y a él mismo. Naturalmente, esta última acusación no era del todo infundada, como tampoco carecen de perspicacia algunas de las otras pullas de Avellaneda. Éste describe el *Quijote* como «casi una comedia» y la mayoría de las novelas cortas de Cervantes como «comedias en prosa» (pról.; I, 7, 12). Si se refería al uso del diálogo en Cervantes, al carácter teatral de algunos de sus escritos o a alguna otra cosa, estas observaciones han sido recogidas por los críticos en repetidas ocasiones. Con perspicacia, Avellaneda también observó que él era de «opuesto humor» al de Cervantes (p. 13). Si hubiera reflexionado un poco más sobre ello, se habría dado cuenta de que la incompatibilidad de temperamento era una buena razón para no intentar escribir en el mismo estilo.

No es aquí necesario hablar mucho de las características y cualidades de la obra.[3] Al ser inevitable la comparación con el original, se la infravalora con facilidad. El libro es en ocasiones bastante divertido, tiene una especie de unidad que agradó al siglo XVIII y muestra una cierta fluidez narrativa que recuerda a algunos de los novelistas de la literatura picaresca. Pero Avellaneda carece de la sutileza y simpatía de Cervantes y trabaja de modo más tosco. Su Don Quijote abandona a Dulcinea, desvaría, ataca irracionalmente a Sancho, es un espectáculo público y acaba en un manicomio. Avellaneda parece más interesado en Sancho, a quien explota pero al que no suele otorgar más que el papel de bufón. Corre por el libro una vena desagradable de crueldad mezclada con vulgaridad, otro aspecto de la cual radica en la violencia sensacionalista y en la piedad de los dos cuentos intercalados, que no por ello dejan de estar bien narrados.

2. Estas son, básicamente, las conclusiones de M. de Riquer en la introducción a su edición de Avellaneda (1972C), I, p. LXXX.

3. Véanse *ibid.*, pp. LXXX ss.; Durán (1973D), pp. 357 ss.; Gilman (1951D).

Cuando apareció la «auténtica» continuación, apenas se oyó hablar de Avellaneda hasta que Lesage lo retomó y lo adaptó al francés (1704). Esto le daría un cierto prestigio que, en los tres años siguientes, precipitaría las traducciones al inglés, al holandés y al alemán. La segunda edición española aparecería en 1732.

Probablemente Cervantes viera el libro hacia septiembre de 1614. Ya que su primera mención de Avellaneda se halla en el capítulo 59 de la Segunda parte, se suele suponer que este era el punto que había alcanzado hasta el momento. No obstante, no hay el menor motivo por el que no hubiera podido oír de él antes de entonces y para que no hubiera esperado un momento adecuado en la narración. Del capítulo 59 al final hay una media docena de alusiones a Avellaneda o su obra.

Hay unos cuantos puntos de semejanza bastante curiosos entre las dos segundas partes que han dado pie a diversas especulaciones (véase Riquer, 1962A, introducción, pp. XXXIV ss.), aunque cuando se han hecho todas las consideraciones pertinentes apenas queda misterio. Exceptuando las correspondencias que se dan en Cervantes a partir del capítulo 59 (ya que desde entonces estamos obligados a aceptar como probable que Cervantes estuviera imitando a Avellaneda para sus propios fines),[4] es poco lo que no puede atribuirse fácilmente a la mera coincidencia y al hecho de que ambos libros tengan el mismo punto de partida. Por ejemplo, el Don Quijote de Avellaneda ve una representación teatral, queda extasiado y la interrumpe (cap. 27), tal como hace el Quijote de Cervantes en el espectáculo de los títeres (II, 26). Pero la coincidencia no nos sorprende; dada la naturaleza demente del héroe, incluso parece probable que un suceso de este tipo se le ocurra a cualquier autor que tenga un Quijote para el que inventar aventuras. El papel de bufón que ejerce Sancho en la casa del «Archipámpano» (Avellaneda, caps. 33 ss.) es como el del otro Sancho en el castillo del Duque (Cervantes, caps. 31 ss.). La naturaleza del personaje, su momentánea aparición en círculos sociales elevados y el deseo del autor de sacar partido de la popularidad de Sancho entre los lectores de la

---

4.   Este es indudablemente el caso del cómico intercambio que sostiene Sancho con el ventero cuando le encarga la cena, en el mismo capítulo 59: compárese con Avellaneda, caps. 23, 24. El pasaje forma igualmente parte de una tradición popular de chistes acerca del servicio en las ventas (Joly, 1982E, pp. 533 ss.).

Primera parte sirven para justificar cualquier caso con la suficiente facilidad.

Pero ¿qué decir de la carta de Sancho a su mujer en Avellaneda (cap. 35) y de la carta del otro Sancho a Teresa en Cervantes (cap. 36)? Las dos misivas no tienen en común ni más ni menos de lo que cabría esperar. Pero la probabilidad de que Sancho enviara una carta a su mujer no me parece tan inherente al personaje como los dos casos ya mencionados. Esto plantea la posibilidad de que un autor estuviera copiando al otro, aunque no podemos descartar la pura coincidencia. No es muy probable que uno de los dos escritores tuviera un conocimiento profundo de la obra del otro antes de su publicación. La otra posibilidad, por lo tanto, es que Cervantes añadiera o modificara algo en su propia obra después de leer a Avellaneda. Presumiblemente, cualquier añadido o modificación habría sido mínimo; Cervantes no pudo haber tenido nunca *necesidad* de un Avellaneda. Pero la idea de la carta era buena, fuese concebida o no de forma independiente, pues Cervantes inicia así un breve intercambio de divertida correspondencia entre la familia Panza.[5]

La coincidencia ciertamente más interesante y menos convencional es la leve insinuación de Cervantes de la existencia de un Quijote ficticio o pseudo-Quijote y de un pseudo-Sancho antes de que los rivales héroes de Avellaneda siquiera proyectaran su sombra sobre los héroes reales, como sucede en los caps. 59-72. El bien llamado Caballero de los Espejos (Carrasco) afirmaba haber derrotado en combate a un Don Quijote que no era el verdadero (II, 14); y Sancho se presenta a la Duquesa de una forma un tanto extraña, como el Sancho Panza que figuraba en la Primera parte, «si no es que me trocaron en la cuna; quiero decir, que me trocaron en la estampa» (II, 30; II, 270). No se puede creer que Cervantes insertara los pasajes mucho tiempo después. Estas oscuras premoniciones parecen más bien subrayar la brillantez con que más tarde integra-

5. Es posible que la fecha de la carta de Sancho, 20 de julio de 1614, tan fuera de lugar aun cuando tengamos en cuenta el desorden cronológico existente en la novela, haya sido inducida por Avellaneda. Es claramente anterior a la fecha de publicación del *Quijote* de este último. Cervantes pudo haber incluido el dato del año para proclamar la genuina prioridad de su propia carta o para ocultar que era un añadido posterior. Esto es, por supuesto, una mera hipótesis, ocasionada por esta mención única del año.

ría la obra de Avellaneda a la suya propia, desarrollando así un tema ya sugerido en su propia novela.

Cervantes empieza el prólogo a la Segunda parte indicando al lector que no adoptará el tono de despecho que está esperando escuchar (II, 33); con esto replica a Avellaneda de modo contenido. Pero esto no quiere decir que no se tome venganza. Ésta la lleva a cabo, introduciendo en la propia novela su crítica de Avellaneda, que queda así inscrita para siempre como parte de la historia de *Don Quijote*. Mateo Alemán había hecho lo mismo, aunque de manera algo diferente, en su Segunda parte del *Guzmán*, con la continuación de Martí. No hay duda alguna de que Cervantes se molestó mucho por lo sucedido, como puede deducirse de pasajes como el del capítulo 70 de la Segunda parte. Las anécdotas de los locos que maltratan a los perros, dirigidas personalmente a Avellaneda en el prólogo, son bastante enigmáticas. Pero, aunque no tengan más sentido del que parecen tener, lo desagradable de su asunto evoca adecuadamente un aspecto de la obra de su rival.

Como ya bien se encargó Avellaneda de señalar en su prólogo, el hecho de recoger la creación de otro escritor para continuar la historia no era nada nuevo. Tanto Alemán como Cervantes tenían motivos para estar personalmente resentidos por el modo en que se les había copiado, pero, aun así, hay algo de moderno en este asunto. Presagia la introducción de la propiedad intelectual del escritor. Esta ley todavía no estaba articulada, pero el anonimato esencial del escritor medieval ya formaba parte del pasado. Los dos novelistas muestran una especie de autoidentificación con su obra, compartida también, de maneras diferentes, por Tasso con su *Gerusalemme liberata* y por Montaigne en sus *Essais*. Al final del *Quijote*, la pluma de Cide Hamete proclama: «Para mí sola nació don Quijote, y yo para él; él supo obrar y yo escribir; solos los dos somos para en uno, a despecho y pesar del escritor fingido y tordesillesco ...» (II, 74; II, 592). Y a causa de Avellaneda y de otros semejantes, esta vez no cabe duda de que Don Quijote está por fin y para siempre descansando (p. 593 y pról., p. 37). «Mi valeroso caballero», «mi verdadero don Quijote», lo llama (pp. 592-593).

Estas enérgicas expresiones de apego a su héroe indican la plena confianza que Cervantes tenía ahora en su creación. Esto se percibe en su disgusto con Avellaneda y en la jocosidad de su dedicatoria al conde de Lemos (con su chiste acerca de que el *Quijote* fuera usado como libro de texto escolar en China). Sin duda también fue fomentado por los inusuales términos en que se expresa la «aprobación» del licenciado Márquez Torres. Éste se halla en tal sintonía con Cervantes que hay razón para sospechar que éste tuviera algo que ver con la composición de dicha aprobación (Rivers, 1960D; Riley, 1976D, pp. 194-195). Márquez Torres habla de la fama de la *Galatea* y de las *Novelas ejemplares* en Francia y de la pobreza de su autor.

La aprobación está fechada el 27 de febrero de 1615. El libro, con licencia para circular por todos los reinos de España, salió a fines de aquel año. A Cervantes le quedaban menos de seis meses de vida. En 1616 apareció una nueva edición publicada en Bruselas, y otra en Valencia; y en 1617, una más en Lisboa. Las partes I y II fueron publicadas por vez primera en un solo volumen en 1617, en Barcelona, por encargo de los mismos editores que sacaron a la luz el *Persiles* ese mismo año (Moll, 1979E, p. 105).[6]

---

6.   Para la obra de los cajistas de la Segunda parte, véase Flores (1981D). Éste concluye que, además de un aprendiz, había cuatro cajistas, cada uno de ellos con «sus propias y distintas preferencias ortográficas y de puntuación y sus propios hábitos de composición» (p. 43).

Capítulo 9

LA ESTRUCTURA DE LA SEGUNDA PARTE

1. La historia principal

La Segunda parte del *Quijote* es casi una continuación perfecta. Dependiendo del libro anterior sin llegar a caer en la repetición, desarrollándose y diversificándose sin sacrificar por ello la familiaridad, es una obra más rica y más profunda. Pese a su pausado despliegue y a que se aprecia una inflección en la parte central del libro, está muy sólidamente forjada y se centra principalmente en Don Quijote y Sancho. Para conseguir algún nuevo desarrollo provechoso, Cervantes debía introducir algunos nuevos factores significativos o explotar algunos elementos presentes en la Primera parte. Hizo ambas cosas.[1]

Hay dos nuevos factores de gran importancia. El primero es que Cervantes modifica un aspecto de la locura de Don Quijote: no su básica creencia en la veracidad de los *romances* de caballerías, ni su absoluta confianza en lo correcto de su misión caballeresca, sino su *espontánea* malinterpretación de las apariencias físicas, verdadera base de muchas de sus primeras aventuras. Fuera cual fuese la presunta explicación del cambio —y su descanso de un mes en cama tras la primera salida sería motivo suficiente—, a partir de entonces ya no vuelve a tomar ventas por castillos, ovejas por guerreros ni cosas por el estilo. Hay una importante excepción a esto que trataremos más adelante. Pero si ignoramos esta solitaria

---

1. Véanse, por ejemplo, Rosales (1960D), vol. 2, pp. 325 ss.; Allen (1969D), vol. 1, pp. 42 ss.; y, para una lectura diferente, Williamson (1984D), pp. 170 ss.

reincidencia, su salud mental ha mejorado de manera sustancial. En efecto, cuando interpreta erróneamente la realidad que hay tras las apariencias es porque los demás intentan engañarlo (sobre Dulcinea y en el castillo, por ejemplo) o porque el aspecto ilusorio es anormalmente intenso o teatral (Carrasco disfrazado de caballero, el retablo de Maese Pedro). Una de las ironías más divertidas de la Segunda parte es que la misma realidad empieza a corresponder mejor a las anteriores expectativas de Don Quijote. Sus encuentros, sin ser fantásticos, con frecuencia se salen ahora de lo ordinario. Encuentra por el camino, por ejemplo, actores disfrazados, leones, un duque y una duquesa, bandidos, corsarios y personas que se han disfrazado por un motivo u otro.

El segundo nuevo factor es una idea muy original: nada menos que la incorporación a la ficción de la Segunda parte del accesorio pero indiscutible hecho de la publicación y el éxito de la Primera parte.[2] Don Quijote y Sancho encuentran personas —primero Sansón Carrasco, luego los duques y después otras más— que han leído la historia de sus pasadas aventuras. Los héroes ya son, por lo tanto, conocidos de antemano por otros personajes, que les preparan situaciones enrevesadas en varias ocasiones para ver cómo reaccionan. Estas artimañas conllevan las decepciones más elaboradas de la novela. Así, si tuviéramos la tentación de quejarnos de que estas aventuras de la Segunda parte son a menudo sumamente artificiales —e indudablemente lo son—, deberíamos recordar que son los personajes los que se presentan como responsables inmediatos de esta artificialidad, y no el autor.

Otro nuevo factor, menos importante aunque también tiene influencia sobre los acontecimientos, es el papel del bachiller, Sansón Carrasco, que toma la iniciativa previamente ejercida por el cura y el barbero. El bachiller sigue el humor a Don Quijote y lo incita a emprender la tercera salida (II, 4 y 7), para luego ir en su busca con el objeto de devolverlo a su casa por medio de un engaño. Al fracasar por completo su primer intento (II, 14) tiene que repetirlo todo otra vez (II, 64). Los dos enfrentamientos entre Don Quijote y el bachiller, disfrazado cada vez de un caballero andante rival,

---

2. «No conozco otro lugar en la literatura en que el héroe de una novela viva de su propia fama, como si lo hiciera de la reputación de su reputación» (Mann, 1969D, p. 55).

son episodios capitales en la acción principal de la Segunda parte. El primero es un triunfo para Don Quijote y el segundo un fracaso; cada uno tiene el efecto que cabía esperar.

Además de estas nuevas cosas, Cervantes desarrolla como motivos principales dos «elementos» del *Quijote* de 1605 que allí eran meras posibilidades. Los dos atañen a Sancho, lo que explica en gran parte su papel más prominente en la continuación. Uno de ellos es que Sancho adquiere realmente el gobierno de lo que cree que es una isla, tal como su amo le había prometido cuando salieron juntos de su pueblo. Este episodio, el engaño más elaborado del libro, representa la cota más alta en la carrera de Sancho. La aventura de la ínsula Barataria (caps. 44-53) nos muestra una faceta de Sancho que hasta entonces sólo habíamos intuido, diversifica la narración con nuevos tipos de material y presenta abiertamente cuestiones de índole ética y política.

El otro elemento surge de la mentira que Sancho cuenta a su amo, a instancias del cura y del barbero, acerca de su entrevista con Dulcinea (I, 31). Sancho se ve metido en un brete cuando su amo decide ir al Toboso a visitar a Dulcinea (II, 9-10). El escudero se las arregla provisionalmente con otra mentira, haciendo creer a Don Quijote que Dulcinea está encantada bajo la apariencia de una tosca campesina. El supuesto encantamiento se convierte, a partir de ese momento, en una constante fuente de ansiedad para Don Quijote y en un tema importante de la novela, sumergido en gran parte de ella, que aflora de vez en cuando, pero siempre latente. No hay ningún engaño ni estratagema en la Primera parte, ni siquiera el de la princesa Micomicona, que fructifique o que influya tanto en los sentimientos de Don Quijote. Es un importante lazo estructural entre las acciones externa e interna. También se puede entender el encantamiento de Dulcinea, con entera plausibilidad psicológica, como la causa más inmediata del sueño de Don Quijote en la cueva de Montesinos, un episodio que parece preocuparlo en más de una ocasión posterior (véase II, 25, 41 y 62).

Relacionado con la relativa inmunidad de Don Quijote frente a sus ilusiones ópticas está ahora el hecho de que una gran proporción de encuentros y acontecimientos no puede ser clasificada como «aventuras» en el viejo sentido del término. Hay más encuentros casuales y conversaciones cotidianas. Don Quijote y Sancho se van integrando ahora en la sociedad. Hacia el final del libro visitan por vez primera una ciudad.

Barcelona es el lugar más lejano al que llegan en su largo viaje, tras atravesar media España. Han ido allí no por un capricho de Rocinante ni por inducción de otra persona, sino por voluntad de Don Quijote, después de que cambiara de opinión respecto a viajar a Zaragoza. Por motivos personales del hidalgo también han visitado el Toboso y la cueva de Montesinos y han decidido conocer el río Ebro. Las expediciones de la Segunda parte son, pues, mucho menos improvisadas. Todavía se aprecia el modelo básico de las expediciones anteriores (salida del pueblo, estancia en una venta, regreso), pero ahora más elaborado. Esta vez, la permanencia prolongada en un verdadero castillo (caps. 30-57) sustituye a la estancia en las ventas que anteriormente Don Quijote pretendía que eran castillos. Hay cortas paradas nocturnas en tres ventas y también breves estancias en tres casas particulares.

El Caballero y el escudero tienen un mayor protagonismo en la Segunda parte que en la Primera. Están más involucrados incluso en los episodios intercalados. Esta mayor cohesión no evita, sin embargo, que la obra se fraccione en secciones claramente visibles (caps. 1-7, 8-29, 30-57, 58-65, 66-73, 74); pero estas divisiones están determinadas por la manera en que el curso de los acontecimientos afecta a los dos héroes, y no por los episodios accesorios. En la Primera parte estos episodios provocan una división y una ramificación del hilo narrativo en la parte central de la novela, mientras que en la Segunda parte estas interrupciones se dan de forma más espaciada. La única síncopa notable se produce cuando la narración oscila entre la estancia de Don Quijote en el castillo y la del gobernador Sancho en la ínsula, más un rápido desplazamiento de la acción a la casa de la familia del escudero (II, 44-55).

Se ha supuesto con frecuencia que Cervantes terminó precipitadamente el *Quijote* a causa de Avellaneda. Esto es muy posible, pero difícil de demostrar. De cualquier modo, no creo que ello tenga nada que ver con los incidentes que se repiten de forma visible en los últimos doce capítulos (aproximadamente). La cabeza de bronce parlante (cap. 62) evoca al mono adivinador (cap. 25), por ejemplo, y el plan pastoril de Don Quijote y la piara de cerdos (67-68) recuerdan la falsa Arcadia y la torada (cap. 58). Y hay más ejemplos. Sin embargo, comoquiera que se valoren sus efectos, estas *reprises* narrativas no son los habituales procedimientos de un escritor con prisa. Un solo capítulo habría bastado para llevar a casa a los héroes. Ya había una cierta propensión a crear incidentes paralelos o un conjunto de episodios con algo en común. Don Quijote desciende a la cueva de Montesinos (caps. 22-23) y Sancho cae en una sima (cap. 55);[3] los capítulos 24, 25 y 27 presentan unos regidores rebuznadores y un mono hablador, y los capítulos 19-21, variaciones sobre el tema arte versus naturaleza (véase Casalduero, 1949D, pp. 260 ss.).

Si dejamos a un lado la subordinación de los episodios intercalados, la Segunda parte del *Quijote* no está construida de modo esencialmente distinto a la Primera. Es el relato de otro viaje, todavía básicamente episódico y con muchos encuentros inesperados. El aspecto de improvisación aún persiste (especialmente en el episodio en que el Caballero modifica su destino y decide ir a Barcelona en vez de a Zaragoza: II, 59). Persisten también algunos signos inequívocos de planificación. Así, cuando vemos a Sansón Carrasco derrotado y meditando su venganza, se nos advierte (II, 15) que la historia volverá a él a su debido tiempo, como efectivamente ocurre cincuenta capítulos más adelante. Naturalmente, también podemos hallar vínculos más sutiles detrás de diferentes partes de la novela. Algo muy parecido a la aventura del «barco encantado» (cap. 29) ya se le había ocurrido a Don Quijote (II, 1; II, 48). Y mucho antes de que Sancho rogara a Don Quijote que le retribuyera por sus azotes (cap. 71) ya había calculado lo que habría ganado en el viaje anterior si su amo le hubiera pagado cuatro maravedíes por cada azote recibido (II, 4; II, 69).

Aquí se vuelven a encontrar los ingredientes básicos del libro anterior, aunque no necesariamente en las mismas proporciones. Cobran aquí importancia varios tipos más de literatura miscelánea: de forma especial en los consejos que Don Quijote da a Sancho acerca de los deberes y atributos de un buen gobernador y en los astutos juicios críticos emitidos por Sancho en Barataria. Efectivamente, los elementos genéricos y heterogéneos presentes en el episodio de la ínsula se reconocen con facilidad. En esta misma parte de

---

3. Cualquiera que prefiera un esquema más barroco puede triangular la figura rematando la aventura subterránea de cada héroe individual con el «vuelo por los cielos» ejecutado por ambos en Clavileño (cap. 41).

la novela, entre los capítulos 47 y 52, se hallan también dispersas seis cartas. Aquí hay indicios, si no de una crisis en la composición de la obra, al menos de una perturbación o declinación de la fluidez inventiva.

Aun así, y pese a que sigue faltando una intriga o un argumento central, la continuación tiene una mejor cohesión que la obra de 1605, y lo que llama más la atención del lector es que el texto ahora se centra más en Quijote y Sancho. Pero en este momento, a más de medio camino de la novela, Cervantes se queja, a través de uno u otro de sus intermediarios, de padecer la limitación de estar atado a

> una historia tan seca y tan limitada como esta de don Quijote, por parecerle que siempre había de hablar dél y de Sancho, sin osar estenderse a otras digresiones y episodios más graves y más entretenidos; y decía que el ir siempre atenido el entendimiento, la mano y la pluma a escribir de un solo sujeto y hablar por las bocas de pocas personas era un trabajo incomportable, cuyo fruto no redundaba en el de su autor (II, 44; ii, 366).

Este, continúa diciendo, es el motivo por el que había recurrido a novelas cortas como el *Curioso impertinente* y el *Capitán* en la Primera parte.[4] Ahora debe evitarlas. Los episodios intercalados deben brotar de forma natural de la acción principal y estar limitados en su extensión. El autor, concluye, ruega que se le dé crédito, «no por lo que escribe, sino por lo que ha dejado de escribir». Las preocupaciones expuestas por Cervantes en este significativo fragmento están basadas en la teoría épica neoaristotélica (Minturno, Tasso, el Pinciano, por ejemplo), pero conducirán a la novela moderna. Poco tiene que ver esto con aquel momento comparable en la Primera parte en que justifica la inclusión de relatos intercalados por lo agradable de la variedad (cap. 28); y poco con el precepto del canónigo de Toledo acerca del *romance* ideal.

---

4. Volviendo a citar a Graham Greene: «Y así el relato breve es frecuentemente para el novelista otra forma de escape, de evitar tener que convivir durante años con un personaje, recogiendo sus celos, sus maneras de actuar, sus pensamientos deshonestos, sus traiciones» (1980E, p. 273).

2. Los episodios intercalados

Habiendo ya vuelto a transmitir sus grandes dudas en el capítulo 3 de la Segunda parte acerca de la conveniencia de incluir novelas cortas como el *Curioso impertinente*, Cervantes se apresura a insertar el mismo número de episodios accesorios (según mi anterior definición) en la Segunda parte. Pero hasta el más largo de ellos es bastante breve, por lo que se esmera en empalmarlos en la narración principal, aunque todos sean entidades perfectamente separables. De hecho, lo hace con tanto éxito que dos de los seis episodios accesorios no suelen ser reconocidos como lo que son. Tres o cuatro de ellos también pueden ser fácilmente aparejados con episodios intercalados en la Primera parte. Esto sucede especialmente con el primero.

La historia pastoril de las bodas del rico Camacho (II, 19-21) está relacionada con el incidente de Daranio y Silveria en la *Galatea* y con la cómica aventura de Rústico y Clori en la comedia *La casa de los celos*, así como también con la historia de Grisóstomo, aunque en este último caso sobre todo con un efecto de contraste. La primera historia trata de un suicidio y un funeral rústico y es virtualmente trágica; ésta trata de una boda y de un falso suicidio, y termina con un final feliz. Basilio interrumpe dramáticamente la ceremonia, como hizo Marcela. En la otra historia hay una «cuestión de amor»; aquí late la cuestión moral de si el gran engaño de Basilio está justificado. Don Quijote contesta a ello con seguridad —«Quiteria era de Basilio, y Basilio de Quiteria, por justa y favorable disposición de los cielos» (II, 21; ii, 201)—, explicando a continuación que «no se pueden ni deben llamar engaños ... los [actos] que ponen la mira en virtuosos fines» (II, 22; ii, 203). Aquí, el capítulo 20 empieza como el 13 de la Primera parte: con una alusión al alba en términos que parodian con gentileza el estilo pastoril.

Sin embargo, los dos relatos son muy distintos en muchos otros aspectos. La suntuosidad de esta rústica boda, con su mascarada alegórica casi excesivamente relevante, la elaborada artimaña del engaño de Basilio y la casuística moral que la justifica, los toques picarescos, los desplazamientos de foco entre los protagonistas y los espectadores, la deliberada incertidumbre acerca de si Quiteria conocía o no el engaño de Basilio (ni ella ni el narrador nos lo dicen): todos estos factores convierten este relato en el fragmento pastoril más «barroco» de Cervantes. Don Quijote y Sancho permanecen en primer plano a lo largo del episodio y se cambian de bando: Don Quijote pasa del de Camacho al de Basilio, y Sancho va del de Basilio al de Camacho.

Interponiendo sus reacciones y subrayando la artificialidad y la escala rabelaisiana de las festividades, Cervantes contribuye a hacer un poco más aceptable la extraordinaria naturaleza de los procedimientos. Las notas socioeconómicas son fuertes, sin que la idealización quede trastornada por consideraciones materiales. Cervantes mantiene un equilibrio delicado algo parecido al que Góngora logra en su poema «En los pinares del Júcar», o al de Velázquez en *Los borrachos*.

El breve, absurdo e ineficaz episodio de los aldeanos que rebuznan (II, 25, 27) es claramente de origen popular y muy diferente de cualquiera de los otros episodios intercalados de las Primera o Segunda partes. Su valor ejemplar es obvio. Un grupo de hombres está dispuesto a entablar batalla por una causa tan ridícula como la alegada por Don Quijote en cualquiera de las ocasiones en que llegó a medirse con las armas. Esto es lo más cercano a una batalla campal con lo que Don Quijote jamás se enfrenta, por lo que es aún más irónicamente absurdo que él y Sancho se vean obligados a poner pies en polvorosa. Esto parece ocultar una parodia de las caballerías. Desde la perspectiva realista, el episodio es intrínsecamente tan inverosímil como el de las bodas de Camacho.

El tercer relato es el dedicado a la hija de Doña Rodríguez, dueña en el castillo de los duques (caps. 48, 52, 56, 66). Desde muchos puntos de vista es el más singular de la novela. A diferencia de todas las burlas y juegos teatrales representados en el castillo, esta es una historia verdadera. Es decir, Doña Rodríguez es genuinamente una viuda y una madre desconsolada, cuya hija ha sido realmente deshonrada por un vecino canalla. Ella busca en verdad ayuda para obligar al joven a que indemnice a su hija por el ultraje que ha cometido. Gracias al Duque, el clímax del episodio se disimula bajo un disfraz caballeresco, pero incluso entonces el Verdadero Amor interviene cuando el lacayo Tosilos clava su vista en la chica y el duelo es anulado. El Duque se molesta, pero todo está ya preparado para un final feliz. Sólo diez capítulos más tarde nos enteramos de que han dado una paliza al lacayo, han despedido a la dueña y enviado a la hija a un convento. Nunca Cervantes pareció estar más seguro de su habilidad narrativa que en esta historia cómica en la que llueven las peripecias y nuestras previsiones quedan trastrocadas por completo.

Hay una conexión explícita con la aventura precedente, la fantasía acerca de la «Dueña Dolorida». Doña Rodríguez es «la segunda Dueña Dolorida» (II, 52), pero no fingida. No es la primera vez en el libro que se encuentra a la «vida» imitando al «arte» —o al artificio, en cualquier caso—. Las dueñas eran entonces un blanco fácil para la burla y la sátira, y las de las obras de Cervantes no son ninguna excepción. Pero Doña Rodríguez, una de sus mejores creaciones cómicas, es un tanto diferente. Es una anciana vulgar, esnob, maliciosa y, sobre todo, necia, pero sus aflicciones tienen cierto patetismo. Es la única persona en toda la novela que busca en serio la ayuda de Don Quijote (excepción hecha de algún caso de crisis momentánea). Cervantes llega incluso a hacerla hablar en el lenguaje arcaico de los *romances* caballerescos cuando implora formalmente la ayuda del Caballero en presencia del Duque y de la Duquesa (II, 52; II, 434). ¿Habrá quedado trastornada esta mujer por los grotescos acontecimientos del castillo?, se pregunta uno.

La historia cambia por completo el final de las bodas de Camacho, ya que la riqueza y el poder acaban triunfando sobre el amor. Por supuesto, el amor de los lacayos y de las hijas de las dueñas no es de la misma categoría socioestilística que el de los campesinos idealizados en la literatura pastoril. La frágil flor del amor es cortada a raíz por el Duque, que desde el principio se ha guiado en el asunto por intereses materiales. Por lo menos, según Doña Rodríguez, evita tomar partido en contra del seductor de la hija porque debe dinero al padre del joven, que es su vasallo (II, 48, II, 402). Su gusto por los juegos caballerescos es limitado, y aquí rompe las normas. La extravagante conducta de Doña Rodríguez muestra, de forma inmejorable, lo ridículo de las charadas caballerescas llevadas a cabo en el castillo. Éstas se disgregan cuando se contraponen a los factores sociales y económicos del siglo XVII. Respecto a esta cuestión, ningún episodio intercalado de la Segunda parte está tan firmemente relacionado con las aventuras de Don Quijote como esta absurda pero significativa historia.

El siguiente episodio es el referente a la hija de un tal Diego de la Llana y al hermano de ésta, que se escapan de su casa en la ínsula Barataria (II, 49). Como la historia de Doña Clara y Don Luis en la Primera parte, es excepcionalmente breve; no es más que un esbozo de la historia de una escapada juvenil. Termina igualmente con una intervención adulta —en este caso, del gobernador Sancho— y con la esperanza de un final feliz, pues el mayordomo que acompaña a Sancho se enamora de la niña, convirtiéndose así el episodio en otra interesante versión embrionaria de una novela corta romántica. Este relato comparte con el de Doña Rodríguez el distintivo de ser una historia verdadera entre una serie de historias inventadas y organizadas de antemano. El episodio, aunque se complica a causa de un doble travestismo y de un buen surtido de mentiras, es genuino.

Claudia Jerónima (cap. 60) proporciona el único episodio abiertamente trágico de la Segunda parte, una historia tan melodramática como breve. En un desmedido arranque de celos, Claudia dispara a su amante y arruina su propia vida: la nota ejemplar no deja lugar a la ambigüedad. En su casamiento con el agonizante Don Vicente se aprecian ecos de la historia de Basilio y Quiteria, pero esta vez no hay truco posible. Por primera vez, aquí y en la compañía de Roque Guinart y sus bandidos, donde se sitúa este acontecimiento, Don Quijote y Sancho se enfrentan a una muerte real con derramamiento de sangre. No hay duda de que sus aventuras están cambiando de signo.

El sexto episodio, el de Ana Félix, hija de Ricote el Moro (II, 54, 63, 65), corresponde al de Zoraida y el cautivo. Esta vez el contexto histórico es el de la expulsión de los moriscos de España (1609-1614). Esta fue la «solución final» al problema de la gran minoría inadaptada de habitantes moriscos que permaneció en España tras la caída del reino de Granada en 1492. Inadaptados y resentidos, la inepta e incoherente política nacional los había llevado a la insurrección en las Alpujarras de Granada en 1568-1571, y ni siquiera la victoria naval sobre el imperialismo turco en Lepanto había logrado calmar los viejos temores de que el Islam emprendiera una inmediata matanza desde dentro y desde fuera. Los extremistas tuvieron más fuerza que los moderados ante Lerma y el rey Felipe III y unas 275.000 personas fueron forzadas al exilio. La pérdida de artesanos y del trabajo campesino fue perjudicial (fatal en Valencia), aunque la afirmación de que fue esta expulsión lo que precipitó al país a la ruina no es más que un mito.

El episodio contiene varios elementos básicos del *romance* de aventuras: la persecución por los altos mares, la doncella vestida de capitán moro, su amante disfrazado en el harén (como en la comedia cervantina *La gran sultana*), la providencial aparición de Ricote en el momento justo. Para el lector de la época es probable que esta romántica historia cobrara más encanto e interés por su contexto entonces intensamente actual. Nunca Cervantes había novelado con mayor inmediatez los acontecimientos de su época y las personalidades que los protagonizaron. Con un suceso como el de la expulsión morisca, no sorprende demasiado que pusiera en boca de Ricote sentimientos que no se ajustaban a su personalidad. Los aprietos de éste y los de su familia desempeñan un papel importante en la primera parte de la historia.

La cuestión de la actitud personal de Cervantes ante la expulsión es particularmente compleja, ya que deseamos creer que se opuso a ella. Cierto grado de ironía ante la situación es indiscutible. Es bastante posible que aceptara la medida como una lamentable necesidad política; pero es evidente que deploró los sufrimientos que engendró en individuos y familias inocentes.[5] El final abierto de la historia no es nada característico en un cuento de este tipo. No tiene nada que ver con el convencionalismo de los géneros como tal, sino que es una necesidad impuesta por la realidad política. Cualquiera que conociese esa realidad sabría perfectamente que las posibilidades de que padre, hija y amante permanecieran en España eran ínfimas.

Los episodios intercalados vuelven a ser relevantes para la historia de Quijote y Sancho en tanto que representan aventuras verdaderas. Pero en esta ocasión los héroes se ven envueltos en ellas hasta límites sin precedentes. No me refiero únicamente a su presencia como público o espectadores, sino también a su constante intervención u ofrecimiento de intervenir en los problemas que surgen. Don Quijote sale en defensa de Basilio cuando los comprensiblemente indignados defensores de Camacho empiezan a ponerse peligro-

---

5. El mejor análisis de la cuestión es el de Márquez Villanueva (1975D), pp. 229 ss.

sos (II, 22). El Caballero procura llevar a sus cabales al ejército de los burros campesinos, pero su intento fracasa al entrometerse Sancho (II, 27). Le instan a resolver la cuestión de la hija de Doña Rodríguez, pero los acontecimientos cambian de rumbo (II, 56). Acepta de inmediato la responsabilidad de ayudar a la desconsolada doncella Claudia Jerónima; entonces Sancho los interrumpe y nadie presta más atención (II, 60). En la aventura de Ana Félix se ofrece de igual modo a rescatar a Don Gregorio de la Berbería (II, 64), pero mientras tanto se han puesto en marcha otros arreglos y, al final, su derrota acaba descalificándolo.

En la jornada anterior estaba demasiado absorto en sus propias fantasías como para prestar atención a las aventuras reales de los demás, a no ser que tuvieran un fuerte sabor a *romance* literario. Ahora no deja de reconocer todas aquellas que se le presentan, pero sus intentos de intervenir con efectividad son frustrados por circunstancias ajenas, por Sancho o, peor aun, porque nadie le hace caso. Sólo a Sancho se le permite intervenir decisivamente en este tipo de aventuras. En el caso de los dos adolescentes, resuelve la situación con gran autoridad desde el cargo que desempeña en su «ínsula».

Cuatro de los episodios están lo suficientemente teñidos de *romance* como para que se los pueda distinguir del modo narrativo de la acción principal. Los dos restantes son la historia de los aldeanos que rebuznan y la de la hija de Doña Rodríguez; esta segunda se parece a la acción principal en que los acontecimientos toman la apariencia de una parodia de los *romances* de caballerías a causa de los personajes involucrados en aquéllos. Aquí hay una abierta parodia, gracias a la simplicidad de la dueña y a la frivolidad del Duque. El Duque (con su mayordomo) podría ser comparado, en efecto, con Maese Pedro, como otro manipulador.

En los otros casos, las apreciaciones relativas a la intención paródica del autor son, a la larga, subjetivas. A mí me parece que estas sospechas son suscitadas con mayor fuerza por estas historias que por los episodios intercalados en la Primera parte. Sin embargo, esta parodia es practicada en muy contadas ocasiones, manifestándose sólo en momentos determinados o de forma indirecta. La escandalosa estratagema de Basilio es narrada «directamente» con la intención de que el suspense y la sorpresa prevalezcan sobre cualquier subversión que pudiera provocar el sentido del ridículo.[6] Pese a todo, mientras que nadie puede poner en duda la belleza de Quiteria, cuando aparece por vez primera en escena su descripción es elaborada de manera burlesca mediante las exclamaciones de Sancho (II, 21; II; 196). Cervantes aún desea exponerlo de ambas maneras. Los dramáticos efectos inmediatos del amor verdadero en el lacayo Tosilos no son menos reales porque estén descritos en términos mitológicos burlescos, aunque no sean muy profundos ni duraderos. También hay una alusión jocosa a la reacción de herido de amor del mayordomo ante la belleza de la hija de Diego de la Llana. Tal era su amor que, viéndola llorar, «parecióle que no eran lágrimas las que lloraba, sino aljófar o rocío de los prados, y aun las subía de punto, y las llegaba a perlas orientales» (II, 49; II, 413). Ya en la *Galatea* se había referido Cervantes al aspecto cómico que ofrecen los amores a los ojos imparciales.[7] Estos momentos de divertimento no significan que el autor pretendiera socavar la historia de amor por medio de burlas. Si la inserción de dos historias cómicas entre los episodios accesorios de la Segunda parte sugiere ahora la necesidad de cubrir mejor el vacío entre éstos y la narración central, la presencia de una nota ocasional de humor abierto pretende lubricar, con unas gotas de parodia cómica, las articulaciones entre el *romance* y la novela.

Cervantes lleva la ficción basada en el *romance* tan lejos como llegará, en el marco realista contemporáneo de la Segunda parte del *Quijote*. Las diferencias sociales y las realidades políticas son características de la historia de Dorotea y de la del cautivo, pero no se les permite afectar los armoniosos desenlaces de las historias de amor. Tampoco afectan la historia de Basilio y Quiteria en la Segunda parte, aunque fuera a expensas de algo de su credibilidad. Muy diferente, en cambio, es el caso del episodio de Doña Rodríguez y también, implícitamente, del de Ana Félix. Como ya indicó Williamson (1982D, pp. 63-64), en esta historia Cervantes lleva el

6.   Para el parecido con la sangrienta estratagema en Aquiles Tacio, véase Zimic (1972D), p. 882. Menos estudiado todavía está el leve pero explícito eco de la historia de Píramo y Tisbe (Ovidio, *Metamorfosis*, libro IV), anotada por Casalduero (1949D), p. 259.

7.   «Cuando los casos de amor, hermosa Nísida, con libres ojos se miran, tantos desatinos se ven en ellos que no menos de risa que de compasión son dignos» (*Galatea*, II; I, 149).

romance hasta sus límites, haciendo patente su incapacidad para tratar realidades políticas de la magnitud de la expulsión de los moriscos. El relato termina de modo poco concluyente, dejando a los protagonistas con la esperanza de que el resultado de los esfuerzos en la corte prometidos por Don Antonio sea un dictamen favorable para los amantes, dictamen en el que apenas confía el viejo moro Ricote. Don Antonio asegura que hará todo lo que pueda, paso a paso, «y haga el cielo lo que más fuere servido» (II, 65; II, 540). Seguramente debemos entender esto como si hubiera sido dicho en un espíritu de resignada aceptación, a lo sumo como una esperanza confiada. Ni el más impávido escritor de *romances* habría sido capaz de abandonar el desenlace de esta historia a la siempre atenta Providencia, para librarse así de su responsabilidad individual.

Capítulo 10

EL REGRESO DE LOS HÉROES

A principios de la Segunda parte encontramos al Caballero y al escudero discutiendo con el bachiller Sansón Carrasco si habrá o no una segunda parte. El bachiller informa que aunque hay quienes se oponen a ella, hay otros que comentan jovialmente: «Vengan más quijotadas: embista don Quijote y hable Sancho Panza, y sea lo que fuere; que con eso nos contentamos» (II, 4; II, 68). Incluso si no hubiera sido esta la opinión de todo el mundo ni una respuesta poco sofisticada, habría sido suficiente para que Cervantes continuara su obra. Y así lo hizo, duplicando en la ficción de la Segunda parte el hecho de la popularidad de sus héroes. De esta forma introdujo en la narración la reacción de un público que ayudaría a que la historia siguiera su curso. Al hacerlo, es muy difícil que no se hubiera apercibido de lo mucho que el atractivo de su libro dependía de las personas y personalidades de los héroes. Su temprana aparición como personajes de carnaval sugiere lo mismo. Es posible que hubiera servido de incentivo a Cervantes para desarrollar los personajes de Don Quijote y Sancho.

Por sí solo, el éxito público es menos probable que estimule una caracterización profunda y sutil que la imitación o continuación de una obra. Esto se aprecia con mayor claridad en las series de televisión. En un sentido amplio, podríamos afirmar que, cuando es la fórmula de la acción lo que ha tenido éxito, lo más probable es que provoque imitaciones; y que cuando son los personajes (en combinación con la presencia humana de los actores) lo que más atrae, el resultado tiende a ser una prolongación. Por supuesto, es posible que se den ambas reacciones. Lo que es aquí más interesante en relación al atractivo de los personajes es que no se necesita que sean profundos para que funcione este proceso. Hasta cierto punto también sucede en las novelas detectivescas cuando la fórmula es muy buena. Si uno relee las novelas de Sherlock Holmes, Hercule Poirot o Philip Marlowe es en gran parte por el simple placer de volver a ver en acción al familiar personaje en cuestión.

La opinión del bachiller Carrasco citada anteriormente revela el éxito tanto de la fórmula como de los personajes. Y aunque esto seguramente no basta para justificar la caracterización más sutil y dinámica de los héroes en la Segunda parte, habría sido suficiente para asegurar que tuviera lugar una continuación. La obra de 1605 había sentado las bases y su desarrollo ya había empezado.

Los dos nuevos factores mencionados al inicio del capítulo 9 (*supra*) vienen aquí muy al caso. El hidalgo se ve arrastrado hacia un conjunto de situaciones artificialmente creadas que son una parodia cómica de lo que, gracias a la Primera parte, popularmente se supone que está esperando. Don Quijote se convierte en víctima de su propia fama. A esta ironía se añade otra: que quienes se ríen de él no saben (o no les importa) que ya no es el mismo hombre de antes. En un aspecto particular, está menos loco.

Es precisamente este, por supuesto, el otro nuevo factor principal de la Segunda parte. Ahora casi nunca se deja engañar espontáneamente por la simple apariencia física de las cosas, por la que se dejaba arrastrar en el volumen anterior. Esto afecta básicamente a la naturaleza de las aventuras e implica al propio Sancho.[1]

No está claro si el cambio en la condición de Don Quijote debe atribuirse al mes de reposo, con su mejor alimentación, a que se somete tras ser llevado a su casa en el carro de bueyes (II, 1; II, 41), o bien a la primera aventura que sostuvo con Sancho después de su siguiente salida o, a alguna otra causa desconocida. Sin duda, esa primera aventura produce en él un fuerte impacto emocional. Es el episodio en que Sancho jura que la moza campesina que va montada en un jumento es Dulcinea en todo su esplendor, obligando a Don Quijote, en contra de la evidencia presente ante sus ojos,

---

1. En tres ocasiones, cuando Don Quijote llega a una venta, se señala que no la confunde con un castillo (II, 24, 59 y 71). Luis Rosales fue probablemente el primero en apreciar las implicaciones de esta alteración, aunque se deberían modificar algunas de sus conclusiones (1960D, vol. 2, pp. 360 ss.).

a aceptarlo como un hecho real. Esta es una situación completamente inversa a la que se da en la Primera parte, en la que la visión de
Don Quijote está trastocada, mientras que la de Sancho es una
visión prosaica de la realidad. Todo el episodio posee una sutileza
psicológica fuera de serie. Cuando llegan por vez primera al Toboso, Don Quijote, tras poner a Sancho en un aprieto, facilita al
máximo el engaño de su escudero. Es casi como si pretendiera ser
engañado, aunque quizá no de esta forma (véase Rosales, 1960D,
vol. 2, pp. 100 ss.). Para justificar la nueva apariencia de Dulcinea
el Caballero tiene que atribuirla a una maléfica obra de encantamiento. Es una dramática prueba de que no hay que confiar en las
apariencias y, a partir de entonces, una buena razón para tomar
precauciones a la hora de interpretarlas.

Hay en la Primera parte una perceptible progresión en el estado
mental de Don Quijote a través de sus peripecias, pero es sólo
esporádicamente manifiesta y no demasiado pronunciada. En la
Segunda parte se evidencia un desarrollo más constante, aunque no
recobra plenamente la lucidez hasta que se halla en su lecho de
muerte. Hasta el último capítulo tiende a hacer y decir cosas locas,
consideradas desde estándares humanos ordinarios. Pero la mayor
parte del tiempo su locura es menos evidente, pues su comportamiento depende menos de las ilusiones ópticas. Es un personaje
más complejo, ya que la duda, que antes apenas pasaba por su
mente, ahora es una constante. La feliz ecuanimidad de la locura
de Don Quijote se ve perturbada. Todavía loco en esencia, conser-
va rasgos básicamente cómicos, en gran parte del mismo tipo (aunque también de modos más sutiles), como nos recuerdan Russell
(1969D) y Close (1978[2]D). Sin embargo, en general el efecto es
sobrio. Don Quijote no es ninguna excepción a una de las pocas
reglas razonablemente seguras de la literatura: a medida que un
personaje va aprendiendo con la experiencia, se vuelve menos
cómico.[2]

El cambio que se opera en él es coherente con su historial
clínico. El aumento de sus precauciones, los indicios de su pérdida

2.   Mary McCarthy lo expresa de otro modo: «El elemento cómico es el elemento incorregible en todo ser humano. La capacidad de aprender mediante la experiencia o la educación es lo que no puede estar presente en ninguna creación cómica, ni
en lo que hay de cómico en ti y en mí. La capacidad de aprender es prerrogativa del
héroe o de la heroína: del príncipe Hal en oposición a Falstaff» (1962E, p. 289).

de confianza y la depresión son síntomas de un enfriamiento gradual de sus acaloradas pasiones, lo que desemboca en una fría melancolía. Su estado se ve luego agravado por su despreocupación ante la comida y el descanso. La lógica culminación de este proceso será la muerte, a la que precederán una fiebre cuartana, un sueño pesado y un breve retorno final a la cordura.[3] El médico que lo atiende en sus últimos días diagnostica la causa de su muerte inminente como «melancolías y desabrimientos» (II, 74; II, 587). La fiebre y el sueño ayudan a devolver la ecuanimidad a su mente, pero no salvan su vida.

El exacto estado mental de Don Quijote es de sumo interés para los demás, lo que se manifiesta en la novela en más de una ocasión, empezando por el capítulo 1, en el que el cura y el barbero le hacen una visita para interesarse por su estado. La respuesta surge en el curso de una conversación sobre cuestiones nacionales de actualidad. Cervantes, típicamente, establece la situación sin comentario. Los rumores y especulaciones acerca de la posibilidad de una invasión turca eran aún un tema de conversación popular en España. La propuesta de Don Quijote sobre el modo de responder a la amenaza revela que su obsesión por la caballería está más enraizada que nunca. Al mismo tiempo, sin embargo, su fantasía personal está relacionada con el mundo contemporáneo de un modo que no habíamos visto hasta ahora. En efecto, el Caballero es aquí claramente clasificado entre los numerosos arbitristas que florecieron en el país en esa época (las palabras «arbitrio» y «arbitrante» son empleadas en este pasaje).[4]

Los arbitristas eran un síntoma del conflictivo estado de la nación, para cuyos numerosos problemas, en especial para los económicos, proponían toda clase de remedios. Bombardearon a los ministros y funcionarios reales con memorandums, de los que conservamos gran número. Aunque buena parte de ellos estaban chiflados, muchos tenían ideas avanzadas para su tiempo que los historiadores de hoy en día estudian con gran detenimiento. La opinión popular los tenía por chiflados, y así habían empezado a aparecer

3.   «Todos los hombres melancólicos mejoran después de una fiebre cuartana», afirma Burton, citado en Kong (1980D), p. 233.

4.   Véase Vilar (1973E), pp. 68 ss., para este episodio y este tema; también Elliott (1963E), pp. 294, 312.

en la literatura —comenzando, según parece, con el excéntrico personaje que aparece brevemente en el *Coloquio de los perros* de Cervantes.

Aunque la propuesta de Don Quijote demuestra que el núcleo de su locura permanece aún intacto, la satírica comparación con los arbitristas reduce la distancia entre Don Quijote y la sociedad de su época. Esto habrá de ser una constante característica de la Segunda parte. Su talante fanático va desapareciendo a medida que se forma en él un carácter más excéntrico.

Así, ¿qué queda del viejo que aporreaba molinos y combatía ovejas? ¿Y del intrépido buscador de aventuras? No mucho, pero sí algo. Resulta que cuando es llevado a la acción como antaño, es decir, sin que se le pida de manera obvia o deliberada, entonces, o el estímulo es excepcionalmente teatral o hay una clara analogía con alguna situación ya presente en la literatura caballeresca.

La aventura del barco en el río Ebro (II, 29) es única por ser la sola ocasión de la Segunda parte en que Don Quijote actúa como si las apariencias físicas engañaran espontáneamente a sus sentidos, como solía sucederle antes. El barco vacío, un elemento frecuentemente empleado por el *romance* artúrico, desencadena una de las aventuras infantiles más encantadoras de toda la novela. Ya tenía Don Quijote la mente preparada para una aventura como esta, como evidencia perfectamente un ensueño anterior (II, 1; II, 48). Cervantes no da explicaciones a esta excepcional recaída en el viejo comportamiento, pero nos permite sacar algunas conclusiones. Explica detalladamente cómo la contemplación de las aguas ha sumergido a Don Quijote en un ensueño bucólico-amoroso y ha traído a su mente recuerdos de la cueva de Montesinos (p. 261). Bajo el influjo de una exaltada imaginación, ahora responde a la señal caballeresca lanzada por el barco y provoca un tipo de aventura que apenas hemos visto desde los tempranos días de su locura. Deducimos, razonablemente, que está intentando ahora recuperar esa época de feliz despreocupación. Cuando termina en cómico desastre, como lo hicieron antes esas otras aventuras, exclama, no sabemos si exasperado o desesperado: «Yo no puedo más» (p. 267). Su oferta de pagar por los daños infligidos es seguida por breves recaídas en sus quimeras, como ocurre también cuando indemniza a Maese Pedro por haber roto sus títeres (II, 26). Él y Sancho vuelven a sus bestias, melancólicos y de mal humor. Es el fin de la primera fase de la tercera salida y marca el final de una fase en la carrera de Don Quijote.

En el castillo del Duque Don Quijote no toma iniciativas de este tipo, sino que es el blanco de las fantasías de los demás. La base literaria de su locura es evocada por última vez cuando halla toscamente pintadas en las paredes de una venta las leyendas épicas de Elena de Troya y Dido de Cartago, que hacen resurgir en él las esperanzas de una intervención heroica (II, 71).

Diversas alusiones a su tristeza en momentos en que no hay nada que la justifica de forma inmediata sugieren un latente estado de melancolía. Cuando Sancho va al Toboso a buscar a Dulcinea Don Quijote se queda fuera de la aldea «lleno de tristes y confusas imaginaciones» (II, 10; II, 105). Hay una referencia semejante a la melancolía cuando está con Don Diego (II, 16; II, 154), y otra cuando habla por vez primera al salir de la cueva (II, 22; II, 210). Podemos deducir que a la larga encuentra deprimente su estancia en el castillo. En ausencia de Sancho lo vemos muy desanimado y, de repente, en su soledad y pobreza, Cide Hamete nos lo muestra como un caballero viejo y ajado (II, 44). Lo alegra poder escapar (II, 58). Después de ser arrollado por los toros entra casi en la desesperación (II, 59), es incapaz de conciliar el sueño y las dudas lo asaltan (II, 60). Y todo esto le sucede antes de sufrir su última e irremediable derrota a manos del bachiller, que se presentará disfrazado como el Caballero de la Blanca Luna. Después de eso su intensificada depresión es obvia y explícita.

Dos problemas concretos preocupan a Don Quijote en su tercera salida. Uno es el maleficio impuesto a Dulcinea y la forma de librarla de él. El otro es la naturaleza de su experiencia en la cueva de Montesinos. Estos dos acontecimientos relacionados son tan capitales para la Segunda parte que más adelante los estudiaremos por separado. Lo que podemos señalar aquí es que tanto la propia Dulcinea como la aventura de la cueva son en su esencia y origen invenciones de Don Quijote, y que la duda se introduce en ambos casos bajo diferentes formas. El centro del conflicto dramático de la novela se ha alejado de la contienda de Don Quijote contra el mundo material de la realidad exterior y se ha trasladado a la mente del Caballero. El efecto es limitado —no estamos en Proust ni en Henry James—, pero explica ampliamente el acentuado interés psicológico de la Segunda parte.

La duda se presenta bajo varias formas. Desempeña un papel en la recién adquirida cautela del Caballero ante la identificación de las cosas y las personas por su apariencia. Esto aparece por vez primera en el Toboso y llega a su apogeo en la aventura del río Ebro. Quizá Sancho lo introdujo cuando habló de ir a buscar la «casa, alcázar o palacio» (II, 9; ii, 103) de Dulcinea, pero es su amo quien se lleva el susto en esta ocasión. En el siguiente episodio Don Quijote se dirige al conductor de un carro que transporta a unos actores ambulantes llamándole: «Carretero, cochero, o diablo, o lo que eres» (II, 11; ii, 116). En la aventura del barco el titubeo de Don Quijote está a punto de provocar que toda la fantasía se haga añicos: lo único que sabe con seguridad es que hay alguien a quien debe librar de la opresión. Grita a Sancho: «¿Vees? Allí, ¡oh amigo!, se descubre la ciudad, castillo o fortaleza donde debe de estar algún caballero oprimido, o alguna reina, infanta o princesa malparada, para cuyo socorro soy aquí traído» (II, 29; ii, 265; de modo parecido en pp. 262 y 266). En los viejos tiempos el Caballero nunca habría vacilado de esta forma. Su imaginación se está rindiendo al conocimiento de que las posibilidades son múltiples. Por cierto, Cervantes prosigue la historia sin desarrollar este tema. En cambio, inesperadamente, lo transfiere a la narración de Benengeli en esta sección del libro (caps. 8-30), como veremos más adelante. Mientras tanto se ha establecido la nueva cautela del Caballero. En el castillo ducal, su habitual comportamiento cortés y pasivo en los encuentros insólitos es, por lo menos, coherente con la precaución. Mientras permanece en Barcelona se mantiene escéptico: «estuvo por no creer» a Don Antonio la historia de la cabeza de bronce parlante (II, 62; ii, 511).

Otra forma en que la duda traiciona su presencia es en el nuevo recelo que muestra Don Quijote hacia los agüeros. Desde el comienzo al final de su tercera salida (caps. 8-73) está pendiente de signos y augurios, y presta atención a ellos en siete u ocho ocasiones.[5] Algunas veces, como buen cristiano, los tacha de ridículas supersticiones; pero generalmente se los cree. En cualquier caso, se hallan como nunca en su conciencia, y ello indica su falta de confianza en sí mismo.

Parece ser básicamente por esta misma razón por la que está

---

5. Véanse Riley (1979D) y García Chichester (1983D).

ansioso por conocer el significado de su experiencia onírica en la cueva de Montesinos. Por ello consulta dos «oráculos»: el mono adivino de Maese Pedro (II, 25) y la cabeza de bronce. Pero mientras que el héroe del *romance* o de la épica recurriría a oráculos, sueños y augurios como un astronautra de hoy en día emplearía lecturas de ordenador, Don Quijote parece buscar la confirmación de que él es el hombre adecuado para ese trabajo. Si esto se lo hubiera planteado en la primera salida, y no en la tercera, podríamos sacar una conclusión diferente, pero esto no sucedió. Hay una variación importante en las intenciones de Don Quijote en la Segunda parte. Ahora no se dedica directamente a la tarea de restaurar la edad de la caballería, sino más bien a buscar pruebas de que él está destinado a hacerlo. Necesita confirmaciones de carácter sobrenatural: la bendición de Dulcinea, la experiencia de la visión en la cueva. Ahora sabe que no es suficiente con proclamar la naturaleza de la realidad. Hay encantadores hostiles dedicados a confundir la apariencia de las cosas (véase Williamson, 1984D, pp. 110-111).

Los encantadores son otro invento de Don Quijote que desempeña un papel fundamental en la Segunda parte. Proceden, naturalmente, de los *romances* de caballerías. La gran mayoría acosan maliciosamente al Caballero. Podemos dejar fuera a Benengeli, que es por lo general benévolo, ya que su papel como cronista de la historia de Don Quijote es único. En un momento de inusual vehemencia sombría, Don Quijote exclama:

> Esta raza maldita, nacida en el mundo para escurecer y aniquilar las hazañas de los buenos, y para dar luz y levantar los fechos de los malos. Perseguido me han encantadores, encantadores me persiguen y encantadores me perseguirán hasta dar conmigo y con mis altas caballerías en el profundo abismo del olvido, y en aquella parte me dañan y hieren donde ven que más lo siento (II, 32; II, 289-290).

Esta explosión es causada por la transformación de Dulcinea, el más diabólico de sus actos. El Caballero invoca casi siempre a los encantadores para explicar las cosas que no le gustan, pero sería excesivo esperar de ellos que representaran un papel coherente en su esquema objetual; no lo hacen. Pero Don Quijote cree, en general, que los encantamientos son responsables de que los maravillosos objetos de su fantasía parezcan los sucesos comunes y cotidianos

que la gente —y el lector— percibe (véase, Predmore, 1967D, p. 40).
Sus encantadores —en contra de lo que al principio habríamos
creído— no transforman molinos de viento en gigantes, sino gigantes en molinos, caballeros en ovejas, un yelmo en una bacía, a
Dulcinea en una ignorante y tosca campesina, al Caballero del Bosque en Sansón Carrasco, a un campeón en un lacayo. Desde nuestro punto de vista, Don Quijote los utiliza para explicar por qué las
cosas parecen lo que parecen. Por una curiosa coincidencia, los
encantadores semejan al *malin génie* de Descartes, el hipotético
demonio que podría existir y ser capaz de falsificar toda la información de que disponemos o de distorsionar las facultades con las que
la juzgamos, impidiendo así la aprehensión del mundo como realmente es: la última arma en el arsenal del escepticismo *(Meditaciones de Prima Filosofía*, I).

La mayor pasividad de Don Quijote en la Segunda parte es otro
síntoma de que su humor se está enfriando. Ya no se esfuerza ni
siquiera en convencer a los otros de la autenticidad histórica de los
héroes literarios caballerescos, su convicción más firme. Admite
ante el cura que no siempre consiguió esto en el pasado (II, 1), y
explica a Don Lorenzo que ha abandonado la costumbre de corregir el error tan extendido a ese respecto (II, 18). Tampoco puede
actuar con la libertad con que lo hacía en el pasado. Ahora hay
otras personas que toman iniciativa en el juego. Lo peor de todo
es que se ve reducido a una humillante impotencia en lo que respec-
ta al tema más caro a su corazón. Sancho, no él, es el único que
puede liberar a Dulcinea del encanto.

Pese a todo, a menudo parece que Don Quijote todavía sigue
divirtiéndose en un mundo mágico infantil. El juego caballeresco
continúa en la Segunda parte, con un nuevo desarrollo. Éste es
resultado de la intervención de muchos otros personajes y de la
consecuente pérdida de control de Don Quijote de lo que él mismo
empezó. Quedan principalmente implicados tres grupos de personajes. En primer lugar está Sancho. Al principio era un compañero de
juego involuntario; más adelante había dado indicios de que empezaba a gustarle participar (por ejemplo, I, 52; I, 603). Ahora se
siente totalmente comprometido por la trampa que ideó para solucionar el problema de Dulcinea. Como observa Mancing (1982D,
p. 141), aquí Sancho no recoge las indicaciones de Don Quijote,

sino que inventa su propia representación. En este caso el motivo no es pura broma. En efecto, le asesta tal golpe a Don Quijote que ello cambia la naturaleza de la relación entre ambos, introduciendo un elemento de rivalidad, si no de competencia. Su ventaja sobre su amo queda fortalecida cuando adquiere la responsabilidad de desencantar a Dulcinea y cuando recibe el cargo de gobernador, no de Don Quijote, sino de manos del Duque. Su amo es demasiado caballeroso como para no conformarse con cualquiera que finja formar parte del juego y seguir sus normas. No muestra indicio alguno de sospechar el engaño escandaloso que Sancho introduce al final (II, 71). Sancho tiende a sobreactuar. Participando en exceso en el juego, cuenta la ridícula mentira de cómo desmontó a Clavileño, el caballo de madera, en medio de su vuelo espacial. Para igualar los puntos, Don Quijote susurra al oído de Sancho que le creerá si éste cree lo que él vio en la cueva de Montesinos (II, 41; II, 355).

En segundo lugar está el bachiller Carrasco, quien toma parte en el juego por el bien de Don Quijote pero que se deja llevar con facilidad por su papel. Cuando insta a Don Quijote a que emprenda sus aventuras sin tardanza, exagera la parodia linguística y Don Quijote, reconociendo la buena voluntad de la complicidad del bachiller, replica en un tono de ironía y burla muy difícil de imaginar en el Quijote de la Primera parte (II, 7; II 89-90). Más tarde Carrasco introduce la contienda principal, desafiando dos veces a Don Quijote como caballero rival. Aquí guarda estrictamente las reglas, perdiendo la primera ronda y ganando la segunda. Representa su papel de forma bastante estimable.

Si podemos decir o no lo mismo del Duque y la Duquesa y de sus criados ya es otro asunto. Superan ampliamente a cualquiera incluso en la escala y la variedad del juego caballeresco que han organizado. Además de las representaciones dramáticas con máscaras y disfraces, hay una gran riqueza de variaciones lúdicas: ritos, burlas, pruebas, combates, adivinanzas y, en Barataria, una fuerte sugestión de carnaval. La extravagancia de las actividades de los duques puede resultar increíble al lector de hoy, pero es menos improbable de lo que parece si las comparamos con algunas de las fiestas celebradas en los palacios de nobles o reyes en la España del siglo XVII, que incluían representaciones teatrales, procesiones y mascaradas, a menudo con motivos literarios caballerescos.[6] Su objetivo es simplemente la diversión; no se trata de seguir el humor a Don Quijote por su propio bien. Él y Sancho se convierten en personajes de risa gran parte del tiempo y el juego raya en la mofa. Es como si unos niños de mayor edad y mejor equipados se encargaran de ello. Don Quijote se hace notablemente más pasivo, está a menudo en silencio y, antes de irse, presenta signos de cansarse (II, 51; II, 429).

No es la locura de Don Quijote lo que es contagioso, sino su espíritu juguetón, si es que es posible distinguirlos. Pero hay un grupo de personajes en escena que actúan con independencia de lo que hace el Caballero: los señores cortesanos ingenuamente envueltos en las charadas pastoriles de su fingida Arcadia (II, 58). Una vez más, la diferencia entre Don Quijote y los otros se reduce ligeramente. Sin embargo, aún queda una clara distinción, que es subrayada cuando Don Quijote reacciona con una fanfarronada caballeresca totalmente fuera de lugar. Esta ruptura del decoro la paga cuando la torada lo aplasta.

Este espíritu juguetón corre por toda la novela y forma parte integral de la mentalidad de Don Quijote, lo califiquemos o no de regresión infantil. Es patente cuando él y Sancho discuten la posibilidad de emprender una vida pastoril (II, 67). Tiñe gran parte de su conducta e influye en la de los demás, porque también forma parte de ésta. El fenómeno es complejo y difícil de precisar, y la novelización hecha por Cervantes muestra una intuición psicológica considerable. Van Doren (1958D) y Torrente Ballester (1975D) han señalado el elemento de puro teatro que asoma en la conducta de Don Quijote. Pero es un error intentar distinguir con demasiada exactitud entre lo que hay de teatro y de locura en su actitud hacia la caballería. El hecho de representar un papel no indica por sí solo locura o cordura; puede tener rasgos de una o de otra, según las

6. Una lujosa representación teatral de aficionados de esta clase, basada en el *Amadís de Gaula*, fue ofrecida al rey al aire libre en Aranjuez en 1622. «La representación empezó mientras caía el crepúsculo, con la apertura de dos puertas y la entrada de damas cortesanas para representar un baile de máscaras, después del cual se sentaron en un estrado para observar la actuación. Dos carros triunfales entraron entonces desde unas arcadas situadas en lados opuestos ... Entonces se abrieron tres árboles para mostrar a tres ninfas, y la hija de Olivares, que salía de un bosque, pronunció el prólogo ...» (Shergold, 1967E, p. 269).

circunstancias a él asociadas. El pasatiempo de uno puede ser la obsesión de otro.

En cierta medida, la ingenuidad de Don Quijote, su propensión a dejarse engañar por las tretas y las burlas de los demás, incluso cuando hay clara evidencia de lo contrario, son una prueba de su caballerosidad. Él siempre evita interrumpir el juego, esté o no de su parte. Pero, como acabo de indicar, la comedia de Don Quijote no puede compararse con la de la persona racional que no cree en serio en la fundamental realidad de los roles asumidos y de los acontecimientos representados. Don Quijote confía en los embaucadores que se han metido en su juego pero que actúan con un espíritu muy distinto al suyo. Esto tiene implicaciones morales. La alternativa a admitir que la moza campesina es Dulcinea, que el Caballero del Bosque (o de los Espejos) es un doble hechizado de Sansón Carrasco y que las aventuras del castillo son genuinas es afirmar que Sancho es un mentiroso, el bachiller un impostor y el Duque y la Duquesa unos frívolos bromistas. Estas acusaciones no carecen de fundamento, pero la negativa del Caballero a admitirlas lo honra. Él gana, y los otros pierden, en nuestra estima. Ni siquiera Carrasco, el mejor motivado de ellos, sale demasiado bien parado cuando Don Quijote se pregunta, con Sancho, en qué consideración puede caber que el bachiller Sansón Carrasco viniese como caballero andante, armado de armas ofensivas y defensivas, a pelear con él. «¿He sido yo su enemigo por ventura? ¿Hele dado yo jamás ocasión para tenerme ojeriza?» (II, 16; II, 148). Por ingenuo que parezca, Don Quijote tiene fe y confianza en sus amigos (véase Parker, 1956D). Bajo la máscara de su locura hay en el hidalgo una benevolencia que lo redime de sus pequeños defectos.

A lo largo de la novela el Caballero muestra una conciencia de sí mismo que también se intensifica en la Segunda parte. Con las heroicas pretensiones adquiridas en el momento en que se convierte en «Don Quijote», era inevitable cierto grado de autoconciencia. Pero también cree desde aquel momento que sus hazañas se conmemoran en letra impresa, un detalle bastante excepcional. Cuando, sorprendentemente, esta creencia se hace realidad y se le dan pruebas del hecho (II, 2-3), se envanece de ello. Más tarde lo encontramos jactándose de su fama literaria con Don Diego. La tendencia a la vanagloria fue siempre su debilidad, y ahora tiene algo más de qué alimentarse. Así también su vanidad personal, que alcanza co-

tas más altas cuando llega a creer, complacido, que la burlona
Altisidora lo encuentra deseable como amante (II, 46). Aquí hay un
abundante caudal de humor que Cervantes explota brillantemente
en la escena nocturna con Doña Rodríguez (II, 48). Otros momentos cómicos los proporciona la aguda turbación del Caballero ante
las indiscreciones, reales o potenciales, de su escudero. Este azora-
miento lo muestra desde el momento de la primera reaparición de
Sancho (II, 2). Esto implica una nueva sensibilidad a las reacciones
de los demás; y en vista de su íntima amistad con Sancho, su
turbación podría ser entendida como una prolongación de su conciencia de sí mismo. El caso más notable de esta autoconciencia
agudizada se da en su encuentro con Don Diego de Miranda. Ello
tiene implicaciones que deben guardarse para una posterior consideración.

Este rasgo introspectivo, aunque todavía lo bastante íntimamente relacionado con la representación del papel de Don Quijote como
para ser fuente de comedia —una forma más sutil que aquella que
deriva directamente de sus locas payasadas—, también indica una
nueva y más racional seriedad en su carácter, si el conocimiento de
uno mismo es el inicio de la sabiduría. El segundo de sus famosos
consejos al designado gobernador Sancho, después del de temer a
Dios, es que debe intentar conocerse a sí mismo (II,42). Don Quijote no será capaz de vivir de acuerdo con su propio precepto hasta
que, al final de su vida, recobre la cordura, pero el hombre que
dice «Y yo hasta agora no sé lo que conquisto a fuerza de mis
trabajos» (II, 58; II, 473) sin duda ha progresado.

Tenemos en Don Quijote a un aspirante a héroe consciente de sí
mismo como individuo y también de su propia y continuada existencia en el tiempo. Como lectores, se nos comunica esta conciencia
suya, y vemos cómo se ve a sí mismo, así también cómo lo ven los
demás desde fuera. Estas dos perspectivas son básicas en la novela,
que gira sobre el eje que las separa.

El parecido entre Don Quijote y Sancho como compañeros de
locura es subrayado en más de una ocasión a lo largo de la Primera
parte. Evidentemente, la semejanza tendría que persistir si la continuación no tomara un rumbo muy distinto. Al principio de la
Segunda parte, el cura comenta: «parece que los forjaron a los dos
en una mesma turquesa» (cap. 2, p. 54). Como para subrayarlo,

Cervantes describe entonces a Sancho conversando con su mujer Teresa de un modo tan notablemente parecido al de su amo que hasta se ha llegado a poner en duda la autenticidad del capítulo (II, 5). A medida que las suertes de Don Quijote y de Sancho se interrelacionan más estrechamente y su interdependencia se hace más intrincada, el equilibrio cambia. Anteriormente Sancho había dependido de Don Quijote para conseguir su ansiada ínsula. Ahora Don Quijote depende de Sancho para librar del encantamiento a Dulcinea. Se impone así a Sancho una obligación de la que no consigue librarse hasta muy entrado el día. Desde el momento en que decide participar en el juego de Don Quijote, bajo sus propias condiciones, empezando por engañarlo sobre su encuentro con Dulcinea, establece una relativa independencia que irá desarrollando a lo largo de la novela y que alcanzará su cenit cuando, por una irónica casualidad, consiga su ínsula no gracias a su amo, sino merced al Duque.

A las palabras citadas arriba el cura añade algo que más parece el comentario de un lector que el de alguien que participa en la historia: a saber, que la locura del amo no valdría un ardite si no fuera acompañada de las gracias del criado (p. 54). La explotación de Sancho tras su éxito particular con los lectores de la Primera parte no nos sorprende. Lo admirable es el modo en que ahora el personaje procura conformarse con su reputación: en efecto, frecuentemente actúa ahora de cara a la galería. Está más locuaz y más pronto a entrometerse en las conversaciones, a replicar y a alardear de lo que nunca lo estuvo antes. En el castillo de los duques se comporta casi como un bufón de corte y es tratado como tal, haciéndosele burlas y concediéndosele privilegios especiales. Aquí explota Cervantes un aspecto básico de la personalidad de Sancho, como ya había hecho Avellaneda, cuyo Sancho terminó sus días de igual modo.

El escudero se halla en algún punto entre su amo y el resto del mundo, al ser en ocasiones engañador y en otras engañado (Alonso, 1962D). Alcanza nuevas cotas de discreción y mayores niveles de astucia, pero, como antes, se muestra al tiempo inocentón y escéptico. Acepta, al parecer, la afirmación de Don Quijote de que el Caballero de los Espejos no era el verdadero Sansón Carrasco (II, 14), pero sigue sin creer el relato de lo que ocurrió en la cueva de Montesinos. Habiendo engañado a su amo haciéndole creer que la moza que montaba el asno era Dulcinea, ahora se deja convencer por la Duquesa de que, después de todo, en verdad era Dulcinea (II, 33). No hay modo de distinguir con claridad entre su simpleza y su buena disposición a participar en el juego caballeresco que todos parecen estar representando en el castillo. La única explicación plausible de su mentira acerca de lo que vio e hizo en el supuesto vuelo de Clavileño es que era un travieso y torpe intento de participar en el juego. Sancho se ha metido de lleno en el mundo de aventuras de su amo y parece disfrutar con ello la mayor parte del tiempo, desde el inicio, cuando ruega a Don Quijote que se apresure a reanudar sus viajes (II, 4), hasta el final, en que le suplica que no se deje morir de melancolía, sino que siga viviendo aún con sus ilusiones (II, 74). Pese a las protestas, a las amenazas de abandonarlo todo e irse a casa y a los signos de una cierta conciencia sobria, en torno a la época en que están en Barcelona, de que el juego está llegando a su fin, la lealtad y el afecto de Sancho por Don Quijote pueden estar erosionados, pero no destruidos. Como indica a la Duquesa: «Pero ésta fue mi suerte, y ésta mi maladanza; no puedo más; seguirle tengo: somos de un mismo lugar, he comido su pan, quiérole bien, es agradecido, diome sus pollinos y, sobre todo, yo soy fiel» (II, 33; II, 198). Sin embargo, si Don Quijote hubiera sido menos ingenuo, es dudoso que la camaradería entre ambos hubiese perdurado hasta el final. Es la inocencia del Caballero lo que hace que la amistad entre ambos supere los dos grandes desengaños acerca de Dulcinea, e incluso el funesto trance en que ambos pelean y Don Quijote acaba en tierra con la rodilla de Sancho contra su pecho (II, 60). Si hay algo incoherente en la actitud de Sancho hacia su amo en la Segunda parte, no es tanto una incoherencia producida por un arte defectuoso, sino más bien una incoherencia inherente al comportamiento humano.

Su discreción, fuera natural o procediera de la influencia de su amo (II, 12; II, 121-122), no sólo resulta en graciosas observaciones o en astucia, sino también, ocasionalmente, en pronunciamientos morales de los que se enorgullecería un obispo. Pero Sancho también tiene lecciones que aprender. Una de las más difíciles es que todo compromiso implica responsabilidades, le guste a uno o no. Hasta podría haber reconocido la cómica justicia poética de su necesario sufrimiento físico para librar a Dulcinea del encantamiento; pero, ¿por qué habría de padecer por Altisidora? (II, 69). Intentando librarse de la aventura Trifaldi-Clavileño, protesta: «¿Qué

tienen que ver los escuderos con las aventuras de sus señores?»
(II, 40; II, 342). Y, después de ser arrollados por la piara de cerdos,
exclama amargamente: «¿qué tienen que ver los Panzas con los
Quijotes?» (II, 68; II, 554). El compromiso de servir a su señor
significa compartir hasta la peor de las desgracias, algo que Sancho
nunca admite abiertamente.

La lección más importante que aprende Sancho es la consecuencia práctica del consejo de Don Quijote, de conocerse a sí mismo
(II, 42; II, 357), a saber, reconocer las propias limitaciones. Esto le
ayuda a superar, de una manera efectiva si no total, sus ambiciones
materiales. La lección y el triunfo obtenidos son resultado de la
experiencia de una semana como gobernador de la ínsula Barataria.
Esta experiencia imaginaria aporta el tópico moral de la naturaleza
inútil de todo dominio humano, que recuerda *La vida es sueño* de
Calderón. Pero así como la prueba de Segismundo es bastante real,
también lo es la de las habilidades jurídicas de Sancho. En las
nueve ocasiones en que emite sentencia y en la única en que legisla
(II, 45-51) se las arregla casi increíblemente bien, hasta el punto de
que triunfa sobre los que lo engañaban.[7]

Todo el episodio relativo a la carrera de Sancho como juez
puede decirse que exige un triple esfuerzo a la credulidad del lector.
Podríamos preguntarnos por su proporción de éxitos; por sus
razones estrictamente morales para, en última instancia, abandonar
su más querida ilusión; en tercer lugar, podríamos no creer absolutamente nada de lo que pasa en aquel lugar. Pero Cervantes se
preocupa por mantener un elemento de credibilidad. Sancho ha
demostrado con anterioridad, en momentos inesperados, ingenio y
prudencia, por lo que sus juicios de tipo salomónico —esencialmente prácticos y basados como están en la experiencia de la naturaleza
humana o en el reciente consejo de su señor— le cuadran perfectamente. El terreno está cuidadosamente preparado para la modificación de su manera de sentir, aparte del hecho de que su cargo de
gobernador es, materialmente, muy poco gratificante. En cuanto a

---

7. Los primeros tres casos destinados a examinarlo proceden del folklore (Murillo, 1978B, 125-126). Como también proviene de él la paradoja del juramento y la
horca (II, 51), aunque quizá ésta se remonte a Sexto Empírico (Hazard, 1931D,
p. 172). No se menciona, sin embargo, en un reciente estudio sobre el escepticismo
en Cervantes (Ihrie, 1982D). Para la moda renacentista de la paradoja, véanse Colie
(1966E) y Márquez Villanueva (1975D), pp. 209 ss.

la artificialidad de todo el montaje, ya hemos visto a los criados del Duque extremándose en la elaboración de farsas en torno a Don Quijote y Sancho. Sin embargo, hay algo más detrás de todo esto.

La apoteosis de Sancho representa la máxima elaboración del juego caballeresco de Don Quijote. No sólo implica la intervención de otros participantes en un grado sin precedentes y absorbe a Sancho de manera plena (hasta que se harta), sino que se aparta por completo de su creador Don Quijote. En efecto, ahora el juego deja de tener demasiado que ver con lo caballeresco. Como los primeros lectores de Cervantes habrán reconocido con mayor rapidez que nosotros, Barataria está invadida por el espíritu de carnaval. Es una importante contribución a su credibilidad. La inspiración carnavalesca de que están dotados los capítulos que forman la aventura de Barataria parece incuestionable (Redondo, 1978D, pp. 50 ss.). Esto se aprecia en la exaltación burlesca de Sancho como gobernante, en la gran cantidad de platos desechados por el penitente personaje del doctor Pedro Recio de Tirteafuera (II, 47), en la batalla final en recuerdo de la batalla entre Carnaval y Cuaresma (II, 53), en el tribunal burlesco de la justicia popular (II, 45), en los novios grotescos (II, 47), en los disfraces travestidos (II, 49) y en las adivinanzas (II, 51), dejando aparte toda asociación simbólica con la desaparición de las ilusiones de grandeza de Sancho y con su retorno al sentido común.

No hay nada que indique que Barataria forme parte de las genuinas fiestas carnavalescas. La fecha de la carta del Duque en el capítulo 47, el 16 de agosto, lo descarta, mientras que la conocida predilección de éste por los acontecimientos festivos es explicación suficiente. No hay nada en este conjunto de capítulos que no pueda justificarse de un modo realista. Sin embargo, mientras penetramos con Sancho en este curioso mundo, tan cercano al tergiversado mundo carnavalesco en que todo funciona al revés y el humilde es exaltado por unos instantes, se hace difícil no tener la impresión de que Cervantes ha traspasado los límites del género. Sobre una base realista, entre los capítulos 42 y 55 elabora burlas, sátiras, simbolismos, tópicos discursivos y apólogos morales. Comienza con la aseveración ética sobre la insignificancia del dominio mundano, procedente de la ridícula invención de Sancho de su viaje sobre Clavileño (p. 355), a lo que siguen los didácticos consejos de Don Quijote

sobre las cualidades que ha de tener un buen gobernador. Termina
con el rescate de Sancho, que había caído en una fosa o sima, por
Don Quijote.[8]

La parte didáctica no se limita únicamente a los consejos que
Don Quijote da a Sancho para ser un buen gobernador, sino que
forma parte de la propia historia. La cuestión particular es: ¿será
Sancho un buen gobernador? Detrás se encuentra la cuestión acadé-
mica general: las cualidades de un buen gobernador ¿son innatas o
se adquieren por medio de la educación y la experiencia? Esta es
una de las numerosas manifestaciones prácticas del concepto renacentista que opone la naturaleza al arte. En el plano político, la
cuestión del gobierno formaba parte de la teoría del arte de gobernar y de la educación de los príncipes. La idea del rústico como un
sabio gobernador era un tópico asociado que, en formas ligeramente distintas, aparecía de vez en cuando en la literatura del Siglo de
Oro. Detrás de todo esto latían fuertes corrientes de pensamiento
humanista tanto respecto al gobierno natural, de sentido común,
como a la necesidad de la formación. De este modo, como ya
observó el erudito Simón Abril, incluso en las aldeas «los que
sirviesen a S.M. en materia de gobierno entenderían en qué consiste
el bien gobernar, y no irían a una cosa de tanto peso y momento
tan faltos de doctrina como van».[9] Aunque es poco probable que
podamos descubrir las fuentes exactas de los consejos de Don Quijote a Sancho, *El perfecto regidor* (1586) de Juan de Castilla y
Aguayo suele ser citado como modelo de este tipo de consejos. El
Galateo español (1593, basado en el manual de Giovanni della Casa)
de Gracián Dantisco ofrece también consejos sobre buenos modales
(incluso el de evitar eructar), como los del Caballero al escudero.
De modo muy similar, para la educación de Laertes, Polonio com-
binó la doctrina moral, la sabiduría mundana y las reglas de la
cortesía (Shakespeare, *Hamlet*, I, III).

En el entremés *Los alcaldes de Daganzo* Cervantes representa
en clave de comedia la cuestión de la capacidad del campesino
ignorante para gobernar. Al parecer, el tema se le ocurre de manera
más o menos explícita cada vez que en sus obras aparecen alcaldes

8. La carrera de Sancho en Barataria tiene analogías con la carrera caballeresca de Don Quijote, como ya ha señalado Allen (1979[1]D), pp. 19-36.

9. Citado por Maravall (1976D), p. 219.

o regidores analfabetos. En sus viajes por el sur de España debió haber encontrado funcionarios municipales no demasiado diferentes a éstos. Además, toda esta cuestión de las cualidades de un gobernador debió pasársele por la mente cuando, en 1590, solicitó un cargo administrativo en América.

En el *Quijote* este problema aparece planteado en el personaje de Sancho. Se especula de antemano cómo se las arreglará. La temprana confianza que demuestra Sancho en su propia habilidad es modificada por consideraciones más realistas en la Segunda parte. Don Quijote vacila. Afirma a la Duquesa que aprecia en su escudero cierta aptitud para el cargo: «... y más que ya por muchas experiencias sabemos que no es menester ni mucha habilidad ni muchas letras para ser uno gobernador, pues hay por ahí ciento que apenas saben leer, y gobiernan como unos girifaltes» (II, 32; ii, 293). Pero más tarde lo hallamos deplorando la incapacidad de Sancho para escribir y advirtiéndole, exasperado, que su abuso de los proverbios hará que sus vasallos se rebelen (II, 43; ii, 364).

El empleo de proverbios por parte de Sancho muestra otra faceta del problema. Estos refranes populares en los que España es tan rica eran muy valorados por los intelectuales del Renacimiento, que los consideraban la sabiduría heredada de la experiencia colectiva. Cervantes los define varias veces en esos términos. Se publicaron algunas famosas antologías, como la *Filosofía vulgar* (1568), compilada por el humanista sevillano Juan de Mal Lara. Sancho posee un caudal inagotable y en la Segunda parte ensarta largas retahílas, por inconexos o inapropiados al caso que puedan ser. Tiene una facilidad innata para asimilarlos que admira a su amo, pero, para igual irritación de Don Quijote, no tiene noción alguna sobre su uso adecuado. En otras palabras, carece del *arte* para emplear con efectividad lo que la *naturaleza* le ha otorgado tan generosamente. Es una prueba evidente de que su natural sabiduría e ingenio de campesino no están guiados por la educación o por la experiencia formal. El problema de gobernar ilustra el mismo hecho. [10]

Con esto no queremos decir que los éxitos y los fracasos de Sancho como gobernador —porque tiene las dos cosas— se ajusten perfectamente a cualquier esquema abstracto. Se adaptan hasta cierto punto, pero otros factores complican, diluyen y, en fin, humani-

---

10.   Joly señala implicaciones más sutiles (1984D).

zan la tendencia hacia una nítida alegoría esquemática. Uno de estos factores son los nuevos indicios de que Sancho está preocupado por su salud espiritual. Quizá la satisfacción de su ambición comporte riesgos para su alma. Ya en el capítulo 4 de la Segunda parte se lo plantea y acaba concluyendo: «Sancho nací, y Sancho pienso morir» (p. 71). Por lo tanto, se ve que ya mucho antes del famoso segundo precepto de Don Quijote Sancho está dispuesto a reconocer sus propias limitaciones, lo que para el aún conservador siglo XVII también significaba saber permanecer en el lugar social propio. Siempre dispuesto a exagerarlo todo, incluso a la hora de declarar sus escrúpulos morales, después de lo de Clavileño declara que preferiría el más pequeño pedazo de cielo a la isla más grande del mundo (II, 42; II, 355). Un poco más tarde, con modestia aún más conmovedora, está dispuesto a abandonar su cargo de gobernador a una sola palabra de su señor, sentimiento al que Don Quijote considera por sí solo cualificación suficiente para desempeñar el trabajo. «Buen natural tienes, sin el cual no hay ciencia que valga», le dice Don Quijote a Sancho (II, 43; II, 365). La alegre disposición de Sancho a renunciar al gobierno posee así una edificante justificación moral que tendría más resabios de sabiduría *post hoc ergo propter hoc* de los que ya tiene si Cervantes no hubiera presentado tan claros indicios de ella por anticipado.

La razón ostensible para renunciar al cargo es una urgencia más inmediata. Sancho se ha defendido brillantemente como juez, pero fracasa estrepitosamente como líder militar. No mueve ni un dedo por defender la ínsula de los «ataques» y, cuando todo ha terminado, ensilla su asno y se escabulle. Se reconoce incapaz de arreglar este tipo de situaciones. Aquí se evoca otro conocido tópico: el de las armas y las letras. Parece que Sancho se defiende bastante bien sin el conocimiento de esto último, pero no sin el de lo primero. El Duque le había dicho que debía ir vestido en parte de letrado y en parte de capitán, a lo que Sancho respondió que, vistiera como vistiera seguiría siendo Sancho Panza (II, 42; II, 356). Cuando se marcha, viste sencillamente «a lo letrado» (II, 44; II, 368). Efectivamente, Sancho demuestra no servir para soldado. El desenlace recuerda la observación hecha por Don Quijote mucho tiempo atrás de que el gobernador de una ínsula necesita «entendimiento para saberse gobernar y valor para ofender y defenderse en cualquier acontecimiento» (I, 15; I, 193-194).

Atribuir sentimientos revolucionarios a Cervantes y dar una significación política propia del siglo XX, como a veces se hace,[11] al episodio de Barataria tiene poco sentido. El gobierno proletario de Sancho debe considerarse dentro de su propio contexto histórico, en relación con las utopías de la época, con el pensamiento humanístico y con la tradición carnavalesca popular.[12] Lo que, por supuesto, no es afirmar que carezca de implicaciones sociales o de interés: ni más ni menos que la fiesta del día de los Santos Inocentes o el *topos* del «mundo al revés», con los que está relacionado el papel carnavalesco de Sancho.[13] En efecto, el progreso general de Sancho a lo largo de la Segunda parte del *Quijote* es, en un sentido amplio, socialmente significativo. Forma parte de un fenómeno literario de la época que refleja un lento pero seguro proceso en la historia social. A lo largo de dos centurias, por lo menos, desde *La Celestina* y a través de numerosas novelas picarescas y comedias, vía Molière y Defoe, Lesage y Beaumarchais, el criado astuto va imponiéndose.

Tras abandonar Barataria Sancho recita la lección aprendida en varias ocasiones, pero, por miedo a que no fuera suficiente, Cervantes le hace caer en una sima. Ello simboliza claramente su caída de las alturas de la fortuna y del poder, del mismo modo que su rescate por Don Quijote señala la restauración de su dependencia del Caballero (II, 55). El abandono del realismo llama la atención y el efecto de ambos incidentes dentro del contexto principal del *Quijote* resulta una discordancia. Se habrían ajustado mucho mejor al procedimiento narrativo del *romance* y habrían encajado bien en *Persiles y Sigismunda*, obra que Cervantes también estaba redactando en ese momento. En ningún otro lugar del *Quijote* se maneja la historia con tanta pesadez, por no decir torpeza. Sin duda, ello es parte de ese breve trastorno del que se aprecian signos alrededor de este momento de la novela.

Llegados a este punto se corría el riesgo de que al menos parte de la novela se convirtiera en algo distinto. Pero Cervantes tenía que volver a dejar a Sancho en su sitio y, aunque le hace aprender la lección sobre la ambición, evita cautelosamente sugerir que ha

11.   Por ejemplo, por Osterc (1963D), p. 267.

12.   Véase, en particular, Maravall (1976D), pp. 216 ss.

13.   El nombramiento por Sancho de un alguacil encargado de distinguir los verdaderos mendigos de los falsos (II, 51) refleja la misma preocupación que latía en el *Guzmán de Alfarache* por el problema contemporáneo de la mendicidad.

atravesado el tipo de experiencia, corriente en las fábulas, que transforma la vida. Sancho vuelve a ser más o menos lo que era; sin duda es un poco más prudente, pero todavía guarda uno o dos vestigios de sus viejos deseos. El gusto del poder y la aspiración a poseer un condado, aunque no un gobierno, todavía le presentan algunos atractivos (II, 63 y 65). Incluso tiene otra oportunidad para aplicar su talento judicial, y resuelve las diferencias entre unos aldeanos que halla corriendo (II, 66).

A veces Cervantes tenía problemas para controlar su imaginación. Como contador de historias, le sucedía un poco lo que a Sancho con sus refranes: el problema no era encontrarlos, sino organizarlos y controlarlos. Aparte del polifacético episodio de Barataria, al mismo tiempo se ocupaba de otros muchos asuntos. Intercalados en la secuencia de la ínsula se hallan la fresca y cómica escena en que el paje de la Duquesa visita a Teresa Panza y a Sanchica, el inicio del episodio de Ricote y Ana Félix y el episodio de Doña Rodríguez. Si por un momento vacila Cervantes en el *Quijote*, Segunda parte, característicamente demuestra que lo sabe. La «queja del moro» (II, 44) es un buen ejemplo de la verdadera autoconciencia articulada del autor. Se queja, pero sabe perfectamente que debe limitarse a la historia de Don Quijote y Sancho: «y pues se contiene y cierra en los estrechos límites de la narración, teniendo habilidad, suficiencia y entendimiento para tratar del universo todo» (II, 44; II, 366).

Capítulo 11

MODOS DE SER

Alguien ha contado 669 personajes mencionados en las dos partes del *Quijote*. Pese a no ser una novela urbana, como la típica novela picaresca, ofrece un perfil representativo de la sociedad española de alrededor de 1600 probablemente tan bueno como el que presenta cualquiera de estas últimas, sin llegar a ser por ello una novela «social» en el sentido en que lo son la mayoría de las grandes obras decimonónicas.

Un aspecto de su caracterización fue único en su día, e incluso hoy sigue siendo excepcional. La obra está repleta de personajes, de los cuales un número inusualmente amplio representa —o se le han impuesto— unos roles inventados que se apartan de su personalidad original. Mientras que, por ejemplo, Dorotea existe y se mueve en el mismo plano que Sancho, el cura o el cautivo, también asume una identidad ficticia, la de la princesa Micomicona, cuyo ámbito operativo reside en el mundo paraliterario de la imaginación: el de Don Quijote, el de otros personajes y el de los libros de caballerías. El propio Don Quijote es «en realidad» Alonso Quijano, quien se sitúa a sí mismo, por lo menos en potencia, en el mismo círculo, no menos real a sus ojos, que ocupan héroes de ficción como Amadís y Roldán. Al igual que Micomicona, Dulcinea es una invención paraliteraria que pertenece a ese plano. Hay en éste unos cuantos habitantes (Marcela y las pastoras de la Arcadia) conocidos únicamente por las identidades que asumen. Un pequeño número de personajes son visibles sólo para Don Quijote y son de origen no humano: los gigantes que otros ven como molinos u odres y los guerreros que resultan ser ovejas. Este plano de personajes inventados tiene su eje en la imaginación de Don Quijote, pero abarca las creaciones de otras personas, incluso las de otros escritores de ficción. Casi corresponde, aunque no del todo, a la «ficción de *romance*», mientras que al nivel básico podría llamárselo «novelístico». Sin embargo, no todos los personajes son ficticios en su origen: Roque Guinart, el famoso bandido catalán, es una figura histórica.

Hasta aquí todos los personajes a los que nos hemos referido, con excepción de Dulcinea (la original, no las parodias de ella), salen a «la escena» en la narración. Hay otros personajes de los que se habla pero que no aparecen: unos que son «reales» (por ejemplo, el padre de Cardenio), otros que son nuevas invenciones (Dulcinea), y algunos literarios (Amadís, Anselmo, Montesinos y el Quijote y el Sancho de Avellaneda). En la misma categoría general se hallan insertados personajes extratextuales como don Juan de Austria y el mismo Cervantes. Por fin, están los personajes inventados de Cide Hamete Benengeli y los autores anónimos que hacen de intermediarios y que ocupan un espacio marginal dentro de la novela pero fuera de la historia.

Todo esto requiere un esquema, que yo he confeccionado (véanse pp. 154-155). Ofrece ejemplos de personajes de estos tipos y situados en estos planos, con una indicación acerca del desplazamiento que puede haber de unos a otros. Si la taxonomía no está mal concebida, debería permitir situar adecuadamente a cualquier personaje dentro del libro, aunque, ciertamente, uno podría continuar la subclasificación. El esquema, si no tiene otro valor, por lo menos ayuda a mostrar lo muy permeables que son estos planos del ser en la obra a la que la moderna novela realista, según se dice, debe más que a cualquier otra.

1.   REFLEJOS QUIJOTESCOS

Los creadores literarios destacan a menudo algo que los críticos comprensiblemente suelen rehuir, ya que no hace nada por explicar el proceso creativo. Afirman que sus personajes «nacen» mientras escriben, apoderándose de su propio desarrollo o bien no llegando a adquirir una personalidad propia. No sabemos si Cervantes pudo haber esgrimido este argumento en algún momento, pero no hay duda alguna de que tenía muchas razones para emitirlo.

Ejemplos de personajes en el Quijote *que aparecen*

Personajes que aparecen

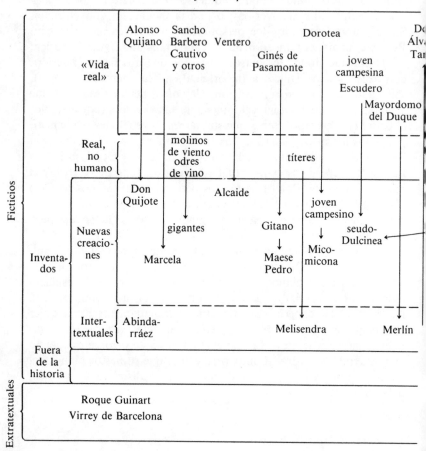

o se hace referencia a ellos pero no aparecen

Personajes a los que se hace referencia pero no aparecen

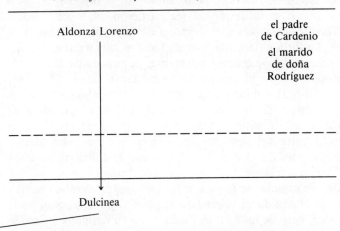

Aldonza Lorenzo

el padre
de Cardenio

el marido
de doña
Rodríguez

Dulcinea

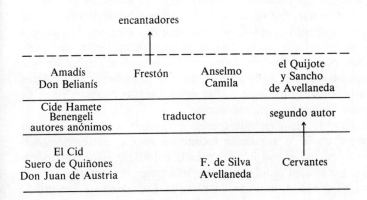

encantadores

Amadís Don Belianís	Frestón	Anselmo Camila	el Quijote y Sancho de Avellaneda
Cide Hamete Benengeli autores anónimos	traductor		segundo autor
El Cid Suero de Quiñones Don Juan de Austria		F. de Silva Avellaneda	Cervantes

Pocos personajes disfrutan en la literatura de tanta autonomía como Don Quijote y Sancho. La ilusión depende, en primer lugar, de la verosimilitud del retrato, pero también de la pretendida historicidad del relato, de la ficción de que existieron con independencia de las diferentes versiones al respecto, y de su propia conciencia de sí mismos. La ilusión debe parte de su poder al hecho paradójico de que Cervantes destruye concienzudamente, en momentos determinados, la autonomía y la historicidad (en especial en I, 8-9; I, 137-145, y I, 52; I, 604-605). Expone así lo que es la ilusión literaria: no un engaño para hacer de nosotros nuevos quijotes, sino algo que debe ser disfrutado en sí mismo. Aunque el ardid no era en absoluto desconocido antes del siglo XIX, probablemente no hubo ningún otro escritor antes de Pirandello y Unamuno que hiciera tan buen uso de él como Cervantes.

La idea de explotar la fama que los personajes literarios habían adquirido en el pasado ya había sido empleada, por supuesto, antes de Cervantes, pero de modo muy distinto. En su *Grimalte e Gradissa*, *romance* de fines del siglo XV, por ejemplo, Juan de Flores había recogido de Boccaccio los personajes de Pánfilo y Fiammetta para llevarlos a su propia obra. Pero esto es muy distinto a reciclar los éxitos literarios propios, por así decirlo. Los pocos seguidores de Cervantes en este aspecto han tendido a trabajar en el campo de la ficción popular superior, como en los relatos del padre Brown, de Chesterton. Y en *La isla misteriosa* de Julio Verne los viajeros descubren que el dueño de la isla es el famoso capitán Nemo de *Veinte mil leguas de viaje submarino*.

La idea de un personaje que se contempla a sí mismo en un contexto literario, o a quien se reconoce como tal personaje literario, lleva con facilidad a la noción de la autoduplicación o autoproyección. En el capítulo 3 de la Segunda parte encontramos a Don Quijote preguntándose cómo lo pintaría Cide Hamete Benengeli. Por insólita que parezca, la idea adopta una forma aún más extraña. Vislumbramos, y hasta el mismo Don Quijote parece a veces vislumbrar, reflejos momentáneos de éste en otra gente (y estoy excluyendo las veces en que Sancho se comporta de un modo especialmente quijotesco). Esto sucede casi exclusivamente en la Segunda parte pero, como tanto de lo que ocurre en la continuación, tiene sus raíces en la Primera. Me refiero al inolvidable encuentro de Don Quijote con Cardenio, en el que el Caballero lo abraza y lo mira «como si de luengos tiempos le hubiera conocido»; Cardenio vuelve la mirada hacia él y ambos se quedan admirados de la insólita apariencia del otro (I, 23; I, 290). Queda así subrayado el paralelismo de la locura transitoria de Cardenio.[1]

En la Segunda parte empiezan los reflejos, con la apropiada aventura del Caballero de los Espejos.[2] Leal caballero de su pretendida dama Casildea de Vandalia, éste no sólo es una pequeña parodia de Don Quijote (siendo Sansón Carrasco el bromista, no nos sorprende en absoluto), sino que también sugiere explícitamente al hidalgo que hay otro Don Quijote que va correteando por el mundo y al que asegura haber derrotado en combate (II, 14; II, 135). Por supuesto, es un disparate, pero así se introduce la idea en la mente de Don Quijote.

El siguiente encuentro es con Don Diego de Miranda. Hay un gran paralelismo entre él y Don Quijote. Tienen un cierto parecido físico. «La edad mostraba ser de cincuenta años; las canas, pocas, y el rostro aguileño» (II, 16; II, 150).[3] Son dos caballeros provincianos de edad y rango similares, vestidos de manera diferente pero ambos de forma llamativa. Poseen, no obstante, riquezas desiguales y, según parece, son completamente opuestos en temperamento y estilo de vida. No hay duda de que Don Quijote (y posiblemente también Don Diego) se da cuenta del parecido tan pronto como se encuentran. Nuestro hidalgo reacciona demostrando su aguda conciencia del aspecto que debe presentar a los ojos del otro (p. 151). Y, después de su absurdo enfrentamiento con el león, comienza su discurso de justificación anticipándose a la reacción de Don Diego ante su comportamiento al parecer sin sentido (cap. 17, p. 166). ¿Podría ser que la sugerencia de Carrasco hubiera modificado en parte la conciencia que Don Quijote siempre había tenido de sí mismo y que lo hubiera estimulado, por una vez, a mirarse a

1. También se pueden encontrar leves reflejos de Don Quijote en Ginés de Pasamonte como autor-protagonista de su propia autobiografía (I, 22; I, 271-272); y también en la ingenua creencia en los libros de caballerías por parte del ventero (I, 32; I, 396).

2. Tiene pequeños trozos de vidrio reflectantes pegados a su armadura. El término empleado es «lunas». Su siguiente disfraz es el de «Caballero de la Blanca Luna». Véase Pope (1983D) para especulaciones más hondas acerca del sentido del primer encuentro.

3. En esta descripción también se percibe cierto parecido con el mismo Cervantes. Véase Sánchez (1961-1962D).

sí mismo como lo hacían los demás, y no exclusivamente desde su propio y engañoso punto de vista? Si esto fuera cierto, el primer intento del bachiller por librar al Caballero de su engaño no habría sido tan desastroso como pareció ser.

El siguiente ejemplo procede oportunamente de las profundidades de su propia psique. Si, como se debe, entendemos el episodio de la cueva de Montesinos como una experiencia onírica, los tres personajes principales tienen algunas obvias afinidades con el soñador y con Dulcinea. Podemos, razonablemente contemplar a Montesinos y Durandarte como proyecciones del mismo Don Quijote. Montesinos es un caballero jubilado y el sabio que Don Quijote querría ser. Durandarte es el decaído caballero que ha perdido, literalmente, su corazón por dárselo a su dama Belerma. Y ésta se parece a la transformada Dulcinea en que ha perdido su buen aspecto (II, 23). Estas emanaciones del inconsciente de Don Quijote pueden tomarse como reflejos de sí mismo y de su dama imaginaria: como Montesinos, potencialmente, abandonando su empresa caballeresca; como Durandarte, continuando igual que antes. Son dos opciones que se le abren. El hecho de que Cervantes no escribiera según las teorías de Jung, Freud o algún otro psicoanalista no menoscaba, naturalmente, esta interpretación. Es un sueño que parece sobremanera auténtico y, como tal, hasta cierto punto está expuesto a la interpretación.[4]

Aún hay más reflejos quijotescos en este episodio. El primo estudiante que guía a Don Quijote y Sancho a la cueva de Montesinos se parece mucho al primero en un aspecto fundamental: su ridícula propensión a confundir la fábula poética y el hecho empírico. Como hombre de letras, es un personaje tan extravagante como lo es el hombre de armas Don Quijote.

Otro personaje que merece ser brevemente mencionado en este contexto es Doña Rodríguez, a la que dedicaremos la última sección de este capítulo. Quizá sea menos un reflejo de Don Quijote que un personaje que lo complementa, su contrafigura femenina. Sin embargo, los paralelismos ya se establecen al principio, en su encuentro a medianoche (II, 48). Cada uno reacciona con alarma ante la

---

4. Compárese, también, la descripción de la mano derecha de Don Quijote (I, 43; I, 528) y la de Durandarte (II, 23; II, 214). Para una explicación más detallada, véase Riley (1982D).

aparición del otro, a lo que sucede una sensación de pánico al saltar a su mente la idea de una posible violación de su castidad (pp. 397-399). Tienen la misma edad y son de clase social media (pequeño hidalgo y dueña). Además, ella parece creer, con su manera simple de entender las cosas, en modernos caballeros andantes. Su fe en el caballero complementa la propia de Don Quijote y les hace parecer una pareja natural. De algún modo, ella comparte su peculiar mundo personal.

El último reflejo del personaje corona toda la secuencia, aunque procede de una fuente que nadie podía haber previsto. Cuando el falso Quijote y el falso Sancho de Avellaneda cayeron en sus manos por casualidad, Cervantes decidió explotar en su propia novela el hecho innegable de que ahora existían un Quijote y un Sancho que no eran los que figuraban en la Primera y Segunda parte de su propia obra. Al enterarse sus héroes de la existencia de esos dobles (II, 59), reafirman vigorosamente su propia identidad, mostrando una inquietud muy comprensible ante los impostores o lo que fueren. Permanecen en ese estado hasta que se encuentran con Don Álvaro Tarfe, recién salido de las páginas de Avellaneda. Reciben entonces la garantía de que sólo ellos son los auténticos Quijote y Sancho, librándose así del maleficio de los fantasmas lo mejor que pueden.

No sería difícil formar toda una teoría de la máxima modernidad sobre la evolución psicológica de Don Quijote basada en estos parciales pero inconfundibles reflejos de su personalidad, e imputarla a la consciente intencionalidad de Cervantes. Esta teoría, podríamos aventurar, nos mostraría a Don Quijote encontrando algo de sí mismo en otros, rechazando lo que no es él mismo (el Quijote de Avellaneda) y, por fin, hallando su verdadera identidad en la cordura de Alonso Quijano. Pero algo falla. La secuencia, tomada en su integridad, está realmente tan poco planificada como prevista estaba la intervención de los héroes de Avellaneda. Sin embargo, ello no resta relevancia a estos reflejos de su personalidad. Gran parte del genio creativo de Cervantes en el *Quijote* debió ser intuitivo, aunque menos de lo que ayer se creía. En más de una ocasión inaugura perspectivas de posibilidades narrativas y de personalidad humana que las modernas técnicas novelísticas nos han acostumbrado a contemplar desde un punto de vista del que no estamos seguros que fuera el suyo propio.

2. DOS PERSONAJES CÓMICOS EN ACCIÓN

La escena a medianoche entre Don Quijote y Doña Rodríguez (II, 48) nos muestra a Cervantes en uno de sus momentos más brillantes. Hay pocas escenas en la novela de una habilidad literaria tan gráfica como la de esta. Los grandes cervantistas Clemencín y Rodríguez Marín incidieron en ello. Toda la narración central, con sus dos personajes principales, está muy visualizada —lo que justifica plenamente la popularidad que alcanzó entre los artistas y los ilustradores—, pero hay escenas en que esta visualidad es notable; esta es una de ellas.[5] Por supuesto, era un don natural del escritor, de cuya importancia era perfectamente consciente, en parte probablemente gracias a los *romances* de caballerías. Don Quijote, que afirmaba que casi podía decir que había visto a Amadís de Gaula con sus propios ojos (II, 1; I, 50), realmente consigue que sus fantasías verbalizadas tengan gran vivacidad (I, 21 y 50).

Las descripciones físicas de Don Quijote y Sancho son relativamente breves e infrecuentes, considerando la intensidad de la impresión evocada. Por lo menos en el caso del Caballero, Cervantes consigue mucho por medio del arte de la sugestión. Su comportamiento nos recuerda constantemente la diferencia entre el modo en que se ve a sí mismo y la forma en que los demás lo ven. Así, hay numerosos recordatorios tácitos de su apariencia, que una y otra vez se hacen explícitos: «... y enderécese ese bacín que trae en la cabeza», ordena uno de los guardas de los galeotes a Don Quijote, recordándonos así de repente que todavía lleva puesta la bacía del barbero (I, 22; I, 274).

5. ¿Por qué es la aventura de los molinos, más que cualquier otra, la que se recuerda y se asocia a Don Quijote hasta el punto de haber contribuido a enriquecer la lengua inglesa con un nuevo proverbio? Hay varios motivos posibles que pueden haber coadyuvado a ello. Probablemente sea la más inútil de sus proezas. Es un temprano ejemplo del moderno y poderoso mito del hombre contra la máquina. Podría ser un vestigio en nuestras mentes de una vieja asociación emblemática de los molinos —o incluso de los molinetes de juguete— con la locura (véanse el personaje de *Pazzia* en la *Iconologia* de Ripa, 1618C, pp. 399-400, y Márquez Villanueva, 1980D, pp. 105-106). Y, finalmente, está el simple poder mítico-poético de la imagen visual. Cualquiera que haya visto los molinos de la Mancha estará seguramente de acuerdo en que resultan objetos extraños en el paisaje. No se requiere mucha imaginación para metamorfosearlos en cualquier otra cosa, ya en una mutación al estilo de El Bosco o en los propios gigantes quijotescos.

En la escena nocturna se aprecia que la descripción es tan breve como nítida. Estando acostado e insomne en su dormitorio del castillo ducal, Don Quijote oye abrirse la puerta y se pone de pie sobre la cama, «envuelto de arriba abajo en una colcha de raso amarillo, una galocha en la cabeza, y el rostro y los bigotes vendados» (la cara, a causa de los arañazos que un gato le ha propinado; los bigotes, para evitar que se le terminen de caer: p. 396). El personaje que entra es «una reverendísima dueña con unas tocas blancas repulgadas y luengas, tanto que la cubrían y enmantaban desde los pies a la cabeza». Lleva puestos unos enormes anteojos y, en la mano, un candil encendido. Ambos forman un espectáculo sumamente extravagante.

La gracia de la escena se consigue instantáneamente de varias maneras, aunque se debe sobre todo a la incongruencia y a la sorpresa. Se produce la habitual discrepancia entre la escena tal cual es y las expectativas ficticias que Don Quijote aporta (o que nos hemos acostumbrado a suponer que aporta). A ningún lector del siglo XVII se le escaparían las asociaciones con, por ejemplo, la visita de la infanta Elisena al dormitorio del rey Perión en el *Amadís de Gaula*, o con los cuidados que la princesa Florisbella presta al herido Don Belianís. También esperaría, como el lector actual, que la pícara doncella Altisidora cruzara el marco de la puerta. Pero resulta que quien entra es la matronal figura de Doña Rodríguez: primera sorpresa de un episodio en el que se suceden una tras otra, incluso cuando creemos que el final ya ha llegado.

El mutuo susto de la dueña y el Caballero es un infalible recurso cómico. Laurel y Hardy, en alguna oscura y misteriosa situación, chocan inopinadamente entre sí y retroceden temblando de terror.[6] De hecho, este incidente del *Quijote* tiene una larga historia literaria. Debe algo, sin duda, al *Guzmán de Alfarache* (II, II, 6), donde el pícaro, al oír ruido de gatos en la noche, baja desnudo las escaleras y encuentra en el patio, en el mismo estado, a la mujer de su amo. Ésta lo toma por un fantasma, suelta un chillido y sale corriendo. Él hace lo mismo. Los gatos se dispersan. Guzmán tropieza en un peldaño y cae de bruces. Un gato le clava las uñas en

6. En el *Quijote*, I, 19, los encamisados del séquito nocturno, que han asustado a Sancho y casi a Don Quijote, aprietan a correr ante la fantasmagórica aparición de este último.

las piernas. El suceso termina caóticamente, de un modo muy «rabelaisiano» (en el *Quijote*, el incidente de los gatos precede al encuentro con la dueña).

Así como Cervantes rinde aquí tributo a Alemán, la novela inglesa hace lo propio con Cervantes. La consternación de Doña Rodríguez es momentáneamente revivida, al principio de *Tom Jones*, por la matrona Mrs. Wilkins cuando encuentra al escudero Allworthy en camisón y con un candil en la mano (I, 3). El incidente se reelabora en *Los papeles póstumos del club Pickwick* cuando, para su mutua alarma, Mr. Pickwick, en gorro de dormir, y la dama con el cabello lleno de rulos se sorprenden recíprocamente en la venta «Great White Horse» en Ipswich (cap. 22).[7]

El ámbito humorístico del *Quijote* es más amplio y a menudo menos bullicioso de lo que se le reconoce al autor. Mientras que gran parte es comedia bufonesca, en especial en la Primera parte, (compárese con la escena del dormitorio con Maritornes en la Primera parte, caps. 16-17), aquí se produce sólo un incidente de este tipo, en el que Doña Rodríguez tropieza con sus faldas y cae. Pero luego Cervantes evita con cuidado la obviedad y no permite que Don Quijote, mientras corre hacia la puerta del dormitorio, choque con la dueña, que regresa en el mismo momento.

La comicidad procede en gran parte de los temores de Don Quijote de que peligre su virtud, temores de los que estamos enterados, y del impetuoso rechazo de los mismos que sigue a continuación. Esos temores, que podrían admitirse en un virginal Galahad, se vuelven aún más ridículos cuando lo vemos aparejado, no con la joven y bella Altisidora, sino con una viuda entrada en años y carente de atractivo alguno. La comicidad del comportamiento de Don Quijote tiene aquí poco que ver con su locura. No procede de su obsesión caballeresca, aunque está relacionada con ella, sino más bien de su propia vanidad, una continua debilidad suya. Está a punto —e incluso más con Altisidora— de convertirse en el necio y cómico tipo del galán viejo, como Don Mendo en *El alcalde de Zalamea*, de Calderón, o los pretendientes jubilados que reaparecerían en Molière y en la comedia de la Restauración inglesa.

Doña Rodríguez es algo más que el cómico estereotipo literario

---

7. Para las conexiones entre Dickens y Cervantes, especialmente en los *Pickwick Papers*, véase Gale (1973E), aunque no menciona este episodio.

de la dueña, eterno blanco de satíricos como Quevedo o el Licenciado Vidriera de Cervantes (*Novelas ejemplares*, II, 69). Por supuesto, continúa siendo un personaje cómico y su apuro no debe ser tomado muy en serio. Hablar de «la encantadora simplicidad de esta buena mujer» en esta «melancólica aventura», como hace Unamuno (1958D, p. 300), sería exagerar. Pero hay en la personalidad de Doña Rodríguez una cierta complejidad, más latente que manifiesta, una potencialidad de desarrollo en un sentido que no es el cómico. Podemos reconocer, sin llegar a ponernos sentimentales, que su causa es genuina y que su desesperación no es fingida, que el Duque es indiferente a ello, y que su requerimiento de ayuda a Don Quijote es absurdo, aunque está hecho de buena fe. Ni el tratamiento cómico del episodio ni los rasgos menos agradables de Doña Rodríguez rebajan la significación del asunto.

Ella también se ha convertido, en cierta medida, en víctima del Duque, cuya casa —además de toda una aldea vecina— se ve implicada en una serie de engaños que son llevados hasta límites extraordinarios. No en vano el odioso capellán (II, 32) y el mismo Benengeli (II, 70) se preguntan si los propios engañadores están en sus cabales. Todavía oímos las risitas y las carcajadas ahogadas resonando por las oscuras galerías. Hay algo extraño en la vida de este castillo (o palacio); no sólo extraño, sino incluso desagradable. Siempre acaba apareciendo el dolor físico, ligero pero molesto (bofetadas, coscorrones, alfilerazos, pellizcos, arañazos, latigazos...). Si las fantasías de Don Quijote semejan juegos de niños, los juegos del castillo reflejan otro tipo de regresión infantil. Hay algo realmente extraño en los habitantes, y es Doña Rodríguez con su extravagancia quien más ayuda a resaltarlo. Ella descubre (si estamos dispuestos a creerle) que el Duque pide prestado dinero a uno de sus vasallos, que la encantadora Duquesa tiene «fuentes» en las piernas para desaguar sus malos humores y que Altisidora padece halitosis. Con esta confesión, ella y Don Quijote se ganan la paliza en la oscuridad con la que termina la escena del dormitorio (pp. 402-403).

El castillo está emplazado en un Aragón relativamente feudal. El Duque y la Duquesa son graciosos, afables y generosos, y la vida en el castillo tiene un lado agradable, pero con un matiz de neurosis. Don Quijote da un suspiro de alivio al respirar de nuevo el aire libre en la carretera (II, 58). En contextos y con concentraciones diferentes, se puede percibir un ambiente similar en otra literatura de la época: en el *Guzmán*, el *Estebanillo González*, el *Quijote* de Avellaneda, *El curioso impertinente* y otras obras del teatro español y del teatro jacobino inglés.

Visto desde el punto de vista de Don Quijote, este castillo, sobre cuyos acontecimientos absurdos el hidalgo no tiene ningún control y que siguen sucediendo, no se diferencia mucho del de Kafka. En estos capítulos maestros del *Quijote* la comedia de Cervantes bordea peligrosamente lo irracional.[8]

8. Véase Robert (1977D). Hay una evocación de un contexto similar en la novela de Robin Chapman *El diario de la duquesa* (1983E), que hace una fascinante recreación de la Duquesa «original» de Cervantes.

Capítulo 12

IDEALES E ILUSIONES

No es posible resumir el *Quijote* en un solo tema general. La gran cantidad de motivos, temas y puntos tratados en la obra puede apreciarse en la infinidad de títulos citados en cualquier bibliografía crítica. La diversidad y profundidad de la creación novelística de Cervantes justifican en parte esta afirmación, pero ello también se debe a su elección del tema central: las consecuencias del enloquecimiento de un hombre a causa de la excesiva lectura de libros de caballerías. De esto es fácil extraer todo un conjunto de polaridades conceptuales relacionadas: locura-cordura, ilusión-realidad, apariencia-verdad, ficción-hechos, arte-vida, poesía-historia, *romance*-novela, idealismo-realismo, teoría-práctica, mente-materia, espíritu-carne. Sin embargo, estas polaridades están abiertas a una especulación tan infinita que no resulta difícil superar la tentación de ponderarlas aquí.

Uno de estos conceptos se ha asociado a Don Quijote con mayor frecuencia que otros: el idealismo, el idealismo inútil, para ser exacto. En las principales lenguas europeas ser «quijotesco» significa perseguir ideales inalcanzables. De modo similar que al héroe de Cervantes, al idealista quijotesco no le importan nada o casi nada las realidades prácticas en su intento de alcanzar sus objetivos. No se da cuenta de cuándo la búsqueda de un ideal se transforma en sometimiento a una ilusión.

Aunque esta incapacidad es una característica distintiva de Don Quijote, Cervantes no ofrece ningún comentario directo ni explícito sobre ello, como sí lo hace, por ejemplo, al hablar del comportamiento de algunos de los personajes principales de las *Novelas ejem-*

plares y de otras obras. Su propia actitud ante la deficiencia de su héroe se nos sigue presentando en parte de forma enigmática. «En parte», porque obviamente lo presenta como una figura risible, aunque continúa dejando lugar a la especulación sobre si, además, tácitamente lo condena, lo reprueba, se burla, o siente compasión o admiración. Correcta o incorrectamente, las respuestas se han inferido siempre del modo en que Cervantes trata la historia o en función de las fuentes externas. Esta área general de interpretación ha sido, a lo largo del tiempo, la que ha suscitado más discusiones de toda la novela. La mayoría de la gente ha considerado que Cervantes defendía el idealismo; unos pocos han pensado que lo atacaba. Probablemente no hacía ninguna de las dos cosas. Unamuno canonizó a Don Quijote por su idealismo («mi san Quijote», lo llama: 1958D, p. 270). John Ruskin se inclinaba a clasificar a Cervantes como el primero «de todos los escritores enérgicos y populares [que], a causa del error, han infligido más daño a su raza ... pues arroja desprecio sobre los principios más sagrados de la humanidad» (1855E, pp. 66-67).

Mientras que es erróneo abordar la novela como un tratado moral o filosófico, con insistencia se presentan cuestionamientos más específicos. ¿Tiende realmente Cervantes a sugerir que los ideales son ilusiones, el idealismo una necedad? ¿Está loco Don Quijote o es un héroe por persistir en sus creencias? ¿Por qué nos reímos de un hombre tan consagrado a aliviar las penas y a luchar contra la injusticia? ¿O, sencillamente, sus fines son buenos y sus medios erróneos? Hay muchas preguntas similares a éstas, y todavía más respuestas a ellas.[1] Una constatación del éxito de Cervantes en su intento de reflejar la vida con un libro tan poco dogmático es que la gente haya estado tan dispuesta a encontrar en él las respuestas que deseaba encontrar. Nadie queda excluido de esto. Centrar la atención de modo exclusivo en los ideales lleva a distorsiones román-

---

1. En los últimos años todo el problema ha sido analizado de nuevo por Anthony Close, quien encuentra en Cervantes poco o ningún sitio para la aprobación del tipo de idealismo de Don Quijote, ya que tanto sus objetivos como sus actos son presentados como una «imitación locamente literal del comportamiento estereotipado de los héroes del *romance* caballeresco» (1972D, p. 37; véase también 1978[2]D, pp. 16 ss.). Es difícil apreciar, no obstante, la razón por la que esto debería anular nuestra percepción —o la de Cervantes— de los ideales válidos que translucen nítidamente en la loca conducta de Don Quijote.

ticas de la obra; otorgar demasiada importancia al comportamiento trastornado de Don Quijote acaba reduciendo la novela a la banalidad de una tira cómica.

La simple conexión entre los ideales y las ilusiones de Don Quijote es fundamental. El hecho de que recupere la cordura al final de todo significa que, a fin de cuentas, se deshace de sus ilusiones, aunque la separación de ideales e ilusiones es lenta e incompleta hasta que no llega a su lecho de muerte. El proceso inicia su curso por lo menos a partir del comienzo de la tercera salida, quizá antes, cuando casi desaparecen sus ilusiones físicas más evidentes: las ilusiones ópticas. También hemos notado signos del desarrollo de otro tipo de desilusión: su incipiente reconocimiento de lo impracticable que resulta alcanzar literal y completamente los ideales de la caballería novelesca en el mundo en que vive, y de hacerlo por sí solo. Lo que le ocurre a su idealismo en estas circunstancias es naturalmente importante. Puede haber pocas dudas respecto a su intensificada melancolía en los últimos capítulos, o respecto al surgimiento del desengaño después de su derrota. Pero no veo signos incontrovertibles de una pérdida de fe en sus ideas *per se* —aun cuando se acerque a ello—, ni antes ni después de volver a sus cabales. No hay nada en la conducta de Don Quijote en su lecho de muerte que sugiera el cinismo, la amargura o el espíritu abatido que podríamos esperar en el frustrado idealista. El hidalgo abjura de los libros de caballerías y de sus héroes y atribuye su obsesión a la ignorancia (II, 74; II, 587); ahora su preocupación principal es morir como un buen cristiano. Lo que se subraya es la recuperación del equilibrio mental.

En este contexto general trataré un tema básico de la novela y dos episodios importantes de la Segunda parte: Dulcinea, la cueva de Montesinos y el encuentro con Don Diego de Miranda, respectivamente. Los tres poseen riquezas de diversos tipos y arrojan luz sobre el estado mental de Don Quijote. Los dos primeros lo hacen desde dentro, por así decir. Hasta cierto punto, el tercero lo hace valiéndose de una fuente externa y, por medio de un personaje complementario, aporta una especie de testimonio equilibrador para la valoracion del héroe. Por supuesto, no se puede examinar la locura de Don Quijote únicamente mediante una bisección de idealismo e ilusión, pero una atenta mirada al texto que tenga en cuenta estos conceptos básicos puede servir de ayuda.

1. DULCINEA

Dulcinea entra en el libro casi como un añadido tardío a los preparativos de Don Quijote para iniciar su carrera como caballero errante (I, 1), pero representa un papel central en la historia. Es uno de los personajes de concepción más extraordinaria de la literatura. Existe como pura abstracción en la mente del caballero, es la profesada motivación o justificación de muchas de sus acciones y causa de algunas magníficas muestras de elocuencia. Luego resulta que no es de exclusiva propiedad suya, sino que también incita a otros personajes a la acción. No tiene presencia física, sino una forma originaria encarnada en Aldonza Lorenzo, de la que se habla pero nunca «aparece en escena» en la novela de Cervantes (a diferencia de lo que ocurre en diversas adaptaciones modernas al cine o al teatro). Sin embargo, aparecen dos personajes identificados por otros como Dulcinea encantada. En estas circunstancias, quizá sea excusable no intentar elaborar una definición exacta de su estatus existencial u ontológico.

Un rasgo predominante en el personaje de Dulcinea es el contraste entre las perfecciones que representa en su forma espiritual y la terrenalidad de su forma material. Lo terrenal es denotado, hasta cierto punto, por su nombre, «Aldonza», que tiene fuertes connotaciones campesinas para el oído español.[2] Como idealización de un individuo, Dulcinea es a Aldonza lo que Don Quijote a Alonso Quijano o la princesa Micomicona a Dorotea, y más que éstos. Los personajes aparejados guardan alguna analogía con los términos asociados en una metáfora, y no es ninguna casualidad que Dulcinea esté íntimamente relacionada con los procedimientos metafóricos de la *amplificatio* característicos de la poesía culta de la época (véase Rodríguez-Luis, 1965-1966D, p. 387). Don Quijote la ve como poseedora de «todos los imposibles y quiméricos atributos de belleza que los poetas dan a sus damas: que sus cabellos son oro, su frente campos elíseos, sus cejas arcos del cielo, sus ojos soles, sus mejillas rosas, sus labios corales, perlas sus dientes, alabastro su cuello, mármol su pecho, marfil sus manos, su blancura nieve ...»

---

2.   Como se encuentra en dichos y refranes tales como «moza por moza, buena es Aldonza» y «Aldonza con perdón».

(I, 13; I, 176). Igualmente, cuando Don Quijote refunde el prosaico
(y plausible) relato de Sancho de su supuesta visita a Dulcinea,
transforma los granos de trigo en perlas, como habría hecho cualquier poeta sofisticado de la época (I, 31). Como idealización de la
feminidad, Dulcinea tiene inevitablemente algunas conexiones con
la doncella Poesía, personaje que aparece con frecuencia en varias
de las obras de Cervantes bajo formas que van desde la alegoría
directa, en el *Viaje del Parnaso*, hasta la asociación simbólica con
Preciosa, la gitanilla. Naturalmente, el grado de idealización presente en Dulcinea invita a un rebajamiento cómico. En cuanto otra de
las imitaciones de Don Quijote del *romance* caballeresco, Dulcinea
es una parodia desde el principio, pero *en sí misma* no es una
parodia cómica. La comedia es resultado del contraste material y se
produce cuando la metáfora se ve invertida.

Se puede dudar del linaje real de Dulcinea (I, 13 y II, 32), pero
no cabe duda acerca de su pedigrí literario. Hermana menor de
Oriana y de otras princesas sin par de los *romances* caballerescos,
es la última descendiente de aquellas damas perfectamente idealiza-
das a las que habían cantado y deseado y por las que habían suspi-
rado los poetas del amor cortesano durante siglos, bellezas a las
que gustaba ser amadas «de lonh» y de «oídas». Dulcinea es la
versión paródica de la *donna gentile* y de la casta adorada por los
poetas neoplatonizantes del Renacimiento. Ella es de la especie de
las Amarilis y las Dianas, las Galateas y las Filis del género pastoril, que apenas tienen nada de carne y hueso, como en efecto Don
Quijote explica a Sancho en I, 25. Más perfecta que la Laura de
Petrarca, la Elisa de Garcilaso o la Luz de Herrera, es la amada
cuyas virtudes la han inmaterializado totalmente: es la dama in-
corpórea.

En la Primera parte Don Quijote la caracteriza como la dama
ausente convencional, en favor de la cual... (etc.), y que por sí sola
imparte fuerza a su brazo derecho (I, 30; I, 178). El Caballero
admite ante Sancho que se la representa en su imaginación tal como
le place (I, 25; I, 314), pero la domicilia en la villa no inventada de
El Toboso, donde vive, en la novela, Aldonza Lorenzo. Este gesto,
tendente a la materialización de su mujer ideal, aunque coherente
con el hecho de tomar por gigantes unos odres o cosas por el estilo,
es la fuente de todos los problemas que seguirán a continuación,
cuando se le pide a Sancho que vaya a hablar con ella. Al atribuir

una localización distintiva a su ideal, Don Quijote lo transforma en una ilusión vulnerable.

Esto se corrobora en la Segunda parte, donde le llega la pesadillesca experiencia de que su sueño se desorbite, entre en posesión de otras personas y vuelva para atormentarlo. En el momento en que Sancho le hace creer que la rústica campesina es Dulcinea bajo los efectos de un encantamiento, pierde la libertad de describirla en su imaginación como le plazca. Su propia y bella parodia se convierte en una fea parodia forjada por Sancho. La yuxtaposición de la hermosa prosa cortesana de Don Quijote con la lengua «rústicamente tosca» de la moza campesina ha sido descrita por Erich Auerbach como algo que «nunca se había dado antes» en literatura (1969D, p. 114). Sancho pasa a dislocar por completo el retrato metafórico de Dulcinea, denostando a los encantadores por transformar «las perlas de los ojos de mi señora» —como si fuera un besugo, objeta Don Quijote más tarde— «en gallas alcornoqueñas, y sus cabellos de oro purísimo en cerdas de cola de buey bermejo ...» (II, 10; II, 112).[3] A partir de este momento, una de las mayores preocupaciones del Caballero será devolver a Dulcinea a su estado prístino. No nos sorprende apenas que sueñe con ella en la cueva de Montesinos. Entonces entran en escena el Duque, la Duquesa y sus criados, y la parodia se materializa con la posterior aparición de «Dulcinea», cuando un paje, vestido de ninfa velada, imita burlescamente el papel de la damisela encantada (II, 35). La figura de Dulcinea ha sido rebajada y transformada, primero por Sancho, por razones personales, y luego por otros, para su propia diversión, y Don Quijote se ve indefenso para romper el hechizo por sí solo (a menos que recuperara la cordura). Todavía queda lo peor. La imagen de Dulcinea está contaminada por el dinero.

La actitud del Caballero ante el dinero y cualquier tipo de transacción comercial al principio de su carrera era de desprecio absoluto. Sin embargo, el primer ventero lo convence amigablemente de la necesidad de andar mínimamente provisto (I, 3), por lo que en su segunda salida ya va modestamente equipado para satisfacer sus necesidades y las de Sancho. El Caballero continúa en ocasiones considerando el lucro como un requisito rutinario, pero no el tipo

---

3. J. Herrero (1981[1]D) sigue la degradación de la metáfora de Dulcinea hasta llegar a las asociaciones diabólicas.

de cosa de la que un gentil caballero deba preocuparse. Rehúsa pagar al segundo ventero (I, 17) y evita retribuir a Sancho un salario. No pocos caballeros del siglo XVI se comportaban exactamente de ese modo. En la Segunda parte, donde está menos alienado socialmente, admite la necesidad de llevar a cabo transacciones económicas casi como algo natural, acepta pagar un salario a Sancho, da una propina de dos escudos al leonero y al carretero (II, 17) y resarce casi mansamente a Maese Pedro por el daño que infligió a sus títeres (II, 26), y a los del barco del río Ebro por los desperfectos causados en éste.

El primer indicio de trato de Dulcinea con el dinero es un incidente de la cueva de Montesinos, un incidente en el sueño de Don Quijote, con fuerza profética simbólica.[4] Dulcinea envía un mensaje a Don Quijote en el que le pide un préstamo de seis reales, ofreciéndole como prenda una falda de algodón. Más humillante todavía es que el Caballero no tiene sino cuatro reales para ofrecerle (II, 23). Poco después, toda la historia para desencantar a Dulcinea, ideada en el castillo del Duque, adopta los sórdidos colores de un trato comercial, tan deprimente para Don Quijote como ridículo parecería a cualquiera. Sancho debe «pagar» por ello recibiendo 3.300 azotes en sus valientes posaderas (II, 35). Naturalmente, no acepta esto sin regatear. Finalmente (II, 72) consigue que su amo le pague tantos reales por golpe, luego sube el precio un poco más y acaba por engañar a Don Quijote, simulando todo el castigo. ¿Podía acaso Dulcinea quedar más envilecida?

Es difícil explicar qué representa Dulcinea a los ojos de Don Quijote, aparte de ser su profesada inspiración y el objeto de su devoción. Como concepto, ha sido vinculada a la noción aristotélica de Dios (Atlee, 1976D) y a la defensa de su existencia hecha por san Anselmo (Durán, 1960D, p. 160). No creo que Dulcinea sea el *símbolo* de nada en particular. En cambio, resulta claro que su imagen está muy cerca de representar todo lo que la caballería significa para Don Quijote. Para él, Dulcinea está muy estrechamente relacionada con la caballería. A la luz de esto, es significativo

---

4. Véase Hughes (1977D), pp. 110 ss. Por una yuxtaposición no casual, la carta de Don Quijote a Dulcinea, escrita en alto estilo caballeresco, y su pagaré por tres asnos, escrito en jerga comercial, se reúnen en el espacio de poco más de una docena de líneas, en I, 25.

que nadie (excepto, quizá, Sancho en momentos de confusión) crea en su existencia, aunque unos pocos (especialmente los miembros de una corte ducal) finjan reverenciarla. La charada de devolverla a su estado previo termina en un fraude. Su imagen se ha convertido en una parodia de su figura original y ha quedado teñida de comercialismo. Es fácil trazar la analogía entre Dulcinea y lo que quedaba de la caballería en España en la temprana era capitalista, cuando ya se había extendido considerablemente la compra de títulos de nobleza. Era la nueva época de ese poderoso caballero, Don Dinero, «el gran solvente de la sólida estructura de la antigua sociedad, el gran generador de ilusión» (Trilling, 1961E, p. 209). La época en que, como Olivares recordaba a Felipe IV, «los reyes no pueden llevar a cabo acciones heroicas sin tener dinero» (Elliott, 1963E, p. 320).

La aparición de Dulcinea en el sueño de Don Quijote como una pobre rústica simboliza que, en su subsconsciente, él acepta que algo le ha ocurrido a su dama ideal. Ahora no le parece la misma. Esto sugiere que una de sus queridas creencias ha sido derribada; ello lo lleva a una profunda desilusión y representa un doloroso paso hacia la cordura. Sin embargo, en su consciente, él cree que esta metamorfosis no es fundamental ni irreversible, sino una aberración provisional producida por medios mágicos. Como recuerda a Sancho, «todas las cosas trastruecan y mudan de su ser natural los encantos. No quiero decir que las mudan de uno en otro ser realmente, sino que lo parece, como lo mostró la experiencia en la transformación de Dulcinea, único refugio de mis esperanzas» (II, 29; ii, 265).

La distinción entre su apariencia y su ser real es muy importante. Cuando Don Quijote confirma su ciega creencia en las perfecciones de Dulcinea, como hace decididamente por lo menos desde el momento de la discusión con el Duque y la Duquesa (II, 32; ii, 289-293),[5] por supuesto se refiere a su figura inalterada. Su decisión es reforzada por las noticias de que el falso Quijote de Avellaneda se ha desenamorado de Dulcinea, y a continuación proclama otra vez, en voz alta, su imperecedera devoción por ella (cap. 59, p. 486).[6]

5. Ahora parece perfectamente claro que la frase que empieza «Dios sabe si hay Dulcinea o no en el mundo» (p. 290) ha sido muy mal interpretada en el pasado, como Close (1973[1]D, p. 250) y otros han señalado.

6. Véanse también cap. 48, p. 396, y cap. 70, p. 567.

Pero el gran momento, el más auténticamente heroico de toda su carrera se da cuando yace postrado bajo la lanza del Caballero de la Blanca Luna y «molido y aturdido, sin alzarse la visera, como si hablara dentro de una tumba, con voz debilitada y enferma, dijo: "Dulcinea del Toboso es la más hermosa mujer del mundo, y yo el más desdichado caballero de la tierra, y no es bien que mi flaqueza defraude esta verdad"» (II, 64; II, 534). Don Quijote no sabía nada de la farsa de Sansón Carrasco: en lo que a él concernía, al decir esto se había arriesgado a ser atravesado por la lanza.

Pero no ocurre nada que libre a Dulcinea del encanto y reanime a Don Quijote. El placer y la esperanza que muestra cuando Sancho termina con sus azotes (cap. 72, p. 580) duran poco. Interpreta el incidente de la liebre que se escapa y el de los muchachos con la caja de grillos como malos agüeros: «¡*Malum signum!* ¡*Malum signum!* Liebre huye; galgos la siguen: ¡Dulcinea no parece!» (cap. 73, p. 581). En un gran esfuerzo por deshacer el maleficio de estos agüeros, Sancho compra la caja de grillos, simbólicamente asociada a Dulcinea, por cuatro cuartos. Su conexión con el dinero es así mantenida hasta el final.

Sin embargo, las pesimistas palabras de Don Quijote no son las últimas que habrá de expresar sobre el tema. Todo lo que ha dicho es que no espera *verla*. Cuando la vuelve a mencionar por última vez, le devuelve toda su gloria poética. Fantaseando con sus amigos sobre la posibilidad de iniciar juntos una vida pastoril, la describe como «la sin par Dulcinea del Toboso, gloria de estas riberas, ornamento de estos prados, sustento de la hermosura, nata de los donaires, y, finalmente, sujeto sobre quien puede asentar bien toda alabanza por hipérbole que sea» (p. 584). Esta última declaración de fe en ella no revive el ilusorio estado de Dulcinea, sino que más bien la relega a las páginas impresas de los *romances* pastoriles, donde se encuentran, como ya había dicho a Sancho en cierta ocasión, sus hermanas Amarilis y Galateas (I, 25).

La única duda seria que Don Quijote traiciona respecto a Dulcinea se refiere a su presencia física visible. En El Toboso siente miedo y evita encontrarse con ella frente a frente. Entonces permite que Sancho exponga su personal percepción visual de ella, que es diametralmente opuesta a la suya. Por fin, decide que Dulcinea no se presentará como él desea que lo haga. De lo único de lo que llega a dudar es de su existencia palpable como ser humano vivo. Y este es el aspecto estrictamente ilusorio de Dulcinea, ya que se hace imposible creer en una Dulcinea encarnada. Sin embargo, su estatus como concepto mental, como compendio de las perfecciones femeninas, está bien afianzado. Cuando Don Quijote proclama que su belleza real está intacta, por malvadas que sean las acciones que los encantadores —y el materialismo más sórdido de la época, añadiríamos— puedan emprender, está confirmando simbólicamente su creencia en las cualidades ideales que personifica Dulcinea. Su fe en ellas es inquebrantable.

2. LA CUEVA DE MONTESINOS

La aventura de la cueva es la más rica y sugestiva de toda la novela, gracias, en parte, a la fértil imaginación de Cervantes y, en parte también, al hecho de que las cuevas han sido siempre maravillosos depósitos de símbolos. Un estudio reciente del *Quijote* dedica 177 apretadas páginas al episodio.[7]

La verdadera naturaleza de la experiencia que relata Don Quijote está revestida de misterio. Benengeli rechaza toda responsabilidad y deja que el prudente lector juzgue por sí mismo (II, 24; II, 223). El lector verdaderamente cauto sabe que nunca llegará a conocer la verdad, pero si se empeña en ponerse al mismo nivel que los personajes del libro y en unirse a la discusión, puede optar por la más plausible de estas cuatro posibilidades: que los sucesos ocurrieran realmente tal como parecieron ocurrir; que alguien los representara; que Don Quijote ingeniara deliberadamente toda la historia;[8] que fuera un sueño o algún tipo de experiencia visionaria. La única evidencia es circunstancial y apunta a la última de estas opciones. De todos modos, el episodio constituye uno de los mejores sueños descritos en la literatura anterior a Galdós.

---

7. Percas de Ponseti (1975D), vol. 2, pp. 407-583. Véanse también Barto (1923D); Forcione (1970D), pp. 137 ss.; Dunn (1972D, 1973D); Avalle-Arce (1976D), pp. 173 ss.; Hughes (1977D); Redondo (1981D); Riley (1982D).

8. El mismo Cide Hamete extiende el rumor de que Don Quijote, en su lecho de muerte, confesó haber inventado toda la historia. Este pasaje tan mal interpretado contiene una doble reserva que lo reduce a mero rumor: «*se tiene por* cierto que al tiempo de su fin y muerte *dicen que* se retrató della, y dijo que él la había inventado» (p. 223). Los traductores al inglés han mutilado regularmente el pasaje, eliminando la incertidumbre (véase Allen, 1979[2]D, p. 6).

Montesinos, Durandarte y Belerma son personajes de un grupo de romances españoles derivados del ciclo caballeresco carolingio y asociados estrechamente a esta región de La Mancha, donde se encuentran las lagunas de Ruidera, cerca de la cueva de Montesinos, y por donde corre el en parte subterráneo río Guadiana. En estas circunstancias, es natural que figuras mencionadas en el romancero sean los principales personajes dramáticos del sueño. Pero el motivo de su aparición es Dulcinea, aunque ésta represente un papel secundario. La sombra oscura de su encantamiento ha nublado los favorables comienzos de la tercera salida. La mayor preocupación del Caballero es ahora librarla del mismo. Poco nos sorprende que sueñe con redimir a todos los habitantes de la cueva (lo que la incluye a ella) del encantamiento que les ha impuesto el archiencantador Merlín. Su explicación del sueño ofrece una perspectiva única de los procesos que discurren en su mente en ese momento de su carrera.

Freud afirma que «todo sueño trata del soñador mismo» (1953E, p. 332). Aunque tengan su origen en los romances, los personajes más importantes guardan afinidades con el soñador y con la dama principalmente responsable; son proyecciones de Don Quijote y Dulcinea (como ya hemos señalado anteriormente). El papel de Don Quijote en este sueño compensatorio, aunque lleno de ansiedades, es el de un libertador mesiánico predestinado a salvar de su prisión a todos los habitantes de la cueva (también son mencionadas varias figuras de la tradición artúrica). Queda frustrado, sin embargo, cuando despierta prematuramente, al sacarlo sus amigos a la superficie; pero, independientemente de eso, los signos no son alentadores. Por una parte, no ha sido capaz de satisfacer las necesidades financieras de Dulcinea. Por otra, Durandarte, extendido en su losa de mármol, se ha mostrado descorazonadoramente escéptico acerca de la misión de Don Quijote. «Y cuando así no sea —exclama, con inmortales palabras—, ... cuando así no sea, ¡oh primo!, digo, paciencia y barajar» (cap. 22, p. 217). No nos sorprende que el placer de Don Quijote al recordar su sueño esté impregnado de un tono de profunda melancolía (cap. 22, p. 210).

El sueño llama la atención por sus ligeros toques absurdos: cuentas de rosario del tamaño de huevos de avestruz, la gorra y la capa de estudiante que lleva Montesinos, el corazón humano salado que pesa dos libras, los turbantes desmedidos, el aspecto de Belerma, la cabriola de la criada de Dulcinea, etc. Aunque muy apropiada para un sueño, la inclusión de estos detalles ridículos (casi totalmente ausentes en las dos fantasías caballerescas más importantes y conscientemente inventadas por Don Quijote: I, 21 y 50) es significativa por otro motivo.[9]

Estos ridículos detalles deterioran la estructura de su visión caballeresca. Estropean las imágenes en que está basada. No pegan. Su singularidad, basada en lo empírico (como veremos más adelante), no se atiene al perfeccionismo que exige la caballería libresca idealizada. Es como si el subconsciente que los engendra se estuviera burlando de su incoherencia. Y, como de costumbre, el subconsciente está aquí muy por delante de la conciencia. Parece entonces correcto interpretar la experiencia de la cueva del modo en que lo ha hecho la mayoría de los críticos, como una indicación significativa de un futuro rechazo de la ficción caballeresca por parte de Don Quijote y de la recuperación de su cordura. En efecto, visto desde esta perspectiva, su posterior ataque a los títeres de Maese Pedro (II, 26) podría considerarse como otro avance en su evolución psíquica. Éstos también son personajes del romancero pseudocarolingio, y Don Quijote siembra destrucción sobre ellos de forma indiscriminada, sean «amigos» o «enemigos».

El sueño de la cueva tiene algunas notables características de mito a las que también nos referiremos más adelante. Sin embargo, un importante motivo mítico es aquí relevante: la metamorfosis. Afecta no sólo a la dueña Ruidera con sus hijas y a Guadiana el escudero, sino también a los personajes principales. Montesinos ya no es el caballero de los romances, sino un viejo hombre sabio. Durandarte subsiste en una condición curiosa, alternativamente muerto y vivo. Belerma ha perdido su belleza. Todos han cambiado mucho desde los días de su existencia cantados en los romances. Este cambio drástico afecta también a Dulcinea. Por último, está el propio soñador. Quizá la alteración más importante sea la que está ocurriendo en Don Quijote. Ciertamente, algo parece haber sucedido en lo más íntimo de su mente en relación a su visión caballeres-

9. Cervantes insistió en la importancia de que el absurdo literario sea deliberado. «¿Cómo pueda agradar un desatino / si no es que de propósito se hace, / mostrándole el donaire su camino?» (*Viaje del Parnaso*, VI, 138). Al mismo tiempo, era plenamente consciente de que una obra puede, de hecho, ofrecer placer y diversión por motivos equivocados, es decir, involuntariamente.

ca, como ocurriera a la figura de Dulcinea, con la que esta visión está íntimamente relacionada. El proceso de desencantamiento, que, en otro sentido del término, era el objeto de su misión soñadora en el otro mundo, parece haber empezado a operar sobre él mismo.

Los absurdos detalles de la apariencia física y del modo de existencia de los personajes de la cueva apuntan hacia el hecho de que su encarnación, testimoniada por Don Quijote, es irreal y, por lo tanto, una especie de ilusión. Más tarde Don Quijote se preguntará cuál fue exactamente la realidad física de la experiencia en la cueva.[10] Así, tal como hace con Dulcinea, expone sus dudas acerca de la materialización física, es decir, acerca del lado ilusorio del caso.

Montesinos, Durandarte y Belerma mantienen, no obstante, una gravedad en consonancia con su estatus caballeresco. Como observa Menéndez Pidal, aunque Cervantes los trata en broma, eso no afecta a su nobleza interior (1948D, p. 22). Lo absurdo de su manifestación carnal, patente ahora incluso para Don Quijote, no deteriora, según su opinión, los valores caballerescos que encarnan y ejemplifican con su conducta (como el valor, la fidelidad amorosa, la constancia, la amistad). Al igual que con Dulcinea, ahora tampoco se cuestiona el idealismo subyacente. En su sueño, no logra liberar ni a su dama ni a otros prisioneros de la cueva. Igualmente, la misión que se ha impuesto a sí mismo de restaurar la caballería en el mundo no está destinada a triunfar. Por lo menos inconscientemente, se empieza a dar cuenta de ello. Pero no dice nada que sugiera que la imposibilidad de la tarea mine el carácter de ideal que reviste a sus ojos el estatus caballeresco. En la aventura de la cueva de Montesinos empieza a discernir ilusión e ideal, lo que señala el principio del camino hacia su cordura.

3. DON DIEGO Y DON QUIJOTE

«J'ai découvert que tout le malheur des hommes vient d'une seule chose, qui est de ne savoir pas demeurer en repos dans une chambre», declara Pascal (*Pensées*, n.° 205). Muchos personajes de la novela habrían aplaudido esta triste máxima, a excepción de Don

10.   II, 26; II, 238; II, 29; II, 261, y II, 62; II, 516. En esta última ocasión, ve las alternativas como «verdad» y «sueño».

Antonio Moreno, que defiende todo lo contrario (II, 65; II, 536-537). Pero se prescribe a Don Quijote que permanezca quieto en su casa, lo que en numerosas ocasiones es expresamente identificado por varias personas con el modo correcto de vivir. La sobrina lo afirma al principio de la segunda salida (I, 7) y el ama, al final de la tercera (II, 73). Entre ambas declaraciones se hallan las de Sancho (I, 18 y II, 28), otra del ama (II, 2), una de Tomé Cecial (II, 13), otra del odioso capellán ducal (II, 31), una del desagradable castellano (II, 62) y una del bachiller Carrasco (II, 64). Las palabras del ama son representativas: «estése en su casa, atienda a su hacienda, confiese a menudo, favorezca a los pobres y sobre mi ánima si mal le fuere» (II, 73; II, 585). Esencialmente, el sentimiento es el mismo que el de otra frase procedente de una fuente menos piadosa que el ama, Voltaire: «Il faut cultiver notre jardin», en *Candide*.

Ya que representa un modo de vida diametralmente opuesto al de Don Quijote y se identifica claramente con la cordura, parecería natural entender esta filosofía de permanecer-en-casa como la «moral» del libro, la panacea del quijotismo y la última palabra de Cervantes sobre la materia, aunque quienes exponen esta opinión no parecen candidatos muy probables a ser portavoces del autor. En cualquier caso, no hay nada en el *Quijote* que sea tan simple; Cervantes está siempre dispuesto a ver las dos caras de las cosas. Ocurre que el sencillo mensaje del ama está encarnado en Don Diego de Miranda, un personaje de muchas virtudes pero —desde que el tipo del *gentleman* bien criado dejó de ser admirado universalmente— no incontrovertible. Sin embargo, tan exagerado es considerarlo con desprecio como un «hombre vulgar y sin relieve, complacido en vivir estancado social y culturalmente» (Castro, 1971D, p. 93) como considerarlo «el foco ético de toda la novela» (Mandel, 1957-1958D, p. 160).[11] Es una figura compleja que se debe estudiar, sobre todo, dentro de su contexto novelístico, y no únicamente a la luz de los gustos y aversiones de la sociedad del siglo XX.

La reacción de Sancho ante la breve historia de sí mismo que hace Don Diego es exagerada, pero no incoherente con sus cualidades caballerescas (II, 16; II, 153-154). No menos obvias para el

---

11. Sobre Don Diego, véanse también Bataillon (1950D), vol. 2, pp. 417-419; Sánchez (1961-1962D); Percas de Ponseti (1975D), vol. 2, pp. 323 ss.; Márquez Villanueva (1975D), pp. 150 ss., y (1980D), pp. 97-98; Joly (1977D); Pope (1979D).

lector son la cortesía, la generosidad y otras cualidades de Don
Diego. Sin embargo, por lo menos en dos situaciones su comportamiento, aunque perfectamente razonable, no es muy digno de admiración y probablemente induce a la mayoría de los lectores modernos a sentir cierta simpatía por Don Quijote, pese a su conducta de
loco. La primera ocasión es aquella en que Don Diego desaprueba
la pasión de su hijo por la poesía. El entusiasmo de Don Lorenzo
es creador, erudito y un poco ingenuo (caps. 16 y 18), pero él no es
uno de esos ridículos aficionados a la poesía que aparecen de vez en
cuando en las obras de Cervantes. El deseo del padre de que estudie
la carrera de derecho es un claro antecedente del deseo de un millón
de modernos padres antirrománticos posteriores a él. La segunda
ocasión es aquella en que Don Diego muestra su prudencia cuando
Don Quijote insiste en dejar abierta la puerta de la jaula del león.
Incapaz de disuadir al caballero de su locura, se mantiene, como
los otros, a una cauta distancia (cap. 17, pp. 161-162). Todo es la
mar de razonable, pero hay una ironía latente en el hecho de que
Don Diego afirme que la caza es su entretenimiento habitual (cap.
16, p. 153). Y es difícil no sentir un ligero respeto por Don Quijote
cuando insta a Don Diego a que se dedique a su perdigón manso y
a su hurón atrevido y que le deje a él este asunto de leones (cap. 17,
p. 161). El Caballero del Verde Gabán parece efectivamente un
ejemplo precoz del *bon bourgeois*, prudente, un poco filisteo y,
como sugiere su discurso autointroductorio, algo satisfecho de su
moderación erasmista y de su epicureísmo complaciente.

La intensa especulación engendrada por la detallada descripción
de la ropa (casi toda verde) de Don Diego (cap. 16, pp. 149-150)
ahora apenas parece justificada. La indumentaria es bastante festi-
va como para valerle el apodo de Caballero del Verde Gabán que le
adjudica Don Quijote, pero la vestimenta es más distintiva que
exclusiva. Las variedades del simbolismo de los colores sólo consiguen confundirnos (véase Joly, 1977D). Probablemente no se ha
dicho todavía la última palabra sobre el tema, pero es improbable
que Cervantes le diera un sentido tan hermenéutico como el que ha
recibido siglos después.

De hecho, Don Diego de Miranda está perfectamente explicado
en términos establecidos por Don Quijote, quien lo califica de «caballero cortesano», distinto a él mismo, caballero errante en el
campo y por todo lo ancho del mundo. Las primeras palabras que

le dirige son «Señor galán», haciendo referencia a su atuendo, que acaba de ser descrito.[12] Don Diego no es literalmente un cortesano; por el contrario, lleva una vida retirada en el corazón de las provincias. Pero es muy natural que Don Quijote lo vea de ese modo, como un caballero como él, pero de la especie inactiva. Anteriormente, ya ha señalado las diferencias al ama: «y aunque todos seamos caballeros, va mucha diferencia de los unos a los otros; porque los cortesanos, sin salir de sus aposentos, ni de los umbrales de la corte, se pasean por todo el mundo, mirando un mapa, sin costarles blanca, ni padecer calor ni frío, hambre ni sed» (II, 6; ii, 80). El encuentro con la carreta de los leones es una oportunidad enviada por el cielo para demostrar la diferencia entre sus papeles, y nuestro Caballero la aprovecha rápidamente. Don Quijote refuerza este triunfo un tanto ineficaz con otra disquisición, dirigida con intención a Don Diego, sobre la diferencia entre los caballeros cortesanos y los caballeros andantes (cap. 17, pp. 166-168).[13] Es obvio que es perfectamente consciente de la existencia de estos dos tipos de caballero, el primero mucho más frecuente en la época. El tema es sacado a colación en otras ocasiones (II, 1; ii, 48 y II, 35; ii, 325). También es evocado por el mancebo que, cantando seguidillas, se dispone a entrar en el ejército y al que encuentran un poco más tarde en la carretera. «Y más quiero tener por amo y por señor al rey, y servirle en la guerra, que no un pelón en la corte» (II, 24; ii, 227), dice este «paje aventurero», al que Don Quijote asimismo llama «Señor galán», presumiblemente también a tenor de su atuendo cortesano (pp. 226-227). El paralelismo y el contraste con Don Diego pueden muy bien ser deliberados.

Ninguna «historia» —y mucho menos una aventura— atañe directamente a Don Diego de Miranda o a su hijo. Aunque Don Quijote intenta darle un carácter un tanto romántico llamándole Caballero

---

12. «*Galán*. El que anda vestido de gala y se precia de gentil hombre» (Covarrubias [1611], 1943C, *s.v.*).

13. Su afirmación «Mejor parece, dijo, un caballero andante socorriendo a una viuda en algún despoblado que un cortesano caballero requebrando a una doncella en las ciudades» (p. 167) recuerda indirectamente el cortejo de la vecina de Cervantes, la viuda doña Mariana Ramírez, por un tal don Diego de Miranda; ambos estaban implicados, junto con Cervantes y familiares suyos, en el incidente de Ezpeleta del 27 de junio de 1605. Véase McKendrick (1980B), pp. 235 ss. No podemos descartar la posibilidad de que hubiera en la figura novelesca de Don Diego alguna alusión personal.

del Verde Gabán, y aunque el narrador le sigue el juego sugiriendo que su casa es un castillo, lo que no es cierto, Don Diego está tan lejos de los *romances* caballerescos como los libros de caballerías lo están de su portales (cap. 16, p. 153). Su sensatez y sus excelentes cualidades están caracterizadas por un tono «apoético» y «aheroico». Y es precisamente esta complicación «arromántica» lo que lo hace novelísticamente tan interesante. Con Don Diego, Cervantes inaugura un camino que conduciría directamente a la novela decimonónica.

Don Quijote, loco, tiene grandes ideales e ilusiones; Don Diego, cuerdo, tiene ideales, deducimos, pero no ilusiones. Don Quijote termina cuerdo, como Alonso Quijano, con los ideales intactos y sin ilusiones (y ya sin tiempo libre para cuidar su jardín). La balanza entre ambos está bastante equilibrada, y quizá sólo la personal predilección del lector otorgue ventaja a uno sobre otro. Pero es difícil no tomar partido, tanto si es con el ecuánime Don Diego, que halla en Don Quijote un objeto de cortés curiosidad, como si es con el imaginativo hidalgo, el cual, aunque excesivamente deseoso de establecer una posición superior, consigue transmitir a muchos lectores algo del desprecio que siente por su colega.

Todo el episodio está plagado de sutilezas y matices varios. Don Quijote afirma que el valor verdadero es una virtud situada entre los polos extremos de la temeridad y la cobardía, pero que es mejor errar por exceso que por defecto, ya que es más fácil convertir la prodigalidad en generosidad que hacer lo mismo con la mezquindad (cap. 17, p. 167). Pero su reciente comportamiento con el león es ridículo como demostración. Análogamente, se demuestra que el modo de vida encarnado en Don Diego, que indudablemente es presentado como contraparte del quijotismo, tiene limitaciones intrínsecas.[14] La conducta de Don Quijote peca inexcusablemente por exceso; la de Don Diego, por defecto. Los hombres pueden tener ideales sin ilusiones, pero ¿pueden los hombres sin ilusiones ser hombres con visión de futuro?

Cervantes nunca nos deja olvidar el ridículo reverso de la medalla que tiene inscrito el *Heroísmo* en el anverso. El enfrentamiento

---

14. Aunque estén elaboradas con excesiva ingeniosidad, las afirmaciones de Márquez Villanueva (1975D), pp. 150 ss., me parecen básicamente correctas en este punto.

con el león es uno de los mayores actos de coraje del Caballero. Sin embargo, no es sólo superfluo y anticlimático, sino que está significativamente precedido por un acto de mera farsa: cuando vacía involuntariamente el casco lleno de requesones sobre su cabeza (cap. 17, p. 158). El auténtico impulso heroico pugna constantemente por triunfar sobre un esfuerzo malgastado, una circunstancia material insoluble o una insuficiencia física. El *Quijote* es una comedia de buenas intenciones confundidas, de ideales mal encarados, de falta de discreción y de regresión infantil, aparte de otras cosas más. Pero el solo hecho de que los objetivos del Caballero sean nobles y heroicos (y no lo son menos porque exagere su imitación de los héroes de la caballería) y de que aprenda poco a poco de la experiencia deja entrever, en medio del absurdo de sus payasadas, que en su carácter hay algo digno de admiración.

También es admirable que nunca abandone su empresa, pese a su melancolía y aunque a veces esté al borde de la desesperación. Durante una temporada vive dudando de su triunfo final, incluso antes de ser forzado a retirarse. Esa vida, en la que no olvida sus ideales, es otro tipo de heroísmo, un heroísmo aburrido, monótono y quizá más exigente que el heroísmo tradicional. Es probablemente lo que subyace a la observación de Sancho cuando, al llegar a su casa, lo describe «vencido de los brazos ajenos», pero «vencedor de sí mismo» (II, 72; II, 580), observación que su amo recibe con impaciencia. Don Quijote, si bien fracasa cómicamente en su intento de ser el tipo de héroe que desea ser, triunfa en cierto modo al convertirse en el antecesor del moderno héroe antiheroico. Como afirma Lionel Trilling, el Leopold Bloom de Joyce, el Ulises moderno, procede directamente de él:

> En la existencia de ambos hombres, lo corriente y lo real son prepotentes; ambos están sujetos a la necesidad cotidiana y a lo manifiestamente absurdo de sus cuerpos, y por eso están a una distancia polar del héroe aristotélico en la magnificencia de su autonomía y dignidad aristocráticas. Sin embargo, Bloom y Don Quijote llegan incluso a trascender la realidad impuesta para convertirse en lo que nosotros, mediante una nueva definición del término, queremos llamar héroes (1972E, p. 90).

Capítulo 13

PUNTOS DE VISTA Y MODOS DE DECIR

1. PERSPECTIVAS NARRATIVAS

Una de las razones por las que el *Quijote* parece tan sorprendentemente próximo a muchas novelas del siglo XX es la complicación de los puntos de vista que lleva incorporados (a diferencia de la conocida complicación que se produce en la narración en primera persona).[1] Gran parte de la experimentación desarrollada en la novela posrealista se realizó en la esfera del punto de vista narrativo. La causa principal de esta complicación es, una vez más, la locura de Don Quijote, la parte de ésta que transforma sus percepciones físicas. Por esto es necesario conocer quién es la gente y qué son en realidad las cosas, y también cómo las percibe Don Quijote.

La manera en que se presentan sus encuentros es, por consiguiente, significativa. Consideradas en su sucesión, las formas de presentación no resultan ni uniformes ni fortuitas, sino que se disponen en tres fases distintas, aunque ligeramente coincidentes. Hay una progresión lo suficientemente evidente como para indicar un desarrollo estructural, pero lo bastante desordenada para no parecer premeditada, lo que permitiría introducir alguna posible revisión de la estructura. Esta progresión puede también relacionarse íntegramente con el desarrollo del estado mental de Don Quijote. La primera fase está en la Primera parte, capítulos 1-17; la segunda fase, en la Primera parte, del capítulo 18 hasta el final; la tercera pertenece a

1. Véase Leo Spitzer, ensayo seminal de perspectivismo lingüístico en el *Quijote* (1948D), pp. 41-85.

la continuación, y alcanza su mayor concentración entre los capítulos 9-30 de la Segunda parte. Las fases son acumulativas más que independientes. Una nueva técnica distingue a la segunda fase, pero sin suplantar totalmente la técnica usada previamente, que continúa apareciendo de vez en cuando. Asimismo, en la tercera fase las técnicas uno y dos no desaparecen con la técnica número tres. Además, ya en la primera fase hay unas cuantas premoniciones de las dos últimas.[2]

El modelo básico se asienta cuando Don Quijote llega a la primera venta. La información esencial que se comunica es que ve una venta, y «luego que vio la venta se le representó que era un castillo» (I, 2; I, 82). Primero se nos dice en qué consiste el objeto y luego cómo lo interpreta Don Quijote. De todos modos, como esta es la primera de muchas otras ocasiones similares, Cervantes se esmera en completarlo y aclararlo. Poco antes de esto indica que el Caballero se encontraba en un estado mental de receptividad imaginativa: ya estaba en busca de «algún castillo o alguna majada de pastores». Luego, los términos «vio ... se le representó» indican un minúsculo pero perceptible retraso entre la impresión visual y la interpretación mental de la imagen, lo que sugiere un elemento casi de deliberación en su engaño. También vemos aquí cómo encajan otras piezas en su propósito global. Las prostitutas se convierten en corteses damiselas que adornan la escena y el toque del cuerno del porquero, en la trompeta de bienvenida. El modo de presentación de los encuentros del Caballero en los primeros diecisiete capítulos sigue el mismo modelo básico, con sólo algunas variantes secundarias. Puede que el lector tenga que añadir los detalles, pero ya no duda más que un segundo acerca de quiénes y qué son realmente las personas y las cosas.

La fase número dos empieza con la aventura del rebaño de ovejas, seguida rápidamente por la de los encamisados, la de los batanes y la de la bacía de barbero (I, 18-21). Al principio ninguna de estas cosas es presentada como lo que es, sino como un fenómeno de origen incierto que es necesario interpretar: nubes de polvo en la lejanía, una hilera de luces vacilantes, golpeos metálicos espan-

---

2.   He trazado en otra parte la sucesión de estas fases (1973[2]D), pp. 65-71. Véanse también Predmore (1967D), pp. 30-34; Mancing (1972D); Johnson (1975D); Torrente Ballester (1975D), pp. 107 ss.

tosos, algo que brilla como el oro en la cabeza de un hombre. Cada vez, Don Quijote procede a malinterpretar el origen del fenómeno (como ejércitos o como el yelmo dorado de Mambrino) o simplemente decide por anticipado que se anuncia el inicio de una aventura maravillosa. Lo nuevo ahora es que al lector no se lo informa inmediatamente. Más aún, en el caso de los batanes la verdad permanece oculta durante casi todo el capítulo. Así se realiza el efecto de aproximar la posición del lector a la de Don Quijote. Éste no es el único que debe interpretar lo que ve y lo que oye. Como tampoco es el único que puede equivocarse.

Los puntos de vista del protagonista, del narrador[3] y, por supuesto, del lector están estrechamente ligados al principio del episodio de Cardenio (I, 23). Primero, Sancho ve a Don Quijote «procurando con la punta del lanzón alzar no sé qué bulto que estaba caído en el suelo» (p. 281). A partir de este punto hay una sucesión de indicaciones concretas de que algo anormal se está tramando. Lo que aquí se pone en duda no es la naturaleza de los objetos —una maleta con dinero, un librillo de notas con una carta y unos versos, una extraña figura medio vislumbrada, una mula muerta—, sino el significado de su presencia en Sierra Morena. Al ser estos hallazgos tan extraordinarios, ya no evocan una interpretación extravagante de Don Quijote. Él y Sancho sacan deducciones bastante precisas de cada indicio. Al igual que en muchas de las historias modernas de detectives, el narrador y el lector se encuentran continuamente al lado del héroe.

En la continuación de 1615 se vuelven a usar los dos procedimientos empleados en la Primera parte, con variaciones, como cabría esperar, pero también con una tendencia notable a mantener una perspectiva narrativa en la línea de los dos personajes principales, en provecho del suspense. Ahora que Don Quijote casi nunca malinterpreta espontáneamente las apariencias, su visión y la de Sancho suelen coincidir. Cuando algo singular, sorprendente o misterioso acontece, muy frecuentemente Cervantes lo presenta primero tal y como les ocurre o aparece ante ellos y sólo más tarde lo explica al lector. Mientras tanto, éste queda en suspense, desorientado u obligado a imaginar, con la consecuencia inevitable de verse

---

3. Puede ser equívoco referirse a Cide Hamete Benengeli en persona en este contexto, por lo que he conservado el término anónimo.

colocado al lado de los héroes. La información esencial puede estar
oculta un buen rato. Los «dos hombres a caballo» vistos por primera vez en el capítulo 12 (p. 124) no son identificados como Sansón
Carrasco y Tomé Cecial hasta el final del capítulo 14 (pp. 143-144).

Muy de cuando en cuando Cervantes utiliza el procedimiento de
explicar el misterio o dilucidar desde el comienzo la realidad oculta
tras las apariencias. Cuando Don Quijote, que ha salido a dar un
paseo, oye la voz de Sancho llamándolo bajo tierra, como un ánima del purgatorio, sabemos el porqué antes que el Caballero (II, 55).
De igual manera que a la aventura de Trifaldi la precede la información de que el criado del Duque ha preparado otra trampa
(II, 36). Pero, en general, y aparte del hecho de que se nos induce
a esperar trampas como esta durante toda su estancia en el castillo,
este método es mucho menos habitual en la Segunda parte. Cuando
hay un engaño deliberado el lector lo sabe de antemano y se convierte, aunque inocentemente, en cómplice. Se lo sitúa en el lado de
los que se burlan.

El contraste entre la Segunda parte de Avellaneda y la de Cervantes es aquí interesante. Avellaneda suele revelar el engaño por
adelantado, lo que nos sitúa por encima del protagonista. Lo más
frecuente en Cervantes es que nos plantee dudas o incluso malenten-
didos, al igual que a sus héroes. Estamos, consecuentemente, más
dispuestos a compadecernos con ellos. Al preferir Cervantes tan a
menudo un procedimiento y Avellaneda tan a menudo el otro,
podemos muy bien preguntarnos si la diferencia no está diciendo
algo sobre la actitud de cada autor ante su creación y sobre cómo
espera que se la lea.

En la tercera fase del *Quijote* de Cervantes el narrador se acerca
aún más que antes a sus héroes, hasta llegar, de hecho, al absurdo.
Parece que se enrede él mismo en la dificultad de identificar —nom-
brar— las cosas. No las importantes, lo que sería demasiado des-
concertante, sino las pequeñas. Aunque supuestamente omnisciente,
de vez en cuando lo encontramos equivocándose en detalles como
se equivocaría Don Quijote. Al no haber realmente necesitado de
ello, resulta muy extraño. No hay duda de que se está burlando de
la excesiva minuciosidad en los detalles banales, pero hay algo más
que eso. Tampoco cabe duda de que está imitando a sus propios
personajes, en particular a Don Quijote, precisamente cuando últi-
mamente éste se ha vuelto más cauteloso al identificar a la gente y

las cosas (ya hemos comentado, por ejemplo, el modo en que fragmenta en múltiples posibilidades su fantaseada aventura en el río Ebro). Aunque es quizá Sancho quien empieza con esto. Aconseja a su amo «que se embosque en alguna floresta» (II, 9; II, 103) mientras busca la «casa, alcázar o palacio» de Dulcinea. El narrador describe entonces a Don Quijote entrando en una «floresta o bosque», que momentos después se convierte en «floresta, encinar o selva» (cap. 10, p. 104).

La confusión más cómica se produce muy poco después, en la narración de la traumática experiencia que es para Don Quijote el encantamiento de Dulcinea. Como contrapunto a ese tema principal se desarrolla el problema absolutamente secundario de a qué clase pertenecen exactamente los caballos o burros que las muchachas montaban. «Vio que ... venían tres labradoras sobre tres *pollinos*, o *pollinas*, que el autor no lo declara, aunque más se puede creer que eran *borricas*, por ser ordinaria caballería de las aldeanas» (II, 10; II, 107). Entonces Sancho complica la cuestión al anunciar que se acercan en tres «cananeas». Quieres decir «hacaneas», le dice Don Quijote. Poca diferencia, responde Sancho.[4] Cuando las muchachas se acercan el Caballero y el escudero están discutiendo sobre si montan *hacaneas* o *borricos* (o *borricas*). Con lo cual el narrador, ahora inmerso en la confusión, procede a utilizar sucesivamente las palabras *jumento*, *cananea*, *borrica*, *pollina* y *jumenta*. Por añadidura, Sancho hace notar que la labradora hace correr a su *cananea* como una *cebra* (p. 111). Y «como no va mucho en esto» (p. 107), así queda el asunto.

Pese a que aquí la cuestión está relacionada y subordinada al importante problema de identificar a Dulcinea (véase Johnson, 1975D), esta no es ni la primera ni la única vez, aunque sí la más espectacular, en que se plantean dudas cómicas y se producen equivocaciones varias sobre la correcta identificación equina. Quizá Don Quijote haya sido el responsable inicial de esta confusión por medio de su transformación mental de Rocinante (I, 1), pero me inclino más a sospechar que tiene su origen fuera del libro, en una especie de confusión burlesca entre asnos y mulas. Por ejemplo, hay una en *El Guzmán de Alfarache* de Alemán (II, II, 5) (aunque

---

4. Era una confusión corriente; figura como ejemplo de lo cómico en el lenguaje en López Pinciano, *Philosophia antigua poetica* ([1596]1953C), III, 59.

allí el motivo no reside en la confusión propiamente dicha: 1967C, p. 647). Podemos asimismo recordar el comentario de Erasmo: «si a algún legañoso le pareciera mulo un asno ... tampoco a ése, sin más lo consideraríamos loco».

Por ridículos que sean tales problemas de verificación objetiva en una obra de ficción, no por ello son de escaso interés crítico. Son, al menos en parte, otro ejemplo de la facultad de Cervantes de convertir los problemas del escritor en material novelístico. Incorpora al producto final el natural titubeo en la selección de la palabra. Pruebas de su interés por las alternativas lingüísticas aparecen muy pronto en la Primera parte. El pescado que tiene Don Quijote para cenar en la primera venta es para él una trucha. El narrador dice que es un pescado conocido como *abadejo* en Castilla, como *bacalao* en Andalucía, y en otras partes como *curadillo* o *truchuela*. Otras personas en la venta lo llaman *truchuela*; el narrador lo llama sucesivas veces *bacalao* y *abadejo* (I, 2; I, 86-87).

Pero son los caballos y los asnos, no el pescado, los que dan lugar a más bromas de este tipo. En la Primera parte, capítulo 8, nuestros héroes ven venir hacia ellos «dos frailes de la orden de San Benito», «caballeros sobre dos dromedarios». Tan improbable escena africana se desvanece cuando el narrador explica que las mulas sobre las que están montados son grandes como dromedarios. No era más que una metáfora hiperbólica. Sea como fuere, el hecho es que el narrador se ha apartado por un momento de su modo de presentación simple y directo (fase uno) y ha impuesto en la escena, aunque momentáneamente, una imagen poética más propia del punto de vista de Don Quijote.[5] La discusión sobre las bestias montadas por «Dulcinea» y sus asistentes queda prefigurada en la disputa, contada paralelamente en clave menor, sobre la bacía de barbero o el yelmo de Mambrino. ¿Era una simple albarda del dueño del asno pardo o el rico jaez de su caballo rucio rodado? (I, 21 y 44-45).

Entre los capítulos 9 y 30 de la Segunda parte encontramos al narrador abordando el problema de identificar no ya sólo animales, sino también personas y cosas, al igual que el Caballero. Con una precaución cómica, Don Quijote se dirige a una figura diablesca

---

5. Hay ya un indicio de complicación metafórica cuando Don Quijote divisa la primera venta: «que fue como si viera una estrella que, no a los portales, sino a los alcázares de su redención le encaminaba» (1, 2; I, 82).

apelándola «Carretero, cochero, o diablo, o lo que eres» (II, 11); el narrador, dudando entre «carro o carreta», ofrece ambos en el título del capítulo. El ruido de la armadura de Carrasco convence a Don Quijote de que se trata de otro caballero errante, y el narrador hace lo mismo y lo llama Caballero del Bosque (II, 12; II, 124-125) y después Caballero de los Espejos. Pero cuando aparece Don Diego, vuelve la cautela. Don Quijote y Sancho son adelantados por «un hombre ... sobre una muy hermosa yegua tordilla, vestido un gabán de paño fino verde» (II, 16; II, 149). Esta vez ya no hay dudas sobre el caballo. Pero sólo al cabo de dos o tres páginas el hombre da su nombre propio y expresa su condición de hidalgo. Mientras tanto, el narrador ha ido sirviéndose de una serie de apelativos provisionales que aluden a su montura o sus ropas —«el de la yegua», «el caminante», «el de lo verde», hasta «el del verde gabán»—, para consagrarlo después definitivamente con el título de Caballero del Verde Gabán, otorgado por Don Quijote, según se nos informa más tarde (cap. 17, p. 168), aunque no lo oigamos nunca de su boca. Los títulos provisionales utilizados por el narrador parecen reflejar los procesos de pensamiento de los dos personajes que lo encuentran (podemos contrastar esto con la introducción del canónigo de Toledo, al que el narrador identifica como tal antes que nadie: I, 47; I, 560).

El siguiente encuentro de Don Quijote, con los dos estudiantes espadachines, constituye el caso de identificación gradual más elaborado de todo el libro. No es de extrañar que haya dado problemas a los comentaristas de texto y que haya sido mutilado por los traductores. Empezamos con la equívoca y ambivalente declaración de que se «encontró con dos como clérigos o como estudiantes y con dos labradores que sobre cuatro bestias asnales venían caballeros» (II, 19; II, 177). «El uno de los estudiantes —este es el primer refinamiento, eliminando *clérigos*— traía, como en portamanteo, en un lienzo de bocací verde envuelto, al parecer, un poco de grana blanca y dos pares de medias de cordellate». Aquí el narrador, tan prudente hasta ahora, se toma la libertad de mirar qué hay dentro del fardo. Pero continúa con su procedimiento de identificación gradual. Uno de los estudiantes pasa a ser «el estudiante bachiller, o licenciado, como le llamó don Quijote» (p. 180). Luego los dos estudiantes se diferencian como el «licenciado» y el «bachiller». El nombre del último se descubre finalmente en el diálogo como Corchuelo. Mientras tanto, las «bestias asnales» se han particularizado como «pollinas».

Toda la secuencia es un curioso ejemplo de manipulación narrativa. Primero, el narrador actúa como si ignorara la identidad de los estudiantes tanto como Don Quijote y Sancho. Luego va ascendiendo escalones hacia la identificación, utilizando apelativos cada vez más precisos, bien de su propia cosecha, bien dejándolos asomar en la conversación. Es como si estuviera participando en los mecanismos cotidianos de identificación de desconocidos. No obstante, demuestra sutilmente que no tiene en absoluto necesidad de hacerlo, y descubre su juego nada más empezar, al mirar dentro del fardo.

Si omitimos un pasaje similar, el relativo al paje que va camino de las guerras (II, 24; II, 226),[6] llegamos al último ejemplo significativo. Nada más acabar la calamitosa aventura del río Ebro, donde la fantasía de Don Quijote por poco se deshace bajo las múltiples posibilidades, éste ve alguna gente a lo lejos, en una pradera:

> vio gente, y llegándose cerca, conoció que eran cazadores de altanería. Llegóse más, y entre ellos vio una gallarda señora sobre un palafrén o hacanea blanquísima, adornada de guarniciones verdes y con un sillón de plata. Venía la señora asimismo vestida de verde ... En la mano izquierda traía un azor, señal que dio a entender a don Quijote ser aquélla alguna gran señora, que debía serlo de todos aquellos cazadores, como era la verdad (II, 30; II, 268).

La veracidad se sella en la última conclusión mediante la frase, siempre digna de confianza en el *Quijote*, de «era la verdad». Posteriormente se confirma que el caballo era un palafrén, pero el título de la Duquesa, cosa extraña, nunca llega a descubrirse. De cualquier forma, la realidad no sólo no es contradicha por las apariencias, sino que, por una vez, está perfectamente a la altura de las expectativas caballerescas de Don Quijote.

Hemos visto pasar al narrador de una posición relativamente dominante de omnisciencia a algo que es casi una identificación con

---

6. Hay otra breve especulación sobre el contenido del fardo que trae consigo. Fardos similares aparecen en *Rinconete y Cortadillo* (*Novelas ejemplares*, I, 192-193, así como la versión de Porras) y en *La gitanilla* (*Novelas ejemplares*, I, 123), que llevan quizá la semilla de la pequeña broma en la Segunda parte del *Quijote*.

el punto de vista de Don Quijote. Pero de vez en cuando advierte que goza de completa libertad para hacer lo que le plazca en tales materias. En general ha llevado el mismo paso que la evolución del estado mental de Don Quijote.

Hasta ahora hemos centrado mayormente nuestra atención en los primeros momentos de los encuentros de Don Quijote a lo largo de su camino. Muchos otros y variados ejemplos podrían tomarse de las momentáneas desviaciones de la supuestamente desinteresada línea narrativa básica. El cambio puede situarnos en una posición que refleja la perspectiva de uno de los personajes, por lo general la del Caballero; o también puede consistir en otro tipo de complicación. El primero, como muchos de los ejemplos de la «tercera fase» antes mencionados, equivale a menudo a un breve anticipo de lo que se llama «estilo indirecto libre», esa genuina invención de la novela moderna, que rara vez se encuentra de forma continuada antes de la época de Jane Austen. Hablando en términos generales, consiste en pasar libremente del punto de vista del narrador externo al de uno de los personajes de la obra, sin modificar con ello la tercera persona verbal.[7]

Nos limitamos a exponer un solo ejemplo, prescindiendo de otros con complicaciones narrativas distintas, pese a que hay algunos muy interesantes.[8] Todos ellos tienen en común con los que estoy citando un cambio de perspectiva: van de una línea narrativa (que suponemos) objetiva e imparcial a una más propia de uno de los personajes descritos en la escena.

Sancho ha ido a buscar al bachiller para que les hable del libro que se ha publicado sobre las hazañas de Don Quijote. El Caballero se queda ponderando esta extraordinaria noticia, «y no se podía persuadir a que tal historia hubiese, pues aún no estaba enjuta en la

7. Véanse López Blanquet (1968E); Verdín Díaz (1970E); Rosenblat (1971D), p. 32. También, en relación con los niveles estilísticos en el *Quijote*, Meyer (1968E), pp. 59 ss.

8. Hay al menos una docena de pasajes, la mayoría en la Segunda parte, en los que se pasa del estilo indirecto al directo o, más raramente, del directo al indirecto, en mitad del diálogo. Estas transiciones, seguramente inintencionadas, están a medio camino del estilo indirecto libre: por ejemplo, II, 22; II, 203. Véase Rosenblat (1971D), pp. 332-337.

cuchilla de su espada la sangre de los enemigos que había muerto, y ya querían que anduviesen en estampa sus altas caballerías» (II, 3; II, 58). Nuestro serio narrador no está aquí «exponiendo los hechos», sino haciéndose eco de la idea que Don Quijote tiene de ellos.

Esto ha venido ocurriendo esporádicamente a lo largo de todo el libro de una forma más simple. Lo identificamos como una parodia del lenguaje de los libros de caballerías, que se da repetidas veces durante la narración. Pero, dado que Don Quijote se ve a sí mismo viviendo un *romance* de caballerías, esta terminología también refleja la propia visión personal del Caballero. Por un momento, el relato del narrador de lo que «sucede» será iluminado por lo que al héroe le «parece». El escritor sigue el ejemplo de Don Quijote. Cuando el Caballero ha transformado mentalmente a las prostitutas de la venta en «fermosas doncellas» y «graciosas damas», también él las llama «doncellas» y «damas» (I, 13; I, 93). Igualmente, cuando lo meten en cama, sus amigos, «catándole las feridas», no pueden encontrarle ninguna (capítulo 5, p. 108). Dorotea, montando la mula del cura, «dio del azote a su palafrén» (cap. 29, p. 364), y llega a ser nombrada «la princesa» por el narrador (p. 368, por ejemplo), del mismo modo que el ventero se convierte en el «castellano». Hay muchos ejemplos de este tipo, especialmente en la primera parte. Parece que, como consecuencia de que el propio Don Quijote es el mayor parodista de la novela, fragmentos de parodia literaria caballeresca asociados a él afloran en tercera persona narrativa. Así como él busca analogías caballerescas en su vida diaria, así también el comprensivo narrador. Y nosotros, lo mismo. La perspectiva es rota, como mínimo una vez, por una tremenda ironía. Después de la aventura con el maltratado Andrés, leemos: «Y desta manera deshizo el agravio el valeroso don Quijote» (I, 4; I, 98). En realidad lo había empeorado, pero el comentario del narrador refleja la desmesurada autosatisfacción del Caballero.

Sin embargo, ¿de quién es la perspectiva cuando, en el título de la Segunda parte, cap. 18, el narrador anuncia ambiguamente «el castillo o casa del Caballero del Verde Gabán»? Evidentemente, no es un castillo, sino una casa grande. Don Quijote, quien ya no tiene problemas para distinguir ventas de castillos, no es presentado ni una vez diciendo o suponiendo que esa casa es un castillo. Podría haber sido en otro momento un término paródico apropiado para usar en su compañía; pero no ahora. El ambivalente «castillo o casa» refleja, más bien, la prudente actitud de Don Diego y su familia, que observan a Don Quijote para determinar si está loco o no. Poco después el narrador llama a la mujer de Don Diego «la señora del castillo» (cap. 18, p. 117). Esto no es siquiera ambiguo, sino que muestra la actitud de los que creen que conocen la mente de Don Quijote. ¿Podría ser que Don Quijote estuviera por encima de su narrador? Sea como fuere, el «castillo», así llamado en las dos ocasiones, tiene más validez potencial o hipotética que real.

Este caso aislado parece estar a sólo un paso de aquel o aquellos en que el narrador lleva efectivamente a engaño. El titiritero Maese Pedro «traía cubierto el ojo izquierdo y casi medio carrillo con un parche de tafetán verde». Lo cual, se nos dice, es «señal que todo aquel lado debía de estar enfermo» (II, 25; II, 234). Esto es indemostrable. Lo que sí tenía era una especie de bizquera, leve pero distintiva, que el lector excepcionalmente atento puede recordar al enterarse luego de que Maese Pedro es en realidad Ginés de Pasamonte, el convicto fugado (véase I, 22; I, 270). Como tal, tiene una buena razón para mantener su rostro medio cubierto, como sabe perfectamente el narrador, aunque esté sugiriendo otra cosa.

La situación deviene aún más engañosa cuando el aldeano, con un despacho urgente para el gobernador, interrumpe una de las duramente ganadas comidas de Sancho en Barataria. Tomando ejemplo del paje que anuncia al hombre, el narrador dice: «era de muy buena presencia, y de mil leguas se le echaba de ver que era bueno y buena alma» (II, 47; II, 392). La hipérbole puede servir para ponernos en guardia, pero la afirmación, aplicable quizá como comentario sobre su aspecto, es totalmente falsa en cuanto que su conducta resulta ser la de un consumado sinvergüenza. El narrador ha hablado como un embaucador o como si él mismo fuera víctima del engaño.[9] Pero no es difícil adivinar la razón por la que lo hace. Ahora Don Quijote y Sancho tienen demasiado entendimiento como para aceptar siempre las apariencias tal como se les presentan. En

9. Puede ser, supongo, una ironía múltiple. Dado que el incidente es otro de los casos inventados destinados a poner a prueba a Sancho, podríamos deducir que el hombre, después de todo, era un tipo totalmente honesto representando el papel de canalla. Pero la declaración sigue siendo equívoca en relación con su comportamiento. Hay otro ejemplo en II, 38; II, 329.

este pasaje, como en el anterior, es como si el narrador nos diera un ligero codazo en las costillas para que nosotros también estemos alerta.

De vez en cuando se presenta alguna escena más a partir de la reacción que suscita en los personajes que por medio de una descripción directa. Pero es aún más singular un caso en que se apuntan dos percepciones ópticas del mismo objeto que difieren significativamente entre sí. Una es, por cierto, la perspectiva de Don Quijote, que sin ser desinteresada no es tampoco la de un loco. Así es como se lo describe mientras ve acercarse el carro que lleva los leones enjaulados: «alzando don Quijote la cabeza, vio que por el camino por donde ellos iban venía un carro lleno de banderas reales» (II, 16; II, 157). Un momento después, Don Diego de Miranda «tendió la vista por todas partes, y no descubrió otra cosa que un carro que hacia ellos venía, con dos o tres banderas pequeñas» (cap. 17, p. 158). El narrador dice simplemente: «el carro de las banderas» (p. 159). Los primeros enunciados narrativos están evidentemente influidos por los estados mentales de los personajes aludidos. Cada cual lleva a cabo su deducción antes de la llegada del carro. Tiene gracia que la deducción de Don Diego, aunque bastante más probable que la de Don Quijote, no sea sustancialmente más acertada.[10]

2. VERSIONES NARRATIVAS

Cuando la gente ve las mismas cosas de manera diferente es natural que las cuente también de forma distinta. Hay tres versiones del enfrentamiento de Don Quijote con el león. Una es la del narrador, cuya descripción del comportamiento del león conforma

---

10. En la historia de *Tom Jones* de Fielding se dan signos claros de su linaje en un ejemplo como el que sigue, donde se unen detalles de algunos pasajes del *Quijote*: «De pronto oyeron el sonido de un tambor que no parecía estar muy lejos. Ese sonido acució los temores de Partridge, que gritó: "¡Señor, apiádate de nosotros: ya llegan!"». Su miedo de que fueran las tropas rebeldes («quizá cincuenta mil») se intensifica cuando ven «algo pintado volando en el aire», que él toma por los colores del enemigo. Pero, como Tom Jones adivina acertadamente, esas cosas no eran sino los reclamos de la avanzadilla de los titiriteros ambulantes (XII, 5; 1963E, p. 507).

una de las piezas de narración cómica más perfectamente visualizadas de toda la novela (II, 17; II, 164). Sigue la de Don Quijote, que es casi hilarante por lo objetiva y sucinta. Dirigiéndose al leonero, dice: «tú abriste al león, yo le esperé, él no salió, volvíle a esperar, volvió a no salir y volvióse a acostar» (pp. 164-165). Cuando los hechos son ya suficientemente emocionantes el Caballero no tiene necesidad de embellecerlos. Si espera o no que el leonero lo haga es otra cuestión. De cualquier modo, el leonero lo hace en el tercero de los relatos mencionados. Subraya con énfasis la valentía de Don Quijote y cuenta cómo el león, «acobardado, no quiso ni osó salir de la jaula» (p. 165). Interpretando un poco los hechos, la historia conduce fácilmente a la leyenda.

El libro está lleno de dobles y triples versiones de un mismo suceso, contadas, aludidas o meramente inferidas. La realista aunque totalmente inventada narración de Sancho sobre su embajada a Dulcinea, repetida por Don Quijote con fantásticos y ficticios adornos (I, 13), no es más que uno de los ejemplos más obvios. Sólo empezar la Primera parte, en el capítulo 5, su escaramuza con los mercaderes toledanos se convierte en una batalla contra diez desaforados jayanes. Y su interrumpida pelea con el vizcaíno (I, 8-9) es descrita fragmentariamente por cuatro «voces» narrativas distintas (Gerli, 1982D). La relación de los acontecimientos va desde la leve observación superficial hasta la narración hecha y derecha, reconocida convencionalmente como un cuento. Una forma intermedia obvia de la que hay media docena de excelentes ejemplos entre los capítulos 36 y 52 de la Segunda parte, es la carta; cartas de Don Quijote, Sancho, Teresa Panza, del Duque y la Duquesa. Decir dónde termina lo «real» y empieza la «ficción» en todas estas manifestaciones verbales de la experiencia podría ser quizá tan difícil como lo era solucionar el dilema del juramento y la horca, propuesto para probar la inteligencia del Sancho gobernador (II, 51).

Hay pocas novelas tan repletas de reportajes como el *Quijote*, pese a que el novelista ahorra al lector las recurrencias inevitables de la vida diaria. Por ejemplo, leemos que Sancho cuenta a la Duquesa todo lo relativo a la transformación de Dulcinea y a las experiencias de su amo en la cueva (¡nos habría gustado oír esa versión!). La primera parte de la historia de Cardenio es relatada, en realidad, varias veces después de aquella en que se expone a Don Quijote y al lector: dos veces más por Cardenio («*casi* por las

mesmas palabras y pasos», según se hace notar en una de estas
ocasiones: I, 27; I, 332) y posiblemente una tercera vez por Sancho.
Además, coincide en bastantes puntos con el episodio contado por
Dorotea. Tampoco Benengeli es el único en anotar los hechos. Un
cronista, aparentemente el mayordomo del Duque, que deja fiel
constancia del gobierno de Sancho para el Duque y la Duquesa, es
mencionado cuatro veces. Cuando vuelve al castillo, el mayordomo
da a sus amos una versión oral en la que les cuenta «punto por
punto, todas *casi*, las palabras y acciones que Sancho había dicho y
hecho en aquellos días» (II, 56; II, 461). Estos dos «casi» en los que
hago hincapié indican las variaciones entre una y otra versión. Aquí
no cabría duda de que son insignificantes. En otra parte, especialmente cuando Don Quijote es uno de los narradores, pueden surgir
problemas de interpretación e incluso de veracidad.

Cervantes sabía que era un excelente cuentista y se enorgullecía
de que sus poderes de invención excedieran a los de muchos otros
(*Parnaso*, IV, p. 103). Pero sus poderes de sugestión no eran menos
impresionantes. Igual que la mente de Don Quijote, agitada por
cuentos de hadas caballerescos, el libro que cuenta sus aventuras
rebosa de historias en todos sus niveles de realización. Se le mencionan al lector historias que nunca serán registradas. El rescate del
amante de Ana Félix de un harén en Berbería podía haber sido una
imponente y exótica aventura, pero no se nos transmite el relato
que de ella hacen el renegado y el propio Don Gregorio (II, 65).
Otras «historias» existen meramente como posibilidades embriona-
rias, que se malogran en el seno de la chismería, como las informaciones de que la dama que Don Quijote toma por una princesa
raptada (I, 8) provenía de Vizcaya e iba camino de Sevilla para
encontrarse con su marido, que partía hacia América con un cargo
muy honroso. Esta información gratuita, facilitada por el narrador,
es suficiente para estimular la curiosidad. Si su coche hubiera aparecido rodando por las páginas del *Persiles*, donde raramente se
desaprovecha la ocasión de contar otra historia, lo más probable es
que nos la hubiera dado íntegra, lastimera y extraordinaria. Aún es
más notable el recuento del cautivo de su encuentro con cierto
soldado español, un «tal de Saavedra», cuya historia les entreten-
dría y sorprendería mucho más que la suya propia (I, 40; I, 486).
De ese modo, la más extraordinaria experiencia de la vida del autor,
sus años como soldado y como esclavo en el norte de África, es

relegada al estado de comentario pasajero de uno de sus personajes novelescos.

En la Segunda parte nos hacemos ilusiones de leer un episodio pintoresco cuando Don Quijote, Sancho y el primo deciden visitar a un ermitaño de los alrededores. Las expectativas se vienen abajo en un anticlímax llanamente realista cuando resulta que el ermitaño no está en casa (II, 24). ¿Cabe imaginar, en el *romance* de caballerías, un ermitaño que no está en casa cuando el héroe llama a su puerta?[11] Uno de los episodios accesorios más breves, apenas lo suficiente extenso como para ser calificado de novela corta, es reducido por Sancho a la menguada dimensión de un título decameroniano. Sancho dice a los hijos de Don Diego de la Llana, tras oír todo lo relativo a su escapada nocturna, que «con decir "somos fulano y fulana, que nos salimos a espaciar de casa de nuestros padres con esta invención, sólo por curiosidad, sin otro designio alguno", se acabara el cuento, y no gemidicos, y lloramicos, y darle» (II, 49; II, 414).

En unos cuantos casos Cervantes se las ingenia para desdibujar los finales de ciertas historias con la insinuación de que aún queda por escribir parte de las vidas de los personajes. Así, el cura y Don Fernando se separan con el acuerdo de que el cura escribirá y dirá a Don Fernando qué ha ocurrido con Don Quijote, y Don Fernando mantendrá informado al cura no sólo de su propio matrimonio con Dorotea sino también del bautismo de Zoraida, del destino de Don Luis y de la vuelta al hogar de Luscinda (I, 47). Los últimos cabos de los tres episodios principales en la Primera parte están así reunidos bajo la mano generosa de Don Fernando.

Cervantes, dado que lo menciona, debe haber reflexionado sobre el hecho de que, potencialmente, la historia de cualquier personaje dura tanto como su vida. Cuando Don Quijote pregunta al convicto Ginés de Pasamonte si su (picaresca) autobiografía está terminada, él responde que cómo sería posible, si su vida aún no ha llegado a su fin (I, 22; I, 272). La historia y la vida de Ginés se cruzan con las de Don Quijote y Sancho; sus trayectorias se encuentran en cuatro ocasiones distintas, siempre con algo de violencia. Si él es parte de la historia de ambos, ellos también tienen que formar

---

11.   El punto central del incidente es seguramente una sátira. Sancho pretendía beber allí algo, cuando le sale a recibir una mujer, una «sotaermitaño».

parte de la suya. Hay una extraña aureola de historia inédita en torno a esta misteriosa figura de Ginés de Pasamonte, alias Ginesillo de Parapilla, alias Maese Pedro. Cuando finalmente desaparece, lo hace en dirección a algo más parecido a otro comienzo que a un desenlace: «y así, madrugó antes que el sol, y cogiendo las reliquias de su retablo, y a su mono, se fue también a buscar sus aventuras» (II, 27; II, 249).[12]

En un extremo figura la novela, totalmente acabada y redonda, de *El curioso impertinente*; en el otro, la observación casual. Sin embargo, no hay una diferencia esencial entre ambas. La distinción entre «episodios intercalados» y narración principal en los primeros capítulos de este libro era únicamente una cuestión de conveniencia. Al final, la diferenciación de componentes estructurales se viene abajo. Como afirma Henry James: «No veo qué pretenden los que dicen que hay una parte de la novela que es la historia y otra que, por razones místicas, no lo es» (1948E, p. 17). En el *Quijote*, la historia, la anécdota, el reportaje y el comentario oral se confunden en el gran mar de palabras. Algunos episodios desaparecen casi inconclusos. Acontecimientos potenciales se reducen a nada. Una y otra vez, los narradores se convierten en protagonistas y éstos, en audiencia (El Saffar, 1968D, p. 173). Elementos de la vida-historia de un personaje forman parte de la vida-historia de otros. Los sucesos que una persona cuenta son distintos cuando los cuenta otra, pero, con todo, continúan siendo lo mismo. El cuentista y el cuento son parte de un cuento mayor que los incluye a ambos.

La conciencia humana asegura que, mientras vivimos, estamos recreando constantemente nuestras vidas en pensamientos y palabras. De un modo u otro, inventamos narraciones la mayor parte del tiempo que estamos despiertos. Nuevamente, la autoinmersión de Don Quijote en el acto de historiar no es más que un ejemplo extremo de lo que todos hacemos. Por su propia naturaleza, toda novela está avocada a la verbalización de la experiencia, pero el *Quijote* muestra una conciencia de ello poco común.[13]

Mucho depende en el libro del simple fingimiento de que la ficción que suministra es realmente historia. Como tantos *romances*

12. Sobre Don Quijote y Ginés de Pasamonte, véase Weiger (1978D).
13. Véase el excelente estudio de Barbara Hardy (1975E). Presta al *Quijote* la atención debida.

de caballerías antes que él, muchas de las principales novelas realistas posteriores, como *Robinson Crusoe*, adoptarían la misma línea. Así, Cervantes toma lo esencial de la locura de su héroe —la creencia de que un tipo de ficción literaria es realidad histórica— y hace de ello un principio de su propia novela. Aunque con la diferencia importantísima de que se nos pide que veamos a través de la apariencia y que admiremos y disfrutemos el ilusionismo, pero sin dejarnos engañar por él.[14] La participación en el juego no es sólo parte importante de la diversión que el libro puede ofrecer, sino que también arroja luz sobre él.

Junto a la fingida historicidad podemos discernir tres distintas versiones primarias de la historia de Don Quijote, de portadas adentro.[15] *Pace* Henry James, quizá, la novela y la historia que contiene no son aquí una misma cosa, y si no distinguimos entre ellas nos estancamos rápidamente en la paradoja.

La versión más importante pertenece a Cide Hamete Benengeli, el moro encantador y cronista de, según cabe suponer, casi todos los capítulos, menos los ochos y medio primeros, cuyo material se atribuye a otras fuentes no especificadas.[16] La idea específica de Benengeli se le debió ocurrir tardíamente a Cervantes, ya que era de esperar que apareciera al principio y no figura hasta el capítulo 9. Sin embargo, desde que se pone en camino por primera vez, Don Quijote tiene la convicción de que algún sabio estará escribiendo su historia (I, 2). En cierto modo, se lo introduce en el libro para satisfacer la necesidad que de él tiene Don Quijote, tal como pasa con Sancho y Dulcinea, cada uno a su manera. Alcanza poca importancia en la Primera parte, donde solamente se lo menciona cuatro veces; en la Segunda parte, sin embargo, Cervantes aumenta

14. Como observó sagazmente Michel Butor sobre los cuentos de hadas, «Y más que nada, para empezar, está el placer de saber que nada de eso es verdad, el placer de no dejarse engañar por la ficción» (1968E, p. 213). Y Ernst Kris: «Surte efecto el mecanismo del desmentimiento; la firme creencia en "la realidad del juego" puede coexistir con el convencimiento de que es sólo un juego. En esto radica la ilusión estética» (1952E, p. 42).

15. Para un recuento más completo, véase Riley (1973[1]D).

16. Mucho se ha escrito sobre Benengeli y los narradores en el *Quijote*. Véanse, por ejemplo, Gerhardt (1955D); Riley (1962D), pp. 205 ss.; Haley (1965D); Allen (1969D), vol. 1, cap. 1, y (1979[1]D), vol. 2, cap. 1; Forcione (1970D), pp. 156 ss.; El Saffar (1975D); Percas de Ponseti (1975D), vol. 1, pp. 88 ss., 115 ss.; Tate (1977D); Flores (1982[1]D).

mucho su capacidad, con lo que transforma lo que podría haber
sido una mediocre parodia de la costumbre de los *romances* de
caballerías de atribuir a un personaje similar la presentación, traducción o narración de su obra.[17]

Por los comentarios extratextuales sobre Cide Hamete podemos
deducir que, si bien es un historiador ejemplar, su historia no es
totalmente digna de crédito. Después de todo (se le recuerda al
lector cristiano del siglo XVII), ¿quién puede confiar en un moro?
(I, 9 y II, 3). Tanto en el prólogo a la Primera parte como al final
de la misma (cap. 52) se nos previene explícitamente para no creer
literalmente la historia del Quijote. Además, ¿a quién se le ocurri-
ría creer en un narrador con poderes mágicos? Es la única figura
verdaderamente increíble del libro, exceptuando quizá a Don Álvaro Tarfe. Conviene recordar que lo de Cide Hamete es una farsa y
no someter solemnemente esta figura de narrador a los rigores de la
lógica tajante, ni esperar una consistencia y un orden totales entre
los diversos intermediarios de la narración («traductor», «segundo
autor»). El comienzo de la Segunda parte, capítulo 44, es una
evidencia suficiente de la deliberada ofuscación de Cervantes. No
habría que hacer caso omiso de todas las distinciones ni andar con
tiento a través de ellas; habría simplemente que distinguir razonablemente los principales planos de intervención del autor. En lo que
se refiere a la versión de Benengeli de la historia-vida de Don
Quijote, sugiero que deberíamos aprovechar la insinuación de que
no es, de ningún modo, impecable, y reconocer a la vez que es la
mejor que tenemos.

La segunda de las tres versiones es la Segunda parte de Avellaneda. La tenemos en cuenta únicamente porque Cervantes quiso
introducirla en la ficción de su propia continuación, es decir, en la
historia de Benengeli. Muchas veces es denunciada como falsa (caps.
59, 62, 70, 72, 74), y esa ha de ser su condición definitiva dentro
del contexto ficticio de las «verdaderas» aventuras de Don Quijote
y Sancho; pero incluso en ese contexto, no se pretende que no
exista. Los relatos falsos pueden carecer de toda sustancia verídica,

---

17.   Hubo en realidad un morisco, un tal Ramón Ramírez, cuentista popular,
que memorizaba lo esencial de los *romances* de caballerías y los improvisaba. Fue
perseguido por la Inquisición en los años 1590; se alegó, entre otras cosas, que había
cabalgado en un mágico caballo volador. Véase Harvey (1974E).

pero siguen teniendo realidad. Y parece que al de Avellaneda no le falta del todo la sustancia, según se deduce de la enigmática materialización de uno de los personajes de Avellaneda en la Segunda parte, capítulo 72. Don Álvaro, aparentemente, se presenta con el único propósito de desmentir a su creador original autentificando a Don Quijote y a Sancho como los genuinos héroes. Por tanto, si la otra versión no es absolutamente segura, tampoco ésta es absolutamente falsa. De cualquier forma, la existencia de uno de los personajes de Avellaneda es confirmada en la versión de Benengeli.

La tercera versión es bastante distinta. Existe sólo en la mente de Don Quijote y se trata de la narración que el Caballero cree que se está escribiendo sobre él y sus aventuras. Podemos, por supuesto, estar seguros de que es selectiva, halagüeña y muy pintoresca. «Siendo de caballero andante, por fuerza había de ser grandílocua, alta, insigne, magnífica y verdadera» (II, 3; II, 58). Ello establece un contraste magníficamente cómico e irónico con la historia que Benengeli narra en realidad. Esta versión personal de Don Quijote no debe ser rechazada a la ligera porque sea una fantasía frustrada. Es significativa en dos sentidos y tiene una potencia singular.

En primer lugar, esta versión, naturalmente, es un potencial *romance* de caballerías: Don Quijote lo considera así en cada detalle. Pero lo ve como una historia verdadera, porque nunca ha sido capaz de diferenciar la historia real de la ficción idealizada. Los dos géneros se contraponen abiertamente (sólo que se los llama respectivamente historia y poesía) en el memorable diálogo entre el Caballero, el escudero y el bachiller, al principio de la Segunda parte (cap. 3). Comoquiera que la historicidad de la vida de Don Quijote no es más que una ficción literaria, para el lector la verdadera confrontación es la que se da entre el *romance* y la obra de ficción realista, no entre el *romance* y la historia. Estas consideraciones teóricas no son una cuestión secundaria, sino inherentes a la estructura de la obra. El argumento del capítulo 3 de la Segunda parte demuestra que Cervantes las tenía bien presentes, aunque no conociera nuestra terminología.

En segundo lugar, esta versión imaginaria de su historia-vida en la mente de Don Quijote es de una importancia decisiva para sus acciones. Es una realidad casi absolutamente mental; pero una realidad con consecuencias materiales. ¿Cómo podríamos reconocer a Don Quijote tal como es, si él no se viera a sí mismo como un

caballero andante de un libro de cuentos? En consecuencia, cualquier relato histórico de su vida —el de Benengeli, e incluso el falso
de Avellaneda— depende de esta versión mental (en efecto, quizá la
existencia de Benengeli también dependa de ella). Es difícil exagerar
la importancia de la tercera versión.

3. MODOS DE DECIR

En páginas anteriores he considerado características del *Quijote*
—parodia, idealización, realismo y viveza visual, por ejemplo—
que podrían reunirse bajo el rótulo de «lenguaje y estilo». Ningún
otro aspecto de la obra es tan variado, no sólo porque es un texto
hecho de lenguaje, sino porque en dicho texto Cervantes hace uso
de varios tipos de discursos específicos. En otras palabras, el libro
no se caracteriza por un estilo en particular, sino por muchos estilos.[18] Ello lo distingue de la prosa de ficción de estilo uniforme,
como es el caso de *La Galatea*. Toda la prosa de ficción es, o de
estilo multiforme (el *Quijote*, *Fortunata y Jacinta*, el *Ulises* de Joyce) o de estilo uniforme (*La Galatea*, *Los embajadores* de Henry
James, *Casa de campo* de José Donoso). El *Quijote* cobra complejidad a causa de las recurrentes referencias paródicas, especialmente
a los *romances* de caballerías, que atraviesan toda la novela. Se
trata de un cañamazo entretejido de intertextualidad y cargado de
alusiones a diversas clases de géneros. Prototipo de lo que Genette
llama *antiroman*, puede aplicársele perfectamente el calificativo de
«hipertexto» (Genette, 1982E, pp. 164 ss.).

Dos pequeños ejemplos de juego humorístico con alusiones estilísticas serán suficientes. La sonora frase «Pero, con todo, alababa
en su autor aquel acabar su libro con la promesa de aquella inaca-
bable historia» (I, 1; I, 72) imita el carácter reiterativo de la frase
de Feliciano de Silva «la razón de la sinrazón que a mi razón se
hace», ridiculizada sólo unas líneas antes. Cuando Sancho es some-

18.   «Lo peculiar es que varíe, combine y acumule todos sus recursos ... Su
ideal es la variedad» (Rosenblat, 1971D, p. 347). Este es el principal estudio sobre el
lenguaje del *Quijote*. Muy completo, aunque actualmente anticuado, es H. Hatzfeld
(1966D). Una aproximación moderna al tema puede hallarse en Lázaro Carreter
(1985D), esbozo que da una buena idea acerca de la variedad estilística de Cervantes. Véase también Rivers (1983D), pp. 105-131.

tido al lavado de cara en la mesa del Duque, de una de las doncellas se dice: «y en sus blancas manos —que sin duda eran blancas—
una redonda pella de jabón napolitano» (II, 32; II, 286). El parén-
tesis irónico subraya la alusión a un lugar común del *romance* o de
la poesía, que de otro modo no podría ser identificado como parodia con tanta seguridad. Las citas tácitas de un género, especialmente del *romance*, son un rasgo del estilo de Cervantes que encontra-
remos a lo largo de todo el *Quijote*.[19]

Aún más evidente resulta el uso de arcaísmos por parte del
Caballero, concentrado en especial en la parte inicial de la novela
(cincuenta y cuatro veces en la Primera parte, seis en la Segunda,
según Mancing, 1982D, p. 130). Sus apóstrofes formales, sus invo-
caciones, desafíos y peroratas adoptan —no siempre de forma exagerada— el estilo elevado favorecido por el *romance* de caballerías,
el heroico, el pastoril y otros. Hay además personajes que se entre-
gan a imitaciones más o menos cómicas de dichos estilos. La narración de los episodios intercalados y los parlamentos de los personajes incluidos en ellos se caracterizan por un uso menos florido del
estilo elevado. Ya hemos señalado antes la transición gradual al
lenguaje elevado durante el clímax de la primera de dichas narraciones, la historia de Grisóstomo y Marcela (véase p. 101).

Hay reminiscencias estilísticas de los más importantes géneros
literarios, desde el épico (la cueva de Montesinos) hasta el cuento
popular (los rebuznadores), incluyendo fragmentos de poesía popular intercalados en el texto en prosa («En un lugar de la Mancha»).
También se encuentran géneros «no literarios» como el diálogo
crítico (I, 47-49), la disquisición retórica (blasones y cartas, I, 37-38)
o el discurso pedagógico (los consejos de Don Quijote a Sancho, II,
42-43). Asimismo, hay breves ecos de jerga comercial: «Mandará
vuestra merced, por esta primera de pollinos ... Los cuales tres
pollinos se los mando librar y pagar por otros tantos aquí recebidos
de contado, que consta, y con su carta de pago serán bien dados»
(I, 25; I, 315-316); de la germanía picaresca de los galeotes (I, 22);
de la terminología astronómica de la navegación: «pasaremos pres-

19. Los ejemplos pastoriles han sido anotados anteriormente, en pp. 56, 122-
123. Véase igualmente, por ejemplo, el *Quijote*, II, 58; II, 476, en donde se dice del
cabello rubio de las cortesanas pastoras «que en rubios podían competir con los
rayos del mismo sol».

to por la línea equinocial, que divide y corta los dos contrapuestos polos en igual distancia» (II, 29; II, 263-264); del vocabulario y los hábitos lingüísticos asociados con el abogado, el clérigo, el estudiante y el doctor. También está el comentario continuado del muchacho narrador en el retablo de Maese Pedro: «Y aquel personaje que allí asoma con corona en la cabeza y ceptro en las manos es el emperador Carlomagno, padre putativo de la tal Melisendra, el cual, mohíno de ver el ocio y descuido de su yerno, le sale a reñir ...» (II, 26; II, 241), cuyo humor se vería complementado por la música de Manuel de Falla; y el soliloquio de Sancho Panza: «Sepamos agora, Sancho hermano, adónde va vuesa merced. ¿Va a buscar algún jumento que se le haya perdido? ''No, por cierto.'' Pues, ¿qué vas a buscar? ''Voy a buscar, como quien no dice nada, a una princesa, y en ella al sol dela hermosura y a todo el cielo junto ...''» (II, 10; II, 105), que hace pensar juntamente en el paso teatral, el interrogatorio del confesor y el diálogo socrático.

La doctrina clásica del decoro exigía que un personaje literario hablara de modo acorde a su estado. Aunque basado en la idea de la verosimilitud, ello no condujo al realismo en el diálogo, sino más bien al estereotipo (Riley, 1962D, pp. 131 ss.). Cervantes fue elogiado por sus contemporáneos por observar el decoro, aunque, afortunadamente, al igual que muchos escritores españoles, lo dejaba a un lado cuando le convenía. La caracterización llevada a cabo en el *Quijote* a través del habla sobrepasa cualquier otro logro anterior en la prosa de ficción extensa, incluida *La Celestina*. Los primeros escritores de novela picaresca lograron un nivel de realismo comparable, pero la canalización de las voces de diversos personajes a través de la sola boca del narrador en primera persona diluyó su potencial variedad. Fue el desarrollo del drama en España lo que parece haber proporcionado el ímpetu decisivo (Close, 1981D).

No hay duda de que el habla de Don Quijote y de Sancho contribuye a las impresiones que recibimos de su personalidad más de lo que lo hace la descripción narrativa directa. La extravagancia de toda la aventura caballeresca del hidalgo se ve ocasionalmente igualada por la ampulosidad y, a veces, por lo arcaico de su modo de hablar (el parlamento «¡Oh mi señora Dulcinea del Toboso ...!» en I, 43 es suficientemente ilustrativo). Pero Don Quijote cuenta con otros muchos registros, por supuesto.[20] En muchas conversaciones racionales y cuando discurre acerca de temas distintos a su obsesión, utiliza un lenguaje moderado y cortesano. En ocasiones traiciona sus orígenes, cayendo en la vulgaridad o, al menos, en la fraseología familiar («Responde en buen hora ... Sancho amigo; que yo no estoy para dar migas a un gato»: II, 66; II, 543. Véase Close, 1973[1]D, pp. 240 ss.).

El habla de Sancho, para los contemporáneos una de las cosas más divertidas de la novela, poco a poco revela su riqueza.[21] Incluye rústicos solecismos, pronunciaciones incorrectas (*voquible, presonaje*), neologismos (*fócil, baciyelmo*), un gran conjunto de modismos populares y los celebrados refranes. Cuando imita a su amo («¡Oh flor de la caballería ...!»: I, 52; I, 601) se burla de su lenguaje ampuloso. Igualmente, es capaz de una sorprendente elocuencia, que exhibe por primera vez en I, 20 (I, 239). Un aspecto típico de la mezcla de rasgos opuestos en su carácter es el hecho de que unas páginas después (pp. 242-244) su absurda historia del cabrero y la pastora demuestre cómo no debe contarse una historia. El habla de Sancho, como su personalidad literaria, es más amplia que la propia vida, pero da la impresión natural de vida en una medida sin precedentes en la anterior prosa en castellano.

En ninguno de los personajes principales se encuentra una reunión tan extrema de rasgos opuestos como la que se da en el papel de Dulcinea. La terrenal materialidad de sus orígenes como Aldonza y su espiritualización como Dulcinea en la mente de Don Quijote dan pie, inevitablemente, a yuxtaposiciones de diferentes estilos lingüísticos. En la relación inventada por Sancho de su visita a Dulcinea se intercalan los comentarios interpretativos de su amo (I, 31). La yuxtaposición de estilos que se llega a producir cuando Don Quijote se dirige a las tres campesinas, a las que Sancho insiste en presentar como Dulcinea y sus damas, alcanza nuevas alturas y, según Auerbach (1969D), hace historia en la literatura.

En la misma ocasión, Sancho añade una nueva complicación lingüística cuando trastroca los términos convencionales de su elogio de la belleza y se refiere a los ojos de Dulcinea como «perlas»

---

20. «Hay muchos don Quijotes, y muchos Sanchos, según su palabra» (Lázaro Carreter, 1985D, p. 125).
21. Véanse Rosenblat (1971D), pp. 33 ss.; Amado Alonso (1948D).

(II, 10; II; 112). Se trata de una variante satírica de la imaginería petrarquesca de la belleza femenina, variante tan querida —como lo era también la ridiculización del *topos*— por escritores «barrocos» como Góngora, Quevedo, Lope y el propio Cervantes.[22] La naturaleza metafórica del concepto Aldonza/Dulcinea conduciría inevitablemente en un contexto cómico, a intentos de explotar la metáfora, compuesta, como estaba, por extremos estilísticos. La antítesis estilística entre la carta de amor del Caballero a Dulcinea y la «cédula de pollinos», separadas por sólo trece líneas (edición de Murillo), puede o no haber sido premeditada, pero sin duda es significativa.

La yuxtaposición de estilos contrapuestos se da de forma reiterada en muchos otros contextos a lo largo de todo el libro. La encontramos a gran escala: en la historia de Cardenio, que se interrumpe y da lugar de forma abrupta a la discusión entre él y Don Quijote (I, 24); en la interrupción de la historia de *El curioso impertinente* por el absurdo incidente de los odres (I, 35). También ocurre a pequeña escala en innumerables ocasiones por medio de una palabra o frase que rebaja cómicamente la escena («no se ha de presumir que tan alta princesa se había de amancebar con un sacapotras»: I, 24; I, 298). La comicidad del *Quijote* impregna el uso del lenguaje por Cervantes (véase Russell, 1985D, pp. 87 ss.).

Sería un error sugerir que el *Quijote* era un ensamblaje consciente de diferentes modos de escritura, una realización lingüística como la que podría esperarse de Francisco de Quevedo. Es muy probable que la primera preocupación de Cervantes fuera la de seguir contándonos una historia. Con este fin utilizó un estilo narrativo que podría ser llamado «realista», en cuanto transmite un aire de realidad. Cervantes procede, dentro de límites bien definidos, *como si* estuviera escribiendo verdadera historia, demostrando el suficiente respeto por las circunstancias geográficas e históricas reales. Hace uso del detalle significativo que salta a los ojos y que al lector le es

---

22. Cervantes da un paso hacia la acomodación de la metamorfosis y la verosimilitud novelística en *Persiles* (IV, 9; 454). Cuando Auristela pierde su belleza por culpa de la enfermedad «ya se le parecían cárdenas las encarnadas rosas de sus mejillas, verde el carmín de sus labios, y topacios las perlas de sus dientes; hasta los cabellos le pareció que habían mudado de color». El proceso se invertirá cuando se vaya recobrando de la enfermedad (cap. 10, p. 458).

posible corroborar instantáneamente mediante su propia experiencia. Estas características, que se encuentran en la narración central de las aventuras de Don Quijote y Sancho, son lo suficientemente importantes, según mi opinión, para clasificar la obra como básicamente realista. Y todo ello a pesar de los considerables fragmentos de *romance*, de la presencia de otros estilos, de la prominencia de la ficcionalidad de la obra, del juego con la ilusión, del desorden cronológico, de la vaguedad acerca de los números, de la burla de la innecesaria minuciosidad con los detalles particulares (¿Eran encinas o alcornoques?: «En esto no guarda la puntualidad Cide Hamete que en otras cosas suele»: II, 60; II, 491) y, finalmente, a pesar de que ninguna de las versiones de la historia sea totalmente fiable.

Puesto que las aventuras de Don Quijote y Sancho son, en gran parte, una narración cómica, nos queda por ver si el humor afecta de alguna manera al realismo. En el nivel más básico del texto el humor es totalmente verbal, por supuesto. También lo es en el primer nivel ficcional, como una narrativa atribuida al historiador árabe y a otra fuente (o fuentes) manuscrita anónima. Por encima de este plano, hay que distinguir entre el humor situacional y el humor lingüístico. Ambos tipos de humor pueden hallarse tanto en las partes narrativas como en las partes que presentan diálogos directamente. Como sólo nos interesa el estilo, nos preocuparemos únicamente del humor lingüístico. Dicho humor reside en el uso del lenguaje y llama la atención sobre sí mismo como lenguaje. Podemos tomar del diálogo dos pequeños ejemplos de la incongruencia provocada por el desajuste entre una palabra o frase y su contexto, convirtiendo así su significado en literal y no en figurado: Sancho habla de «escrituras andantes» (I, 47; I, 557); y Don Quijote dice a la Dueña Dolorida: «Oídos os escuchan que sabrán, si no remediar [vuestros males], dolerse dellos» (II, 38; II, 331). Más relevantes son, sin embargo, ciertos artificios de humor verbal utilizados en la narración central. En seguida veremos si interfieren o no en el realismo de la novela.

Encontramos calificaciones llevadas hasta el punto de la mistificación: «se tienen por cierto ... que dicen que ...» (II, 24; II, 223). Y hasta el punto de la contradicción en: «Media noche era por filo, poco más o menos» (II, 10; II, 99). Aun en estos breves ejemplos podemos apreciar cómo su lenguaje se autodestruye como afirmación positiva.[23]

La hipérbole cómica es una figura usada comúnmente. Es distinta al realce empleado seriamente en el lenguaje poético idealizador y diferente de la parodia de éste. Tiene lugar en mitad del discurso, al que, por lo demás, podemos tomar en su sentido literal. La hipérbole es desmesurada y provoca más risa que aceptación. Por lo tanto, inevitablemente no cuadra con el realismo. Es el tipo de exageración que con frecuencia se utiliza en la conversación: «Suspendió a don Fernando y a los demás la estraña presencia de don Quijote, viendo su rostro de media legua de andadura» (I, 37; I, 458). Adviértase la presencia de espectadores, «Don Fernando y ... los demás». ¿Es posible que se hubiera producido por simpatía una transferencia de su probable reacción, haciendo que el narrador adoptase aquí el extravagante superlativo que Don Fernando o alguno de los otros podría haber empleado para contar la escena?

Sancho, mientras bebe un trago de la bota del escudero del Caballero del Bosque, mantiene su cabeza inclinada hacia atrás, mirando las estrellas, durante «un cuarto de hora» (II, 13; II, 132). Aunque no llegamos a conocer la reacción de su compañero, en este caso la hipérbole sería apropiada para él. Cuando Sancho se une a los peregrinos en sus festividades, «disparaba con una risa que le duraba una hora» (II, 54; II, 450). En este caso la exageración se ajusta más al propio Sancho, ya que el narrador continúa diciendo: «porque sobre el rato y tiempo cuando se come y bebe, poca jurisdicción suelen tener los cuidados». En la breve descripción de las sargas viejas pintadas «de malísima mano», Dido hace señales a Eneas desde una gran torre: «como que hacía de señas con una media sábana al fugitivo huésped» (II, 71; II, 574). Aquí la probable exageración del tamaño puede provenir de cualquier espectador. Por último, leemos acerca del licenciado experto en esgrima, mientras derrota completamente a su oponente, que «asió la espada por la empuñadura y arrojóla por el aire con tanta fuerza, que uno de los labradores asistentes, que era escribano, que fue por ella, dio

---

23. Calificación y equivocación son recursos empleados de forma elaborada y extensa en II, 44; II, 366, y en I, 9; I, 141, por ejemplo. Pero debido a que dichos pasajes pertenecen más al comentario marginal que al argumento, no los incluyo aquí para su consideración.

después por testimonio que la alongó de sí casi tres cuartos de legua» (II, 20; II, 184). Además de las insinuaciones satírico-sociales, lo que aquí se satiriza es la dudosa veracidad y la subjetividad del relato de un testigo ocular.[24]

Todos estos ejemplos contienen una unidad de medida que Cervantes trata con desdén cómico parecido al que le vemos utilizar en otras partes. La hipérbole es la contrapartida de la vaguedad factual que demuestra en otras ocasiones. Pero también es algo más que la ridiculización de la exactitud cuantitativa. Podemos apreciar un efímero cambio en la voz narrativa cuando, momentáneamente, desaparece la sobria imparcialidad y dicha voz llega a ser indistinguible de la de cualquiera de los participantes, reales o posibles, de la historia. Precisamente como en los usos paródicos de la terminología, que ya hemos notado, y en los breves cambios hacia el estilo indirecto libre, la perspectiva narrativa se ha salido de su línea.

Algo muy parecido ocurre a veces en otras circunstancias: a saber, en la aparentemente violenta comedia de golpes de la Primera parte. Leemos, por ejemplo, que los mozos de los frailes de San Benito «arremetieron con Sancho y dieron con él en el suelo, y, sin dejarle pelo en las barbas, le molieron a coces y le dejaron tendido en el suelo, sin aliento ni sentido» (I, 8; I, 135). Si aceptáramos esto como la completa y estricta verdad del incidente, como Nabokov y otros lectores sobremanera sensibles sentiríamos repugnancia ante la crueldad de la historia. Sin embargo, la próxima mención de Sancho en esta aventura[25] dice: «Ya en este tiempo se había levantado Sancho Panza, algo maltratado de los mozos de los frailes, y había estado atento a la batalla de su señor don Quijote, y rogaba a Dios, en su corazón, fuese servido de darle victoria y que en ella ganase ínsula de donde le hiciese gobernador, como se lo había prometido» (cap. 10, pp. 146-147). Difícilmente puede ser esta la víctima a la que habían maltratado y arrancado la barba y que yacía inconsciente unos minutos antes. De modo parecido, en la pelea nocturna en la venta entre Don Quijote y el cuadrillero, este último, «alzando el candil con todo su aceite, dio a don Quijote

24. Tal vez valga la pena notar que poco después comienza la relación de las proporciones pantagruélicas de los suministros de comida y de los recipientes culinarios en las bodas de Camacho (cap. 20, pp. 187-188).

25. La aventura se ve interrumpida por la pausa del «manuscrito»; la referencia a la pintura de Sancho «Zancas» aparece en medio (cap. 9, p. 144).

con él en la cabeza, de suerte que lo dejó muy bien descalabrado»
(I, 17; I, 209). Sin embargo, a pesar de que Don Quijote tenía de
qué quejarse, dicho «candilazo ... no le había hecho más mal que
levantarle dos chichones algo crecidos», y lo que había pensado que
era sangre resultó ser sudor (p. 210). Algo después en la pelea que
da término al encuentro con los galeotes, uno de ellos «le quitó la
bacía de la cabeza, y dióle con ella tres o cuatro golpes en las
espaldas y otros tantos en la tierra, con que la hizo pedazos» (II,
22; I, 276). No obstante, posteriores alusiones dejan claro que el
daño que recibió el «baciyelmo» no fue tan severo como indica la
frase «la hizo pedazos». Don Quijote comenta que «aquel desagra-
decido le quiso hacer pedazos ... Pero no pudo» (cap. 25, p. 306),
y las siguientes alusiones no dejan lugar a dudas de que está intacto, «aunque abollado» (p. 306 y cap. 37, p. 458).

En cada uno de estos tres casos citados encontramos además
dos diferentes relaciones acerca del daño infligido: la primera da
una versión extremada de éste y, la segunda, una muy moderada.
La narración continuará a partir de la segunda versión. Por lo
tanto, existen buenas razones para entender la primera relación del
hecho como una pintoresca exageración, más propia de la versión
ofrecida por uno de los participantes que de la versión imparcial y
desinteresada del narrador. La fraseología coloquial refuerza esta
interpretación («sin dejarle pelo en las barbas», «muy bien descalabrado», «hizo pedazos»).

Estas versiones «enmendadas» sólo nos son ofrecidas en un
número limitado de casos. Los héroes suelen ser presentados recibiendo bastantes «palos», sin posterior mitigación de éstos: dema-
siados para algunos lectores, según el bachiller Sansón Carrasco (II,
3; II, 61). Sin embargo, el lector atento habrá notado la indicación
de no tomarlos demasiado literalmente. Es por ello por lo que, a
pesar de no contar con una versión alternativa, cuando leemos que
una piedra lanzada a Don Quijote «le sepultó dos costillas en el
cuerpo» (I, 18; I, 224), no deberíamos tomarlo al pie de la letra.
Especialmente cuando no sabemos más acerca de ello y lo que a
continuación comienza a preocupar al caballero es la pérdida de
algunos dientes. El apaleamiento era un recurso tradicional de la
vieja comedia. La «violencia» en el *Quijote* no está más cerca de la
vida real que del tumulto de Polichinela o de unos dibujos animados de hoy en día. Si se nos aparece de vez en cuando como algo

dolorosamente real, la razón está en que las señales de cambio de género no han sido presentadas de forma suficientemente clara.

De cualquier modo, se nos induce a leer las primeras versiones como hiperbólicas y a sospechar lo mismo cuando los porrazos son brutales y no se nos ofrece una versión alternativa. Se nos recuerda que se trata de una farsa para reír, no de un espectáculo de fuerza bruta y de sufrimiento por el que uno tenga que compadecerse. Sin embargo, la fiabilidad de la narración ha sido comprometida por la rectificación. La ambigüedad ha emergido para oscurecer la clara percepción del suceso descrito por parte del lector. Existe un vacío o un defecto en la textura realista de la historia. Se trata de un asunto delicado debido a que, por una parte, estamos hablando de bromas que, por definición, no debemos tomar en su sentido literal; por otra, a que, consideradas críticamente, son consecuentes con los variados procedimientos, más elaborados, que multiplican las voces narrativas a la vez que subrayan la naturaleza ficcional del texto e impiden los intentos de leer la historia como una representación unívoca de la actualidad histórico-empírica. Nos vemos obligados a leer a Cervantes al mismo tiempo seriamente y no seriamente, adoptando algo de su propia ambivalencia. Debemos decir: se trata de una broma —no la estropees—, pero ten en cuenta las interesantes implicaciones que surgen si la consideras en serio por un momento.[26]

¿Encina o alcornoque? ¿Borrica o pollino? ¿Casa o castillo? ¿Cuántas banderas van en la carreta? Estas cuestiones pueden resultar graciosamente insustanciales; no obstante, al menos en otras dos ocasiones las opciones están duplicadas de un modo que, aunque aún humorístico, tiene una más profunda resonancia. Cuando Don Quijote es recibido en el castillo de los duques, «aquel fue el primer día que de todo en todo conoció y creyó ser caballero andan-

26. Cf. William Nelson (1973E), p. 72: «Como mínimo puede decirse que la parodia es un modo usado con gran frecuencia en el Renacimiento: el *Orlando furioso* y el *Quijote* se burlan de la tradición caballeresca; el *Elogio de la locura*, de la retórica; *Gargantúa*, de las historias de gigantes; *Utopía*, de los libros de viajes. Ninguno de ellos se limita a ser una parodia, y en todos, menos en *Orlando* —aunque tal vez no debería exceptuarlo—, la leve ficción está tramada para sostener la carga de un tema de peso. Ello no molestó a los lectores contemporáneos, pero confunde, sin embargo, a los lectores modernos; el debate sobre si dichas obras son agudos entretenimientos o graves discursos continúa. Que puedan ser ambas cosas a la vez es algo que al lector actual parece costarle aceptar».

te y no fantástico» (II, 31; II, 274). «Conoció» y «creyó» no plantea una elección entre conocimiento y creencia, sino la formulación de ambos; no una formulación de significado filosófico, sino un indicador de carácter. La conjunción de creencia y certeza en esta frase inesperada es más característica del antiguo Don Quijote, que surge aquí brevemente, que del héroe propenso a la duda de la Segunda parte. El reforzamiento de sus ilusiones al ser recibido en el castillo no dura mucho tiempo. La ironía que se esconde tras los dos verbos es intensa: todo el mundo sabe que está equivocado.

Al final de la historia nos encontramos por última vez con una doble opción. Se refiere a la muerte de Don Quijote, y lo que se sugiere es nada menos que la dicotomía tierra/cielo. Mirándolo en su contexto, advertimos que se proponen dos causas alternativas de su muerte: «o ya fuese de la melancolía que le causaba el verse vencido, o ya por la disposición del cielo que así lo ordenaba, se le arraigó una calentura» (II, 74; II, 586). Aquí nos encontramos con el punto de vista del médico (que se repite poco después) [27] y con la visión religiosa del mismo hecho. La propia muerte nos es comunicada por Cervantes en muy pocas palabras: «dio su espíritu, quiero decir que se murió», palabras tan lacónicas que hicieron que Borges comentara: «Cervantes nos da con indiferencia la tremenda noticia» (p. 591, nota de Murillo). De nuevo nos encontramos con dos maneras de decir, con dos maneras de ver un mismo hecho: la separación del cuerpo y el espíritu. Aún encontramos humor en estas palabras indiferentes, pero la broma se ha acabado.

Estos juegos con el lenguaje y con la ficción hacen pensar en los escritores del siglo XX, desde Pirandello hasta Nabokov y desde Unamuno hasta Borges. Cervantes, sin embargo, estaba tanteando una veta que no era la primera vez que afloraba a la superficie en la historia de la literatura. La vislumbramos ya en algunos de los antiguos *romances* griegos, y se deja ver de nuevo, más constantemente, en la prosa de ficción y el drama del siglo XVII. La condición fundamental para que surja parece ser una marcada conciencia en los escritores del carácter artificial del resultado final de sus esfuerzos por «imitar la naturaleza» (o, como nosotros diríamos, «repre-

---

27. «Fue el parecer del médico que melancolías y desabrimientos le acababan» (p. 587).

sentar la realidad»). Y en las artes plásticas de los siglos XVI y XVII era igual de acusada. Cervantes puede contarse entre los que comprendieron que cuanto más a fondo representa el arte a un personaje, en otras palabras, cuanto más «real» se logra que parezca —esto es, cuanto más *realista* sea la representación—, más completa será la *ilusión*.[28]

Hemos visto en este capítulo el germen de otros de los progresos decisivos de la novela moderna: la fusión del punto de vista del narrador con el de su personaje, los principios de un narrador poco fidedigno, la interacción de lo real con lo potencial. Hemos advertido cómo Cervantes muestra cierto interés por la exactitud de las referencias, incluso burlándose de su abuso (preocupación habitual en los escritores, al menos desde Defoe en adelante) y de la idea de su perfecta realización.

Como reproducción de una cierta experiencia humana, el *Quijote* es extraordinariamente completo. Se complica con pequeñas incertidumbres esporádicas, la mayoría triviales, relacionadas con la interpretación y la identificación. El efecto es nuestro mayor acercamiento, como lectores, a Don Quijote, que a fin de cuentas no es tan distinto al resto de nosotros. Las pequeñas dudas suelen nublar nuestra percepción cotidiana de lo que son las cosas y de lo que pasa —aunque, por lo general, las expulsamos de nuestra mente de inmediato—, tanto por no tener datos suficientes como por las diferencias de perspectiva. Esta insuficiencia y estas diferencias están incorporadas en la estructura e invención del *Quijote*.

La ficción novelesca es una imitación de la realidad histórica; sin embargo, por desdibujar de vez en cuando los hechos, Cervantes no desvirtúa el realismo, sino que lo realza. De modo muy parecido, las grandes pinturas de Leonardo da Vinci, con sus contornos en *sfumato*, y los espléndidos y complicados cuadros de Velázquez tienen una relación más veraz con la vida que esos cuadros académicos del siglo XIX, con sus fundamentos preestablecidos y su afilado realismo.[29] La ficción que pretende asemejarse a los

28. Para un estudio a fondo del tema y sus ramificaciones en el *Quijote*, véase Alter (1975E), cap. 1.

29. «La cantidad de información acumulada en una pintura puede tanto entorpecer la ilusión como fomentarla. La razón descansa precisamente en las limitaciones del medio, que pueden en ocasiones imponerse y contradecir la impresión que quiere evocar el pintor. No sorprende entonces que el mayor protagonista de la

hechos parece más auténtica si está enturbiada por algunas vacila-
ciones y medio iluminada por opiniones contrastadas. Es algo así
como un realismo trascendental. Y Cervantes incluye en su libro
a los que observan y a los observados, a los jueces y a los juzgados,
lo que, al final, incluye al último observador, al último juez: el
lector.

---

ilusión naturalista en la pintura, Leonardo da Vinci, sea también el inventor de la
imagen deliberadamente borrosa, el *sfumato*, o forma velada, que reduce la información en el lienzo y estimula así los mecanismos de proyección» (Gombrich, 1960E,
p. 221).

Capítulo 14

MUNDO INTERIOR Y MUNDO EXTERIOR

El *Quijote*, «universal» como es, pertenece, naturalmente, a su propia época, y no sólo por su burla de los *romances* de caballerías. Aunque he procurado tener presente en este libro el contexto histórico y literario del *Quijote*, no he intentado fijar su posición entre las corrientes intelectuales de su tiempo, cosa que nadie ha logrado hacer a satisfacción general de los cervantistas.[1] Sin embargo, merecen especial atención en la novela dos pasajes que, juntos, ilustran muy claramente dos circunstancias, relacionadas entre sí, de primera importancia en la historia intelectual de la época, importancia que, en el segundo caso, no se ha marchitado en absoluto con el tiempo. Ambos tienen relación con el mito, la autoridad y la experiencia.

La primera circunstancia es una cuestión de epistemología. Posiblemente la mayor evolución en la metodología de la investigación intelectual alrededor de 1600 fue el paso gradual de la autoridad como fuente fundamental del verdadero conocimiento, a la observación, la experimentación y la inducción, métodos en los que se basaban las nuevas ciencias y la filosofía de Kepler, Bacon, Galileo y Descartes.[2] En realidad, podríamos estudiar la dicotomía «expe-

1. Entre los estudios más importantes sobre el «pensamiento» de Cervantes en el contexto intelectual de su época se cuentan: Bonilla (1905D), Toffanin (1920D), Castro (1966D, 1967[1]D, 1972D), Hazard (1931D), Bataillon (1950D), Parker (1948D), Vilanova (1949D), Vilar (1956D), Wardropper (1965D), Forcione (1970D y, aunque en relación a las *Novelas ejemplares*, 1982D), Avalle-Arce (1975D), Morón Arroyo (1976D), Maravall (1976D), Ife (1982D), Garrote Pérez (1982D).

2. Para Francisco Suárez las tres fuentes de conocimiento seguían siendo la autoridad sagrada, la humana y la razón. José de Acosta, en su *Historia natural y*

riencia» contra «autoridad» como tema general del *Quijote*, pero un pasaje de la Segunda parte, capítulo 1, concentra debidamente el asunto. Don Quijote está discutiendo con el cura y el barbero sobre gigantes:

> En esto de gigantes —respondió don Quijote— hay diferentes opiniones, si los ha habido o no en el mundo; pero la Santa Escritura, que no puede faltar un átomo en la verdad, nos muestra que los hubo, contándonos la historia de aquel filisteazo de Golías, que tenía siete codos y medio de altura, que es una desmesurada grandeza. También en la isla de Sicilia se han hallado canillas y espaldas tan grandes, que su grandeza manifiesta que fueron gigantes sus dueños, y tan grandes como grandes torres; que la geometría saca esta verdad de duda (II, 1; II, 50).[3]

Por tanto, los gigantes han existido, *a)* porque la decisiva autoridad aceptada, la verdad revelada de la *Biblia*, lo dice; y *b)* porque su existencia ha sido empíricamente probada por un proceso de inducción científica. Cada método sirve de apoyo al otro para probar aquí la validez de esa opinión. El pasaje ilustra vivamente la curiosa coexistencia, en este período, de dos aproximaciones al conocimiento que desde el punto de vista moderno son casi incompatibles. Teniendo en cuenta quién habla y el tema de conversación, es posible que Cervantes estuviera ironizando sobre su enlace aquí; pero no es en absoluto seguro que él fuera siquiera consciente de la existencia de alguna incongruencia.

El segundo ejemplo concierne al mito y la experiencia tanto como a la autoridad y la experiencia. Cuando Don Quijote anunciaba por primera vez su intención de explorar las maravillas de la cueva de Montesinos, nos daba como razón adicional su intención de buscar ahí la fuente y origen de las cercanas lagunas de Ruidera y del río Guadiana, que fluye en parte bajo tierra (véase II, 18; II, 176; y II, 22; II, 205). Ahora bien, se trata abiertamente de una

---

moral de las Indias (1590), dice, nada atípicamente para su época: «No puedo oponerme a Aristóteles excepto en cuestiones que sean muy seguras» (O. H. Green, 1963-1966E, vol. 3, p. 332). A la vez, como señala Hiram Haydn, la palabra «experiencia» era casi tan popular en el siglo XVI como la palabra «razón» en el XVIII (1960E, p. 190; y véase el resto del cap. 4).

3. En el libro de las curiosidades de Torquemada se halla una conclusión parecida conseguida con «buena geometría» ([1570]1943C), p. 54.

cuestión de exploración, esto es, una investigación empírica. Pero cuando posteriormente relata el sueño de su experiencia en la cueva, responde al problema sobre el punto de origen de estas aguas en términos muy distintos. Montesinos le había contado que los lagos fueron una vez Doña Ruidera y sus siete hijas y dos sobrinas, y el río Guadiana, el escudero de Durandarte. Habían llorado tanto la muerte de Durandarte que Merlín los metamorfoseó en otras tantas lagunas y un río. Bien se nota la tristeza de Guadiana, precisa Montesinos, en que se sumerge bajo tierra a intervalos y, además, en que los peces del río son de muy mala calidad (cap. 23, p. 216). Parece que Don Quijote queda satisfecho. Una simple cuestión de indagación geográfica o geológica se convierte en puro mito (y es una magnífica pieza de elaboración de un mito), sustentado por la autoridad de Montesinos, un héroe inventado de los populares *romances* carolingios.

Esta información es aceptada sin réplica alguna por el primo estudiante, que está simbólicamente unido a esta confusión del hecho empírico con el mito poético. Es «humanista» de profesión (cap. 22, p. 205). Está componiendo unos *Metamorfoseos, o Ovidio español* y un *Suplemento a Virgilio Polidoro*, que trata de los orígenes e invención de las cosas (p. 206). Aparte del hecho de que Cervantes satiriza aquí los compendios de noticias curiosas, como el de Virgilio Polidoro y, en España, los de Pedro Mexía y Antonio de Torquemada, la conexión simbólica de su libro con la aventura del Caballero y la cueva es obvia. El primo representa un cierto tipo de erudición renacentista, muy dependiente de la palabra de las autoridades.[4] Su método consiste en acumular el máximo de referencias posibles para autentificar hechos («hechos» como quién fue el primer hombre en la Tierra que tuvo catarro). Acepta a Durandarte, por palabras de Don Quijote, como testimonio de la antigüedad del juego de cartas (cap. 24, p. 224). Uno de los trabajos a los que se dedica es a estudiar la mitología de Ovidio, fábula poética; la otra obra pretende tratar la realidad histórica. Lo importante en el primo es que es incapaz de distinguir entre ellas. No por casualidad es, por un lado, primo del «científico» experto en esgrima (cap. 19)

4. El escéptico Francisco Sánchez, *Quod nihil scitur* (1581), ataca notablemente el culto a las autoridades; trad. cast., *Que nada se sabe* (Buenos Aires, 1944C), pp. 134 ss.

y, por otro, «muy aficionado a leer libros de caballerías» (p. 205).
Espiritualmente, se le podría llamar primo de Don Quijote, cuya
locura consiste precisamente en su ineptitud para diferenciar la realidad histórico-empírica del *romance* caballeresco, que se basa en el
mito poético. Hay que recordar, además, que toda la exposición de
los sucesos de la cueva se basa en la autoridad de Don Quijote, de
la que hasta el mismo narrador Benengeli llega a dudar.

Pero no es este el único enlace notable entre las regiones del
mito y la realidad en el episodio de la cueva. A diferencia del primo
y del Caballero, Cervantes distingue cuidadosamente entre el mundo del sueño, descrito por Don Quijote en el interior de la cueva, y
el mundo exterior de cada día, donde cuenta el Caballero su historia. El interior, tal como Don Quijote lo describe, presenta rasgos
identificables con el otro mundo, tanto el infierno como el paraíso
terrenal, que revelan sus orígenes míticos. Pero la cueva de Montesinos no es una invención cervantina: existe en la Mancha, y las
referencias de Cervantes sobre los alrededores son bastante exactas.[5]
En la descripción de los preparativos del descenso de Don Quijote,
del descenso en sí y, después, del ascenso y de sus consecuencias,
introduce una cantidad inusual de medidas físicas. Referencias al
tiempo: «las dos de la tarde», «las cuatro de la tarde serían»,
«como media hora», «poco más de una hora» (pp. 208, 210, 211,
219); y al espacio: «no ... más de dos leguas», «cien brazas», «poco
más de las ochenta brazas», «diez brazas» (pp. 207, 209, 210). Este
es el mundo exacto, mesurable, físico. Pero, después, Don Quijote
«despierta» en el más allá y se tienta para «certificar» la verdad de
su presencia, con resultados engañosos. Está claro que estos criterios empíricos básicos no funcionan ya de modo creíble. La compa-
ñera de Dulcinea hace una cabriola que la levanta dos varas del
suelo (p. 222). El Caballero piensa que ha estado bajo tierra tres
días con sus noches, mientras que el narrador y Sancho calculan
media hora y una hora, respectivamente. Los pesos y medidas del
mundo terrenal pierden su sentido en el otro.

Las incongruentes impresiones del mundo soñado de Don Qui-

---

5.   Ahora se cree que se trata del pozo de una antigua mina fenicia. La cueva
es mencionada y la región descrita en obras contemporáneas como las *Relaciones
topográficas* (1572). Véanse Astrana Marín (1948-1958B), vol. 7, pp. 359 ss.; «Azorín» (1964D), pp. 83 ss.

jote (ya apuntado anteriormente en el capítulo 12), si se las examina, consisten en su mayor parte (no en su totalidad) en superfluas precisiones objetivas, detalles de medidas físicas, e intrusiones inoportunas del tiempo terrestre (el corazón de dos libras de peso conservado en sal para que no se pudra, el tipo exacto de puñal utilizado para extraerlo, el tamaño de las cuentas del rosario, las sumas de dinero, Belerma que ha pasado la menopausia, y otros datos). Los detalles prácticos son indefectiblemente cómicos en este contexto. Más aún, en términos del estado mental de Don Quijote, muestran la intromisión de un sentido prosaico de la realidad cotidiana en sus fantasías personales. En el maravilloso mundo interno de la cueva se infiltran elementos de la realidad externa. Cervantes presenta aquí los dos mundos como dominios contiguos —incluso interrelacionados—, pero separados. No se nos permite sumergirnos mucho tiempo en el mítico más allá de Don Quijote. No tenemos demasiadas oportunidades de sentirnos transportados por este extraño cuento, ya que las tres interrupciones de Sancho nos devuelven bruscamente a este mundo, la última vez poniendo fin a la historia. El otro mundo de la cueva pertenece, claro está, al *romance* (aquí burlado y decorado con perfiles del romancero y con audibles ecos de la épica),[6] tanto como el mundo cotidiano de la superficie, donde transcurre la mayor parte del *Quijote*, es el terreno de la novela realista.

Es muy dudoso que en un período anterior de la historia esta distinción hubiera sido tan decisiva como lo es la que propone Cervantes.[7] Había un creciente y consciente sentido de la diferencia fundamental entre mito poético y realidad histórico-empírica. La polarización de poesía e historia en los debates de teoría literaria, la escisión entre *romance* medieval y novela realista moderna y, por último, entre creencia religiosa y ciencia, eran aspectos distintos del mismo acontecimiento prodigiosamente decisivo.

No obstante, sería un error identificar simplemente a Cervantes con la modernidad progresiva. Aunque es muy fácil leer el *Quijote*

6. Véanse Percas de Ponseti (1975D), vol. 2, pp. 449 ss.; Dunn (1972D).
7. «Quizá ninguna otra característica del Contrarrenacimiento haya tenido una elaboración tan amplia en la literatura del siglo XVI y principios del XVII como el énfasis pragmático de los empiristas sobre la discrepancia entre lo ideal y lo real. Y en esta observación hay que encontrar la clave de la importancia de este movimiento en la desintegración de la visión del mundo medieval» (Haydn, 1960E, p. 227).

como un tremendo ataque al mito poético esencial en el *romance*, su autor no es tan fácil de clasificar. Hace burla de la exactitud pragmática muy puntillosa. Con una insistencia palpable, sus personajes usan la frase «tocar» o «tocar con la mano» en distintas ocasiones, a menudo inapropiadamente, cuando las apariencias son difíciles de creer.[8] El humor tiene más de un lado. Aquí el problema es que las verdades del mito y de la ciencia son de tipo diferente. Metamorfosis maravillosas no tienen nada que ver con el nacimiento de los ríos, así como los pesos y medidas tampoco tienen nada que ver con la muerte de los héroes o con la fidelidad de los amantes. La cuestión es no confundirlas. Una característica de la época de Cervantes es que aún se tendía a confundirlas, a la vez que había una creciente disposición a criticar tal confusión.

A partir de entonces apenas sorprende que las simpatías modernas se volvieran hacia Don Quijote, pues la nueva visión del mundo ha llegado casi a aniquilar la antigua. Voces del siglo xx que lo expresan mejor que yo se han levantado en contra del mal hecho. Jung:

> Como el conocimiento científico ha crecido, nuestro mundo se ha deshumanizado. El hombre se siente aislado en el cosmos porque ya no está implicado en la naturaleza y ha perdido su «identidad inconsciente» emocional con los fenómenos naturales ... Ahora no le hablan al hombre las voces de las piedras, las plantas y los animales, ni él les habla tampoco creyendo que puedan oírle. Su contacto con la naturaleza se ha perdido y, con él, la profunda energía emocional que este vínculo simbólico proporcionaba (1978E, p. 85).

R. D. Laing:

> Como toda una generación de hombres, estamos tan apartados del mundo interior que hay muchos que sostienen que no existe; y que, incluso si existe, carece de importancia. Aún cuando posea algún significado, no es tan consistente como el de la ciencia; y, si no lo tiene, elaboremos uno. Que sea medido y contado ... Porque sin lo interno lo externo pierde su significado, y sin lo externo lo interno pierde su sustancia (1975E, p. 46).

---

8. Como mínimo nueve veces en la Segunda parte, tal vez más: cap. 1, p. 46; cap. 9, p. 100; cap. 11, p. 117; cap. 14, p. 136; cap. 23, p. 220; cap. 36, p. 325; cap. 50, p. 420; cap. 52, p. 438; cap. 72, p. 579.

Joseph Campbell:

> Las vías de comunicación entre la región consciente y la incons-
> ciente en la psique humana se han cortado, y hemos sido divididos
> en dos. La hazaña heroica que hay que forjar hoy en día no es ya la
> que era en tiempos de Galileo. Donde antes había oscuridad, hay
> ahora luz; pero, también, donde antes hubo luz, hoy hay oscuridad ...
> el misterio crucial es ahora el propio hombre (1973E, pp. 388-390).

Todos ellos coinciden en que es necesaria la reintegración de lo
interno y lo externo. En una de esas especulaciones imaginativas
que la novela de Cervantes suele provocar en sus lectores, podríamos describir a Don Quijote como un hombre prematuramente
moderno que, en los albores de la era científica, sometido de modo
profético a presiones del subconsciente, reacciona de forma desmesurada dando un salto hacia atrás, lejos de la corriente de progreso
de la historia, y cae en la locura. Sea como fuere, en su novela
Cervantes realiza otro acto de reintegración.

Cervantes devuelve el mito poético, que es la base del *romance*,
al lugar de donde proviene: la mente y la psique humanas. En
realidad, Don Quijote no desciende a un mundo fantástico en la
cueva de Montesinos; se queda dormido en un hoyo en el campo.
El mundo de la cueva es real y está vivo *dentro de él*. Sus dudas
posteriores sobre la naturaleza de tal experiencia se deben a su
titubeante aproximación a la conciencia de la verdadera interioridad
de sus ideales caballerescos, conciencia que no será absoluta hasta
la recuperación de su cordura, en su lecho de muerte. Allí renuncia
a los *romances* de caballerías por los excesos y absurdos a los que
se vio forzado en su intento de vivir uno de ellos materialmente.
Deducir de esto que el autor del *Quijote* rechaza los valores atribuidos al *romance* sería hacer caso omiso de una buena parte de su
obra en prosa, incluyendo el *Persiles*, su última obra, al que nadie
en sus cabales podría tomar como una representación mimética de
la «vida real».

Cuando Don Quijote afirma al canónigo de Toledo que, desde
que (gracias a los *romances* de caballerías) emprendió la caballería
andante, se ha vuelto «valiente, comedido, liberal, biencriado, generoso, cortés, atrevido, blando, paciente, sufridor de trabajos», etc.
(I, 50; I, 586), nos hace gracia la presunción pero nos cuesta negar

el mérito de la convicción. Cuando le pregunta a Sancho si, como caballero andante, está obligado a reconocer y distinguir entre los diversos sonidos y saber cuáles provienen de mazos de batán y cuáles no, como hace cualquier campesino nacido y criado entre tales cosas, sabemos que se equivoca ridículamente (I, 20; I, 249). El «ejemplo», el mensaje del *Quijote*, es ciertamente el que muchos lectores han pensado siempre que era: que las visiones personales han de adaptarse a las realidades externas de la vida. Si no se hace así, se vive quijotescamente. Don Quijote procura vivir de manera significativa de acuerdo con el plan providencial que sostiene casi todo el *romance* medieval y renacentista. La novela de Cervantes explica que ese plan no se encontrará exteriorizado en el mundo que lo rodea, sino que existe dentro de él.[9] En realidad, como comprendieron los novelistas del siglo XIX, es aquí donde se representan los grandes dramas.

Anselmo, el curioso impertinente, intenta imponer a su mujer de carne y hueso la obligación de vivir el ideal de castidad, con consecuencias trágicas. Don Quijote pretende vivir el ideal del caballero andante de la ficción, con resultados ridículos. Volviendo al «ejemplo»: los ideales no están para materializarlos, sino para vivir de ellos.

Y entonces, ¿cuántas personas están hoy en día en peligro de caer en tales quijotadas? Sin duda, muy pocas. «Pero, ¿cómo sería un Don Quijote en el polo opuesto? ¿Antiidealista, siniestro, un partidario pesimista de la fuerza bruta, y sin embargo aún un Don Quijote?» El pensamiento es de Thomas Mann (1969D, p. 64), que lo escribió en su diario de viajes el 20 de mayo de 1934, el año en que Hitler asumió el poder supremo. Aunque se invirtiera la premisa principal de la novela de Cervantes, mucho de lo esencial quedaría inamovible.

9. «El mensaje de todos los *romances* es *de te fabula*: la historia trata de usted» (Frye, 1976E, p. 186), no «por todos lados alrededor de usted».

Capítulo 15

LOS DESTINOS DE *DON QUIJOTE*

Mucho se ha escrito sobre Cervantes, el *Quijote* y la posteridad, como indican claramente más de doscientos artículos pertinentes en la tan selecta bibliografía de Murillo, aunque de éstos sólo unos cuantos pueden rivalizar en volumen con una obra como la de J. J. A. Bertrand, *Cervantès et le Romantisme allemand* (París, 1914). Tal profusión refleja tanto la gran variedad de interpretaciones como el papel seminal del *Quijote* en el desarrollo de la prosa de ficción moderna. Lukács considera al *Quijote* «la primera gran novela de la literatura mundial» (1971E, p. 103) y vínculo clave en la cadena narrativa desde la antigua épica hasta el moderno *Bildungsroman*. Lionel Trilling (1961E, p. 209) afirma: «En cualquier género, puede ocurrir que el primer gran ejemplo contenga toda la potencialidad del mismo. Se ha dicho que toda la filosofía no es más que una nota a pie de página de Platón. Puede decirse que toda prosa de ficción es una variación del tema del *Quijote*». En estas circunstancias, tal vez se pueda aceptar que mis observaciones sobre la historia de la publicación, la historia crítica y la influencia literaria del *Quijote* sean muy breves y básicas.[1]

Después de 1617, la publicación de ediciones españolas fue irregular. No se conoce ninguna edición entre ese año y 1637; hay diez entre 1637 y 1674; luego sólo una hasta 1704, ya en el siglo en que *Don Quijote* triunfa. Fuera de España, su fama se extendió rápidamente después de su aparición. El irlandés Thomas Shelton hizo,

---

1. Puede encontrarse un útil análisis de los numerosos estudios en Murillo (1978B), pp. 65-96.

por lo visto en 1607, su traducción a partir de la edición española
de Bruselas, del mismo año. Salió a la luz en 1612, sin el nombre de
Cervantes en la portada. Aunque no se distinga por su exactitud, el
sabor shakespeariano del lenguaje inglés hace de esta traducción
una de las más agradables de leer. La Segunda parte aparece en
1620. En Francia, el *Curioso impertinente* se presenta en 1608, en
una traducción de Nicholas Baudouin. La Primera parte completa
de Oudin sale a la luz en 1614, y la Segunda parte, por Rosset, en
1618. La traducción italiana de las dos partes, por Franciosini, sale
en 1622 y 1625; una alemana, en 1648, y una holandesa, en 1657;
esta última, la primera versión de los muchos *Quijotes* con ilus-
traciones.[2]

A finales del siglo XVII aumenta en Francia el interés hacia la
obra, por una nueva traducción; y a lo largo del siglo XVIII hay
treinta y seis ediciones conocidas. En Inglaterra también se convirtió en un clásico, siendo las traducciones más famosas de la época
las de Motteux (1700-1703), Jarvis (1742, la primera con anotacio-
nes) y Smollett (1755, reelaboración de la de Jarvis). España se
había quedado bastante rezagada, pero ahora, siguiendo el ejemplo
de Inglaterra, produce importantes biografías. Lord Carteret encargó a don Gregorio Mayáns que escribiera la primera para la edición
castellana publicada en Londres en 1738, después de publicar la
suya en Madrid el año anterior. En 1780 la Real Academia Española sacó a la luz una importante edición, con material biográfico y
documental, hecha por Vicente de los Ríos. La obra del reverendo
John Bowle, primera edición comentada, fue publicada en Salisbury,
en castellano, al año siguiente. Otras colaboraciones biográficas
son las de M. J. Quintana y J. A. Pellicer, en dos interesantes
ediciones de fin de siglo, pero fue Fernández de Navarrete quien
en 1819 sentó las bases para todas las biografías modernas de
Cervantes.

En estos momentos existían traducciones en danés, ruso, polaco
y portugués. Hacia finales del siglo XIX el *Quijote* podía leerse en
muchas otras lenguas, desde el búlgaro hasta el indostánico y el
japonés. Según Astrana Marín, alrededor de 1958 se había traducido, entero o en parte, a sesenta y ocho lenguas. El chiste de Cer-

---

2.   En la edición inglesa de 1618 apareció una única ilustración, y otra en la
edición alemana de 1648.

vantes de que el libro se usara en China para enseñar el castellano no ha demostrado ser muy exagerado. Desde principios del siglo XIX han proliferado nuevas ediciones en castellano. Las más importantes son las de Diego Clemencín (1833-1839A), C. Cortejón (1905-1913), R. Schevill y A. Bonilla (1928-1941), F. Rodríguez Marín (1947-1949A), Martín de Riquer (1962A) y L. Murillo (1978A).[3] De la misma época Murillo cita once destacadas traducciones francesas y ocho en inglés, en ruso, en alemán y en italiano. Las versiones en inglés más frecuentemente empleadas hoy en día son la del norteamericano Samuel Putnam (1949A), la de J. M. Cohen (Penguin, 1950A) y la de W. Starkie (1964). Debe decirse que dejan mucho que desear en lo que se refiere a exactitud y tono estilístico. En ocasiones los atractivos equívocos lingüísticos han sido incluso «corregidos» por el traductor, que no ha advertido el sentido o el chiste; ninguno de ellos está libre de culpa a este respecto (véase Allen, 1979D). La nueva versión de Jones y Douglas (1981A) de la traducción de Ormsby de 1885 ha significado un avance en todos sentidos, al ser más precisa que la de Cohen y más legible que la de Putnam.

Las primeras reacciones «públicas» hacia la Primera parte del *Quijote* aparecen incluidas en la propia novela (II, 2-4). Por supuesto, es imposible juzgar hasta qué punto reflejaban realmente la opinión de la gente, aunque suenan bastante verosímiles. De todas formas, vale la pena reconocer que Cervantes anticipa aquí muchas de las reacciones hacia su héroe que, con el debido permiso del que las expone y del contexto, son notables por su variedad de respuestas: «En lo que toca —prosiguió Sancho— a la valentía, cortesía, hazañas y asumpto de vuestra merced, hay diferentes opiniones: unos dicen: "Loco, pero gracioso"; otros, "Valiente, pero desgraciado"; otros, "Cortés, pero impertinente"» (II, 2; II, 56). El rasgo más notable del corpus de crítica al *Quijote* es su diversidad.

No parece que los contemporáneos de Cervantes se tomaran la

---

3. Es absolutamente necesaria una edición uniforme, rigurosa y moderna de las *Obras completas*. Hubo un intento encaminado a este fin en el Congreso Internacional sobre Cervantes, celebrado en Madrid en 1978, pero el proyecto no resultó. Desde entonces ha habido algún debate inconcluyente en América sobre normas editoriales para el *Quijote* (véase *Cervantes*, vol. 2, 1982B, pp. 69 ss., 181 ss.; vol. 3, 1983B, pp. 3 ss.).

novela muy en serio. Las relativamente pocas observaciones críticas recogidas sugieren que fue considerada fundamentalmente como el azote cómico a los libros de caballerías que su autor decía que era, y nada más. La crítica de Charles Sorel (1633) es bastante excepcional. Al tratar principalmente supuestos problemas de verosimilitud, sugiere un acercamiento más serio a la obra, pese a que procediera de alguien que, por ser un imitador, no era parte desinteresada (Morón Arroyo, 1976D, pp. 316-319).

En la primera mitad del siglo XVIII el *Quijote* pasa a ser admirado especialmente por su ironía y su sátira. Se situó a Cervantes junto a Luciano y Rabelais, y se consideró peculiarmente efectivo el «aire grave y serio» de su ironía. El libro se entendía como una épica burlesca en prosa, y como una parodia donde el Caballero era una caricatura del héroe. Las palabras «quijotada» y «quijotesco» entraron en uso con un significado despectivo.

El padre Rapin dio lugar a una leyenda perdurable cuando en 1675 dijo que el libro de Cervantes era «una muy fina sátira de su nación, pues toda la nobleza de España, a la que ridiculiza por ese medio, estaba obsesionada por la caballería» (1970E, p. 126). Fuera de España persistió —a través de Walpole, Byron y Barbey d'Aurevilly— la idea de que Cervantes había matado la caballería en su país, al ridiculizarla, como si su práctica no hubiera muerto de hecho ya hacía mucho tiempo. La afirmación de Rapin de que Cervantes estaba atacando en secreto al duque de Lerma y a su corte es quizá también el principio de la larga tradición de interpretaciones esotéricas de un *Quijote* que oculta algún significado recóndito, normalmente críptico. José Cadalso, en una de sus *Cartas marruecas* (1789), estaba convencido de que contenía un gran misterio: «el sentido literal es uno y el verdadero otro muy diferente».[4] Estas lecturas florecieron en el pasado siglo XIX, y desde entonces han ido apareciendo de vez en cuando. En 1966 salió a la luz un *Don Quichotte, prophète d'Israel*. Los críticos que perciben en Cervantes sentimientos ideológicamente radicales «contra lo establecido» tienden a verse empujados en esa dirección.

---

4. Citado en Montesinos (1953D), p. 508 n. Véase también Close (1978[2]D), pp. 98 ss. Por una especie de magnetismo solidario, la crítica al *Quijote* parece haber atraído un número poco común de elementos fanáticos, gente que intenta probar que el libro fue escrito en realidad por El Greco, o cosas por el estilo.

Aunque hasta el siglo XVIII el *Quijote* fue considerado predominantemente como una obra paródica y satírica, su supuesto objetivo empezó a desplazarse del *romance* caballeresco a las áreas más difusas del entusiasmo y la sensibilidad. Una visión prerromántica parece asomar en la observación de Johnson de que «muy pocos lectores pueden negar que, entre sus alegrías y sus penas, hayan aceptado visiones de ese tipo», aunque no basta el extremo de Don Quijote y Sancho (1750, en Close, 1978[2]D, p. 12). Con la adquisición de nueva información sobre la propia carrera heroica de Cervantes, el *Quijote* empieza a apreciarse como una defensa de la caballería en boca del galante y sufrido autor, y al Caballero como al idealista incomprendido y maltratado por el mundo vulgar y cotidiano (véase Burton, 1968D).[5] Aquí parece iniciarse la tendencia a identificar al héroe con su creador, que sigue estando presente en las adaptaciones dramáticas populares y favorece especialmente al sentimentalismo que se adhiere a tales tratamientos.

La revolución empezó con el Romanticismo alemán. Don Quijote pasó pronto a ser el héroe trágico de la más triste de las novelas donde antes había sido el personaje más ridículo de la más cómica. Para los Schlegel, Schelling, Tieck y Richter, Cervantes se convirtió en el filósofo poeta. Hegel y Schopenhauer, entre otros, vieron los eternos dilemas de la metafísica en las personas de Don Quijote y Sancho. Y Cervantes era el gran ironizador romántico.

Cómo llega a conformar y dominar el punto de vista romántico la crítica moderna del *Quijote* es el tema del estudio de A. J. Close (1978[2]D), que, aunque declaradamente partidista, es con mucho la mejor compilación de la historia crítica de la obra. Quienquiera que pretenda desenmarañar las confusas tramas de la crítica del siglo XIX debe remitirse a él. La personalísima aproximación de Unamuno a la novela representa en ciertos aspectos un punto de vista extremadamente romántico.

La crítica a Cervantes raramente ha sido una actividad predominantemente española, y aunque este internacionalismo es un tributo al mayor prosista de España, existen todavía, en cierta medida, restricciones nacional y lingüísticamente definidas.

---

5.   «Fielding fue el primer escritor de Inglaterra en hacer de Don Quijote un símbolo noble, y le costó algún tiempo lograrlo» (Tave, 1960E, p. 155; véanse pp. 151-163 para una exposición corta y clara sobre los distintos modos de ver a Don Quijote en el siglo XVIII inglés).

Su diversidad no aparece menguada en este siglo. Se nos ha presentado un Cervantes *reazionario* y campeón de la ortodoxia de la Contrarreforma, un Cervantes criptojudaizante y un Cervantes *fondateur de la libre pensée*, un Cervantes izquierdista y otro, estudiante radical de los años setenta. Ha sido presentado como polígrafo y como ignorante (*ingenio lego*). Hemos tenido a Don Quijote por un ascético, un caballero cristiano, un santo (según W. H. Auden) y un loco soberbio. Por supuesto, estos ejemplos son extremos, pero explican y hasta cierto punto justifican los intentos de clasificar las críticas cervantistas en escuelas o movimientos. De aquí la distinción de Mandel (1957-1958D) entre críticos «duros» y «blandos»: los que ven a Don Quijote como blanco de las sátiras de Cervantes, esencialmente como un loco, y los que lo encuentran digno de simpatía, un héroe en esencia o, en caso extremo, una imitación de Cristo. De aquí también los grupos simbolistas, perspectivistas y existencialistas identificados por Close. Pero tales términos empañan las diferencias entre las distintas aproximaciones críticas individuales, que pueden ser tan importantes como lo que mantienen en común; además, tienden a conllevar una carga emocional. En esto se apartan mucho de las descripciones genéricas correspondientes a las obras creativas, y se asemejan demasiado a los membretes políticos referidos a las personas («blancos» y «rojos», «palomas» y «halcones»). Incluso «perspectivista» corre el peligro de ser considerado término insultante. Por tanto, no haré más que identificar lo más brevemente posible algunos de los escritos modernos en general aceptados como estudios importantes para la comprensión del *Quijote*, con alguna referencia ocasional a las obras complementarias.

Las *Meditaciones del Quijote* de Ortega y Gasset ([1914]1957D), imbuidas de sus propias ideas filosóficas, son quizá la obra más seminal del siglo, llena de intuiciones más tarde desarrolladas por otros. Tuvo influencia en la, por su parte, tan prestigiosa e influyente obra de Américo Castro *El pensamiento de Cervantes* ([1925] 1972D). Esta obra identifica ideas clave de Cervantes sistematizándolas y situándolas en la tradición del pensamiento renacentista. Mientras la última obra de Castro sobre Cervantes lo conduce a la polémica zona de su teoría de la historia de España, Bataillon ([1937]1950D) destaca su relación erasmista. Forcione ha vuelto a abrir recientemente esta línea (1982D, 1984D). El estudio estilístico de Hatzfeld ([1927]1966D) se basa en ideas de estética estilística tomadas de la historia del arte, al igual que el fino análisis del tema y la estructura de Casalduero (1949D), relacionado con el New Criticism. El estudio «psicológico» de Madariaga ([1926]1947D) no corresponde a esa calificación, pero, como dice Close, se encuadra en la tradición de Unamuno y permanece como una obra influyente más seguida que reconocida.

Una rama de la obra de Leo Spitzer, perspectivista por definición, abrió camino a las investigaciones contemporáneas sobre la autorreflexión y aspectos afines en el *Quijote*, como las de Gerhardt (1955D), Levin ([1957]1969D), Haley (1965D), y otros, sobre áreas donde las técnicas de ficción posrealista parecen tener antecedentes quijotescos. Los italianos Toffanin (1920D) y De Lollis (1924D) prepararon el terreno para los estudios de la estética literaria de Cervantes en el contexto del Siglo de Oro realizados por Castro y, posteriormente, Riley (1962D) y Forcione (1970D). La obra de Riquer sobre los *romances* de caballerías españoles dio lugar a nuevas definiciones de su relación con lo caballeresco, que han culminado (hasta la fecha) en la síntesis de Williamson con la historia novelística (1948D). Márquez Villanueva (1973D) ha arrojado una nueva y valiosa luz sobre los antecedentes protonovelísticos del *Quijote*.

Russell (1969D) y Close (1978[2]D), reaccionando contra los excesos de solemnidad, sentimentalismo y anacronismo de gran parte de la crítica moderna, han supuesto, por lo general, un influjo saludable en los críticos angloamericanos, aunque no sin que algunos hayan adoptado posturas difíciles. Maravall (1976D) ha proporcionado el armazón de la historia y la ideología contemporáneas. Los estudiantes franceses seguidores de Bakhtin, en especial Redondo (1978D) y Joly (1982E), han renovado el estudio de los elementos y filiaciones del folklore tradicional. La reconstrucción de Stagg del proceso de composición de la Primera parte ha resultado definitivo; las investigaciones textuales de Flores (1975D) son indispensables; y el estudio lingüístico de Rosenblat (1971D) es, hasta ahora, definitivo. Levin (1963E, [1970]1973D) y Girard (1966E) han realizado los estudios más originales sobre las relaciones del *Quijote* con las novelas clásicas del realismo moderno. Las voces de Trilling, Frye y Booth, Lukács, Foucault y Bajtin, procedentes de fuera del mundo hispanista, se oyen claramente. El estructuralismo ha dado su fruto en unos cuantos ensayos, como el de Segre (1974D).

El puesto clave del *Quijote* en la historia del género hace que el alcance de su influencia, directa o indirecta, en la prosa de ficción posterior sea incalculable. De todos modos, parece haber sido de poca importancia antes de finales del siglo XVII, aunque obvia en el *Caballero puntual* (1614) de Salas Barbadillo y perceptible en el *Berger extravagant* de Sorel (1627), no obstante las declaraciones del autor. No ocurre nada, sin embargo, comparable a la reacción ante el *Guzmán de Alfarache*. Las adaptaciones y reminiscencias fueron, al principio, más abundantes en el teatro, tanto español como inglés.

En el siglo XVIII la influencia de Cervantes en la novela tuvo al principio un mayor efecto en Inglaterra, pese a la gran difusión del *Quijote* en Francia. Desde principios del siglo XIX en adelante la influencia se dejó sentir en todas las literaturas europeas importantes en las que la novela prosperó. Muy pocos deben ser los prosistas significativos a los que no se haya podido señalar alguna conexión con Cervantes: Defoe, Lesage, Fielding, Smollett, Sterne, Breckenridge, Goethe, Scott, Stendhal, Balzac, Dickens, Flaubert, Galdós, Dostoyevski, Turgenev, Melville, Twain, Manzoni, Carroll, Clarín, Daudet, Unamuno, incluso Proust, y otros que debo haberme dejado. Harry Levin ha trazado con brillante precisión algunos de los principales aspectos por los que están en deuda. Y están los testimonios registrados: sir Walter Scott declarando que Cervantes era el cuentista que lo había incitado a convertirse en escritor, y Lockhart leyéndole las últimas palabras de Cervantes cuando yacía en su lecho de muerte. Flaubert, encontrando de nuevo sus «orígenes» en el libro que afirmaba (perdonémosle la hipérbole) conocer de memoria en su niñez. Faulkner, asegurando que leía el *Quijote* cada año, como algunos hacen con la *Biblia*.

Algunas obras (no todas ellas novelas, naturalmente) anuncian en sus títulos la relación con su inspirador: *Don Quixote Redivivus*, *The Female Quixote*, *Don Quixote the Second*, el *Philosophical Quixote*, el *Political Quixote*, el *Spiritual Quixote*, y otros más, hasta el último de ellos, *Monsignor Quixote*, de Graham Greene (1982). Existe un *Don Quixote in England*, un *Don Quichotte français*, un *Deutscher Don Quijote*, y un *Don Quixote USA*, y obras tales como el *Joseph Andrews* de Fielding, «escrito a la manera de Cervantes».

Luego están las obras de categoría más difusa, incluyendo algunas de las grandes novelas modernas, cuyos héroes y heroínas románticos, idealistas, cruzados o inadaptados autoengañados, desde el príncipe Mishkin de Dostoyevski, pasando por el Julien Sorel de Stendhal, hasta la Emma Bovary de Flaubert y la Isidora Rufete de Galdós, se encuentran a sí mismos en conflicto con el mundo. Es evidente que hay muchísimas variaciones posibles sobre el tema. Es muy difícil imaginar la novela realista clásica sin este tema: la diferencia entre lo que uno es o aparenta ser y lo que uno cree que es o le gustaría ser. Esto no presupone en todos los casos una deuda directa con Cervantes, pero supone un antecedente (véase Girard, 1966E, y Welsh, 1981E).

Muchos novelistas han utilizado lo que Harry Levin llama el «principio quijotesco». Levin afirma que Cervantes descubrió cómo, «atacando las ilusiones literarias, podía capturar la ilusión de la realidad. Podía lograr realismo desafiando las convenciones que daban a la literatura su habitual aire de irrealidad» (1963E, p. 47). El género de ficción que ataca es, por supuesto, el *romance*, o se le parece mucho. La postura crítica que el escritor adopta supone una actitud compartida con el lector. «¿Se da cuenta —insinúa— de cómo es mucho más auténtico el mundo en mi libro que en el de ellos?» Cervantes no inventó exactamente esta técnica; en Chaucer se encuentra algo similar, pero nadie la había explotado tan a fondo. Entre los que siguen este modelo se hallan Scarron, Fielding, Jane Austen, Galdós y Flaubert.

Todo el aparato de documentos pretendidamente encontrados, materiales provenientes de traducciones, autores sustituidos, y todo lo que sea, tampoco fue, desde luego, invención de Cervantes; sin embargo, su uso en la ficción moderna, desde Cervantes hasta Cela y Nabokov, tiene mucho que agradecerle.

Por último —por no seguir más pistas en el vasto y vagamente definido terreno de la influencia cervantina—, están las reminiscencias fugaces que encontramos o creemos encontrar. Cuando Huckleberry Finn esconde la mantequilla en su gorra y ésta empieza a fundirse, y la tía Sally, pálida como la muerte, grita: «¡Ha cogido la fiebre de los sesos ... y le están rezumando!» (cap. 40), ¿cómo puede uno dejar de recordar a Don Quijote con el casco lleno de requesones, creyendo que tiene un derrame cerebral? (II, 17).

A primera vista, sorprende que el *Quijote* haya demostrado ser relevante no sólo para las grandes novelas realistas del siglo pasado, sino también para muchas obras modernas y posmodernas de nuestros días. Para Kafka, Nabokov y Borges, para escritores de *nouveaux romans* y para los creadores de literatura fantástica de Latinoamérica. Una razón fundamental de ello es la preponderancia que da Cervantes a la idea de su novela como artefacto literario, el modo en que muestra que la cuidadosa composición del efecto de historicidad es pura ficción y que un acontecimiento es una selección de palabras. Las existencias autónomas de Don Quijote y Sancho resultan ser una ilusión. El libro no es más que un libro.

La preocupación por la ficcionalidad de la ficción es, por supuesto, muy propia del siglo xx. Es también un paso corto el que conduce desde el conocimiento de la ilusión artística a la conclusión de que la existencia humana, tan cargada de dudas, engaños y confusiones, es en sí ilusoria. Detenga la acción en el castillo ducal, póngase en el punto de vista de Don Quijote, y se encontrará virtualmente en el ambiente de muchas de las obras de ficción contemporáneas: en el castillo de Kafka; como un ente dudoso de una *nivola* de Unamuno; perdido en el laberinto de la existencia de Borges; atrapado en medio de los reflejos de espejo de las muecas burlonas de los locos en una novela de Nabokov; detenido en algún lugar entre la vida y la literatura, con Butor; como una identidad sumergida en un centro de conciencia casi anónimo, alrededor del cual otras gentes aparecen como meras ilusiones, modalidades o dependencias del ser, como propone Nathalie Sarraute.

Sin embargo, para llegar aquí, para dar el paso desde el pensamiento del siglo xvii, de «la vida es sueño», hasta la visión del siglo xx de la vida como pesadilla, habría que desechar las creencias espirituales y las convicciones morales que sustentaba la gran mayoría de escritores de la época y, desde luego, Cervantes. Habría que desechar también su sentido del humor. Es un anacronismo vano pretender que el *Quijote* abre la puerta a un vacío existencialista de dudas y absurdos. Pero si sentimos su presencia detrás de la puerta es porque el *Quijote* «contiene toda la potencialidad del género».

BIBLIOGRAFÍA

(A) Textos del «Quijote» y de otras obras de Cervantes

Don Quijote

Edición facsímil de *El ingenioso hidalgo Don Quijote de la Mancha* (Juan de la Cuesta, Madrid, 1605) y de la *Segunda Parte* (Juan de la Cuesta, Madrid, 1615), Hispanic Society of America, 2 vols., Nueva York, 1905.
El ingenioso hidalgo Don Quijote de la Mancha ..., comentado por Diego Clemencín, 6 vols., E. Aguado, Madrid, 1833-1839.
El ingenioso hidalgo Don Quijote de la Mancha, nueva edición crítica ... por Francisco Rodríguez Marín, 10 vols., Ediciones Atlas, Madrid, 1947-1949.
Don Quijote de la Mancha, seguido del «Quijote» de Avellaneda, Martí de Riquer, ed., Planeta, Barcelona, 1962.
El ingenioso hidalgo Don Quijote de la Mancha, Luis A. Murillo, ed., 3 vols., Castalia, Madrid, 1978.

Otras obras

Comedias y entremeses, R. Schevill y A. Bonilla, eds., 6 vols., B. Rodríguez/Gráficas Reunidas, Madrid, 1915-1922.
La Galatea, J. B. Avalle-Arce, ed., 2 vols., Clásicos Castellanos, Espasa-Calpe, Madrid, 1961.
Los trabajos de Persiles y Segismunda, J. B. Avalle-Arce, ed., Castalia, Madrid, 1969.
Novelas ejemplares, H. Sieber, ed., 2 vols., Cátedra, Madrid, 1980².
Obras completas, R. Schevill y A. Bonilla, eds., 18 vols., B. Rodríguez/Gráficas Reunidas, Madrid, 1914-1941.
Obras completas, A. Valbuena Prat, ed., Aguilar, Madrid, 1942.
Viaje del Parnaso, Vicente Gaos, ed., Castalia, Madrid, 1973.
Viaje del Parnaso, F. Rodríguez Marín, ed., Bermejo, Madrid, 1935.

(B) Bibliografías, biografías, referencias

Rius, Leopoldo, *Bibliografía de las obras de Miguel de Cervantes Saavedra*, 3 vols., Madrid, 1895-1904; edición facsímil, 3 vols., Burt Franklin, Nueva York, 1970.

Simón Díaz, José, *Bibliografía de la literatura hispánica*, vol. 8: *Siglos XVI-XVII, Cervantes-Coquela*, Consejo Superior de Investigaciones Científicas, Madrid, 1970.

Drake, Dana B., *Don Quixote (1894-1970): A Selective, Annotated Bibliography*, vol. 1, University of North Carolina Press, Chapel Hill, N. C., 1974; vol. 2, Universal, Miami, Fla., 1978; vol. 3, Garland, Nueva York, 1980.

Murillo, Luis A., *Don Quijote de la Mancha: Bibliografía fundamental*, vol. 3 de su edición de la novela, 1978 (véase *supra* sección A).

Cannavaggio, Jean, *Cervantès*, Éditions Mazarine, París, 1986.

Astrana Marín, Luis, *Vida ejemplar y heroica de Miguel de Cervantes Saavedra*, 7 vols., Reus, Madrid, 1948-1958.

Cabezas, Juan Antonio, *Cervantes: del mito al hombre*, Biblioteca Nueva, Madrid, 1967.

Byron, William, *Cervantes: A Biography*, Cassell, Londres, 1979.

McKendrick, Melveena, *Cervantes*, Little, Brown, Boston, Mass., 1980.

Anales cervantinos (1951-), Consejo Superior de Investigaciones Científicas, Instituto Miguel de Cervantes. De publicación anual.

Cervantes (1981-), Bulletin of the Cervantes Society of America. De publicación semestral.

Fernández Gómez, Carlos, *Vocabulario de Cervantes*, Real Academia Española, Madrid, 1962.

Ruiz-Fornells, E., *Las concordancias de «El ingenioso hidalgo Don Quijote de la Mancha»*, vols. 1-2 (A-C), Cultura Hispánica, Madrid, 1976-1980; en curso de publicación.

(C) Obras contemporáneas y anteriores a Cervantes

Alemán, Mateo, *Guzmán de Alfarache*, en F. Rico, ed., *La novela picaresca española*, Planeta, Barcelona, 1967, pp. 83-914.

Ariosto, L., *Orlando furioso*, L. Caretti, ed., R. Ricciardi, Milán, 1963. (Hay trad. cast.: *Orlando furioso*, Editora Nacional, Madrid, 1984.)

Aristóteles, *On the Art of Poetry*, trad. ing. de Ingram Bywater, Clarendon Press, Oxford, 1945. (Hay trad. cast.: *El arte poética*, Espasa-Calpe, Madrid, 1984[7].)

Avellaneda, Alonso Fernández de, *El ingenioso hidalgo Don Quijote de la Mancha*, Martí de Riquer, ed., 3 vols., Espasa-Calpe, Madrid, 1972.

Covarrubias, Sebastián de, *Tesoro de la lengua castellana o española*, Martí de Riquer, ed., S. A. Horta, Barcelona, 1943.

Death of King Arthur, The, Penguin, Harmondsworth, 1978. (Hay trad. cast.: *La muerte del rey Arturo*, Alianza, Madrid, 1982.)

Entremés de los romances, atribuido a Cervantes, en Adolfo de Castro, ed., *Varias obras inéditas de Cervantes*, A. de Carlos, Madrid, 1874, pp. 129-174.

Erasmo, D., *The Praise of Folly*, en *The Essential Erasmus*, trad. ing. de J. P. Dolan, Mentor-Omega Books, Nueva York, 1964, pp. 94-173. (Hay trad. cast.: *Elogio de la locura*, Erasmo textos bilingües, Bosch, Barcelona, 1976.)

Fernández, Jerónimo, *El libro primero del valeroso e invencible príncipe don Belianís de Grecia*, partes I y II, Martín Muñoz, Burgos, 1547; partes III-IV, Pedro de Santillana, Burgos, 1579.

Gil Polo, Gaspar, primera parte de la *Diana enamorada*, R. Ferreres, ed., Espasa-Calpe, Madrid, 1953.

González, Gregorio, *El guitón Honofre*, Hazel Généreux Carrasco, ed., University of North Carolina Press, Chapel Hill, N. C., 1973.

Heliodoro, *Historia etiópica de los amores de Teágenes y Cariclea*, trad. cast. de F. de Mena, F. López Estrada, ed., Aldus, Artes Gráficas, Madrid, 1954.

Historia del caballero de Dios que auia por nombre Cifar, en F. Buendía, ed., *Libros de caballerías españoles*, Aguilar, Madrid, 1954, pp. 43-294.

Lazarillo de Tormes, en F. Rico, ed., *La novela picaresca española*, Planeta, Barcelona, 1967, pp. 3-80.

López de Úbeda, F., *La pícara Justina*, A. Rey Hazas, ed., 2 vols., Editora Nacional, Madrid, 1977.

López Pinciano, A., («El Pinciano»), *Philosophia antigua poetica*, A. Carballo Picazo, ed., Consejo Superior de Investigaciones Científicas, Madrid, 1953.

Lucas Hidalgo, Gaspar, *Diálogos de apacible entretenimiento*, Biblioteca de Autores Españoles XXXVI, Atlas, Madrid, 1950.

Martí, Juan (pseud. «Mateo Luján de Sayavedra»), *Segunda parte de la vida del pícaro Guzmán de Alfarache*, en A. Valbuena Prat, ed., *La novela picaresca española*, Aguilar, Madrid, 1946, pp. 579-702.

Martorell, Joanot, *Tirant lo Blanc*, Martí de Riquer, ed., Clàssics Catalans Ariel, Barcelona, 1979. (Hay trad. cast.: *Tirant lo Blanc*, 2 vols., Alianza, Madrid, 1984.)

Mercader, Gaspar, *El Prado de Valencia*, H. Mérimée, ed., 1971 (Toulouse, 1907; reimpresión, Johnson, Nueva York/Londres).

Montemayor, Jorge de, *Los siete libros de la Diana*, F. López Estrada, ed., Espasa-Calpe, Madrid, 1946.

Núñez de Reinoso, A., *Historia de los amores de Clareo y Florisea*, Biblioteca de Autores Españoles III, Rivadeneyra, Madrid, 1846.

Ortúñez de Calahorra, Diego, *Espejo de príncipes y caballeros*, D. Eisenberg, ed., 6 vols., Espasa-Calpe, Madrid, 1975.

Pérez de Herrera, Cristóbal, *Discursos del amparo de los legítimos pobres*, M. Cavillac, ed., Espasa-Calpe, Madrid, 1975.

Quest of the Holy Grail, The, trad. ing. de P. M. Matarasso, Penguin, Harmondsworth, 1977. (Hay trad. cast.: *La búsqueda del santo Grial*, Alianza, Madrid, 1986.)

Quevedo, F. de, *La vida del buscón llamado don Pablos*, F. Lázaro Carreter, ed., Acta Salmanticensia, Salamanca, 1965.

Ripa, Cesare, *Nova Iconologia*, Padua, 1618.

Rodríguez de Montalvo, Garci, *Amadís de Gaula*, E. B. Place, ed., 4 vols., Consejo Superior de Investigaciones Científicas, Madrid, 1959-1969.

Rojas, Agustín de, *El viaje entretenido*, J. P. Ressot, ed., Castalia, Madrid, 1972.

Rojas, Fernando de, *La Celestina*, D. S. Severin, ed., Alianza, Madrid, 1969.

Sánchez, Francisco, *Que nada se sabe* [*Quod nihil scitur*, 1581], Nova, Buenos Aires, 1944.

Sidney, sir Philip, *An Apologie for poetry*, en G. G. Smith, ed., *Elizabethan Critical Essays*, 2 vols., Clarendon Press, Oxford, 1904, vol. 1, pp. 148-207.

Silva, Juan de, *Historia famosa del príncipe don Policisne de Boecia*, J. Íñiguez de Lequerica, herederos, Valladolid, 1602.

Torquemada, Antonio de, *Jardín de flores curiosas*, A. González de Amezúa, ed., Sociedad de Bibliófilos Españoles, Madrid, 1943.

Vega, Lope de, *El peregrino en su patria*, J. B. Avalle-Arce, ed., Castalia, Madrid, 1973.

—, *Arcadia*, E. S. Morby, ed., Castalia, Madrid, 1975.

Vives, Juan Luis, «Del socorro de los pobres», en *Obra completas*, trad. cast. de L. Riber, 2 vols., Aguilar, Madrid, 1947-1948, vol. 2, pp. 1.355-1.411.

(D) Estudios sobre el «Quijote» y Cervantes

Alfaro, G., «Cervantes y la novela picaresca», *Anales cervantinos*, vol. 10 (1971), pp. 23-31.

Allen, J. J., *Don Quixote: Hero or Fool?*, University of Florida Press, Gainesville, Fla., 1969.

—, *Don Quixote: Hero or Fool?*, parte 2, University of Florida Press, Gainesville, Fla., 1979[1].

—, «Traduttori traditori: *Don Quixote* in English», en *Crítica Hispánica*, vol. 1 (1979[2]), pp. 1-13.

Alonso, Amado, «Las prevaricaciones idiomáticas de Sancho», en *Nueva Revista de Filología Hispánica*, vol. 2 (1948), pp. 1-20.

Alonso, Dámaso, «Sancho-Quijote, Sancho-Sancho», en *Del Siglo de Oro a este siglo de siglas*, Gredos, Madrid, 1962, pp. 9-19.

Andrist, D. D., «Male versus female friendship in *Don Quijote*», en *Cervantes*, vol. 3 (1983), pp. 149-159.

Atlee, A. F. M., «Concepto y ser metafórico de Dulcinea», en *Anales cervantinos*, vol. 15 (1976), pp. 223-236.

—, «En torno a una frase del Quijote: *el Caballero de la Triste Figura*», en *Anales cervantinos*, vol. 20 (1982), pp. 49-57.

Auerbach, Erich, «The enchanted Dulcinea», en Lowry Nelson, Jr., ed., *Cervantes: A Collection of Critical Essays*, Prentice-Hall, Englewood Cliffs, N. J., 1969, pp. 98-122.

Avalle-Arce, J. B., *Nuevos deslindes cervantinos*, Ariel, Barcelona, 1975.

—, *Don Quijote como forma de vida*, Castalia, Madrid, 1976.

— y E. C. Riley, eds., *Suma cervantina*, Támesis, Londres, 1973.

Aylward, E. T., *Cervantes: Pioneer and Plagiarist*, Támesis, Londres, 1982.

«Azorín» (J. Martínez Ruiz), *La ruta de Don Quijote*, Losada, Buenos Aires, 1964.

Bandera, C., *Mimesis conflictiva: Ficción literaria y violencia en Cervantes y Calderón*, Gredos, Madrid, 1975.

Barrick, Mac E., «The form and function of folktales in *Don Quijote*», en *Journal of Medieval and Renaissance Studies*, vol. 6 (1976), pp. 101-138.

Barto, P. S., «Cervantes' subterranean Grail Paradise», en *PMLA*, vol. 38 (1923), pp. 401-411.

Bataillon, Marcel, «El erasmismo de Cervantes», en *Erasmo y España*, trad. cast. de A. Alatorre, 2 vols., Fondo de Cultura Económica, México, 1950, vol. 2, pp. 400-427.

—, «Relaciones literarias», en J. B. Avalle-Arce y E. C. Riley, eds., *Suma cervantina*, Támesis, Londres, 1973, pp. 215-232.

Bell, Michael, «The structure of *Don Quixote*», en *Essays in Criticism*, vol. 18 (1968), pp. 241-257.

—, «Sancho's governorship and the "vanitas" theme in *Don Quixote*, Part II», en *Modern Language Review*, vol. 77 (1982), pp. 325-338.

Blanco Aguinaga, C., «Cervantes y la picaresca: notas sobre dos tipos de realismo», en *Nueva Revista de Filología Hispánica*, vol. 11 (1957), pp. 313-342.

Bonilla, Adolfo, *Don Quijote y el pensamiento español*, Bernardo Rodríguez, Madrid, 1905.

Brenan, Gerald, «Cervantes», en Lowry Nelson, Jr., ed., *Cervantes: A Collection of Critical Essays*, Prentice-Hall, Englewood Cliffs, N. J., 1969, pp. 13-33.

Burton, A. P., «Cervantes the man seen through English eyes in the seventeenth and eighteenth centuries», en *Bulletin of Hispanic Studies*, vol. 45 (1968), pp. 1-15.

Canavaggio, Jean, *Cervantès dramaturge*, Presses Universitaires de France, 1977.

—, «La dimensión autobiográfica del *Viaje del Parnaso*», en *Cervantes*, vol. 1 (1981[1]), pp. 29-41.

—, «Le "vrai" visage d'Agi Morato», en *Les Langues néo-latines, Hommage à Luis Urrutia*, n.º 239 (1981[2]), pp. 23-38.

Casalduero, Joaquín, *Sentido y forma de las «Novelas ejemplares»*, Sudamericana, Buenos Aires, 1943.

—, *Sentido y forma de «Los Trabajos de Persiles y Sigismunda»*, Sudamericana, Buenos Aires, 1947.

—, *Sentido y forma del «Quijote»*, Ínsula, Madrid, 1949.

Castro, Américo, prólogo a la 2.ª ed. de *Don Quijote de la Mancha*, Porrúa, México, 1962.

—, *Cervantes y los casticismos españoles*, Alfaguara, Madrid/Barcelona, 1966.

—, *Hacia Cervantes*, Taurus, Madrid, 3.ª ed. revisada, 1967[1].

—, «Los prólogos al *Quijote*», en *Hacia Cervantes*, Taurus, Madrid, 3.ª ed. revisada, 1967[2], pp. 262-301.

—, «Cómo veo ahora el *Quijote*», introducción a la edición de *Don Quijote*, 2 vols., Novelas y Cuentos, Madrid, 1971, vol. 1, pp. 1-102.

—, *El pensamiento de Cervantes*, Noguer, Barcelona/Madrid, 2.ª ed. ampliada por el autor y J. Rodríguez-Puértolas, 1972.

Cernuda, Luis, «Cervantes poeta», en *Poesía y Literatura*, Seix Barral, Barcelona, 1964, vol. 2, pp. 43-57.

Chevalier, Maxime, «*El cautivo*, entre cuento y novela», ponencia dada en el VIII Congreso de la Asociación Internacional de Hispanistas, Providence, R. I., 1983.

Close, Anthony, «*Don Quixote* and the "intentionalist fallacy"», en *British Journal of Aesthetics*, vol. 12 (1972), pp. 19-39.

—, «Don Quixote's love for Dulcinea: a study of Cervantine irony», en *Bulletin of Hispanic Studies*, vol. 50 (1973[1]), pp. 237-255.

—, «Sancho Panza: wise fool», en *Modern Language Review*, vol. 68 (1973[2]), pp. 344-357.

—, «Don Quixote's sophistry and wisdom», en *Bulletin of Hispanic Studies*, vol. 55 (1978[1]), pp. 103-114.

—, *The Romantic Approach to «Don Quixote»*, Cambridge University Press, Cambridge, 1978[2].

—, «Characterization and dialogue in Cervantes's "comedias en prosa"», en *Modern Language Review*, vol. 76 (1981), pp. 338-356.

De Chasca, Edmund, «Algunos aspectos del ritmo y del movimiento narrativo del *Quijote*», en *Revista de filología española*, vol. 47 (1964), pp. 287-307.

Deutsch, Helene, «Don Quixote and Don Quixotism», en *Neuroses and Character Types: Clinical Psychoanalytical Studies*, International University Presses, Nueva York, 1965, pp. 218-225.

Dudley, Edward, «Don Quijote as magus: the rhetoric of interpolation», en *Bulletin of Hispanic Studies*, vol. 49 (1972), pp. 355-368.

Dunn, Peter N., «Two classical myths in *Don Quijote*», en *Renaissance and Reformation*, vol. 9 (1972), pp. 2-10.

—, «La cueva de Montesinos por fuera y por dentro: estructura épica, fisonomía», en *Modern Language Notes*, vol. 88 (1973), pp. 190-202.

—, «Cervantes de/reconstructs the picaresque», en *Cervantes*, vol. 2 (1982), pp. 109-131.

Durán, Manuel, *La ambigüedad en el «Quijote»*, Universidad Veracruzana, Xalapa, 1960.

—, «*El Quijote* de Avellaneda», en J. B. Avalle-Arce y E. C. Riley, eds., *Suma cervantina*, Támesis, Londres, 1973, pp. 357-376.

Eisenberg, D., «*Don Quijote* and the romances of chivalry: the need for a re-examination», en *Hispanic Review*, vol. 41 (1973), pp. 511-523.

El Saffar, Ruth, «The function of the fictional narrator in *Don Quijote*», en *Modern Language Notes*, vol. 83 (1968), pp. 164-177.

—, *Novel to Romance*, Johns Hopkins University Press, Baltimore, Md., 1974.

—, *Distance and Control in «Don Quixote»: A Study in Narrative Technique*, University of North Carolina Press, Chapel Hill, N. C., 1975.

Entwistle, W. J., *Cervantes*, Clarendon Press, Oxford, 1940.

Ferreras, J. I., *La estructura paródica del «Quijote»*, Taurus, Madrid, 1982.

Flores, A., y J. Bernadete, *Cervantes across the Centuries*, Gordian Press, Nueva York, 1969.

Flores, Robert, *The Compositors of the First and Second Madrid Editions of «Don Quixote» Part I*, Modern Humanities Research Association, Londres, 1975.

—, «El caso del epígrafe desaparecido: capítulo 43 de la edición príncipe de la Primera Parte del *Quijote*», en *Nueva Revista de Filología Hispánica*, vol. 28 (1980[1]), pp. 352-360.

—, «The loss and recovery of Don Quixote's ass in *Don Quixote*, Part I», en *Modern Language Review*, vol. 75 (1980[2]), pp. 301-310.

—, «The compositors of the first edition of *Don Quixote*, Part II», en *Journal of Hispanic Philology*, vol. 6 (1981), pp. 3-44.

—, «The role of Cide Hamete in *Don Quixote*», en *Bulletin of Hispanic Studies*, vol. 59 (1982[1]), pp. 3-14.

—, *Sancho Panza through Three Hundred Seventy-Five Years of Continuations, Imitations and Criticism, 1605-1980*, Juan de la Cuesta, Newark, Del., 1982[2].

Forcione, Alban K., *Cervantes, Aristotle and the «Persiles»*, Princeton University Press, Princeton, N. J., 1970.

—, *Cervantes' Christian Romance: A Study of «Persiles y Sigismunda»*, Princeton University Press, Princeton, N. J., 1972.

—, *Cervantes and the Humanist Vision: A Study of Four «Exemplary Novels»*, Princeton University Press, Princeton, N. J., 1982.

—, *Cervantes and the Mystery of Lawlessness*, Princeton University Press, Princeton, N. J., 1984.

Gaos, Vicente, «El *Quijote*: aproximaciones», en *Temas y problemas de la literatura española*, Guadarrama, Madrid, 1959, pp. 95-118.

García Chichester, Ana, «Don Quijote y Sancho en el Toboso: superstición y simbolismo», en *Cervantes*, vol. 3 (1983), pp. 121-133.

Garrote Pérez, F., «Algunas cuestiones cervantinas: una vía clarificadora de su pensamiento», en *Anales cervantinos*, vol. 20 (1982), pp. 59-92.

Gerhardt, Mia, «*Don Quijote*: la vie et les livres», Noord-Hollandsche Uitgevers Maatchappij, Amsterdam, 1955.

Gerli, E. M., «Estilo, perspectiva y realidad: *Don Quijote*, I, 8-9», en *Thesaurus, Boletín del Instituto Caro y Cuervo*, vol. 37 (1982), pp. 1-8.

Gilman, Stephen, *Cervantes y Avellaneda: Estudio de una imitación*, trad. cast. de M. Frenk Alatorre, Colegio de México, México, 1951.

González de Amezúa, A., *Cervantes creador de la novela corta*, 2 vols., Consejo Superior de Investigaciones Científicas, Madrid, 1956.

Green, Otis H., «El Ingenioso Hidalgo», en *The Literary Mind of Medieval and Renaissance Spain*, University Press of Kentucky, Lexington, Ky., 1970, pp. 171-184.

Guilbeau, J. J., «Some folk-motifs in *Don Quixote*», en *Studies in Comparative Literature*, Lousiana State University Press, Baton Rouge, La., 1962. pp. 69-83, 287-291.

Haley, George, «The narrator in *Don Quijote*: Maese Pedro's puppet show», en *Modern Language Notes*, vol. 80 (1965), pp. 145-165.

—, ed., *El «Quijote» de Cervantes. Antología crítica*, Taurus, Madrid, 1984.

Halka, Chester S., «*Don Quijote* in the light of Huarte's *Examen de ingenios*: a re-examination», en *Anales cervantinos*, vol. 19 (1981), pp. 3-13.

Hart, T., y S. Rendall, «Rhetoric and persuasion in Marcela's address to the shepherds», en *Hispanic Review*, vol. 46 (1978), pp. 287-298.

Hatzfeld, Helmut, *El «Quijote» como obra de arte del lenguaje*, Consejo Superior de Investigaciones Científicas, Madrid, 1966.

Hazard, Paul, *Don Quichotte de Cervantès*, Melotée, París, 1931.

Herrero, Javier, «The beheading of the giant: an obscene metaphor in *Don Quijote*», en *Revista Hispánica Moderna*, vol. 39 (1976-1977), pp. 141-149.

—, «Dulcinea as goat», ponencia dada en la Association of Hispanists of Great Britain and Ireland, Oxford, 1981[1].

—, «Sierra Morena as labyrinth: from wildness to Christian knighthood», en *Forum for Modern Language Studies*, vol. 17 (1981[2]), pp. 55-67.

Hughes, Gethin, «The Cave of Montesinos: Don Quixote's interpretation and Dulcinea's enchantment», en *Bulletin of Hispanic Studies*, vol. 54 (1977), pp. 106-113.

Ife, B. W., «Cervantes and the credibility crisis in Spanish Golden-Age fiction», en *Renaissance and Modern Studies*, vol. 26 (1982), pp. 52-74.

Ihrie, Maureen, *Skepticism in Cervantes*, Támesis, Londres, 1982.

Immerwahr, Raymond, «Structural symmetry in the episodic narratives of *Don Quijote*, Part One», en *Comparative Literature*, vol. 10 (1958), pp. 121-135.

Iventosch, H., «Cervantes and Courtly Love: the Grisóstomo-Marcela episode of *Don Quixote*», en *PMLA*, vol. 89 (1974), pp. 64-76.

Johnson, Carroll B., «A second look at Dulcinea's ass», en *Hispanic Review*, vol. 43 (1975), pp. 191-198.

—, «Organic unity in unlikely places: *Don Quijote* I, 39-41», en *Cervantes*, vol. 2 (1982), pp. 133-154.

Joly, Monique, «Sémiologie du vêtement et interprétation de texte», en *Revista canadiense de estudios hispánicos*, vol. 2 (1977), pp. 54-64.

—, «Para una reinterpretación de *La ilustre fregona*: ensayo de tipología cervantina», en *Aureum Saeculum Hispanum: Festschrift für Hans Flasche zum 70 Geburtstag*, F. Steiner, Wiesbaden, 1983, pp. 103-116.

—, «Le discours métaparémique dans *Don Quichotte*», en F. Suard y C. Buridant, eds., *Richesse du proverbe*, Université de Lille, Lille, 1984, vol. 2, pp. 245-260.

Kong, Deborah, «Don Quijote, Melancholy Knight», en «A study of the medical theory of the humours and its application to selected Spanish literature of the Golden Age», tesis doctoral no publicada, University of Edinburgh, Edimburgo, 1980.

Lázaro Carreter, F., «La prosa del *Quijote*», en *Lecciones cervantinas*, A. Egido, ed., Caja de Ahorros de Zaragoza, Aragón y Rioja, Zaragoza, 1985.

Levin, Harry, «The example of Cervantes», en Lowry Nelson, Jr., ed., *Cervantes: A Collection of Critical Essays*, Prentice-Hall, Englewood Cliffs, N. J., 1969, pp. 34-48.

—, «The Quixotic principle: Cervantes and other novelists», en M. W. Bloomfield, ed., *The Interpretation of Narrative*, Harvard University Press, Cambridge, Mass., 1970. (Hay trad. cast.: «Cervantes, el quijotismo y la posteridad», en J. B. Avalle-Arce y E. C. Riley, eds., *Suma cervantina*, Támesis, Londres, 1973, pp. 277-296.)

Lollis, C. de, *Cervantes reazionario*, Treves, Roma, 1924.

McGaha, M. D., ed., *Cervantes and the Renaissance*, Juan de la Cuesta, Easton, Pa., 1980.

Madariaga, Salvador de, *Guía del lector del «Quijote»*, Sudamericana, Buenos Aires, 1947.

Mancing, Howard, «Dulcinea's ass: a note on *Don Quixote*, Part II, chapter 10», en *Hispanic Review*, vol. 40 (1972), pp. 73-77.

—, *The Chivalric World of «Don Quixote»: Style, Structure and Narrative Technique*, University of Missouri Press, Columbia, Mo., 1982.

Mandel, Oscar, «The function of the norm in *Don Quixote*», en *Modern Philology*, vol. 55 (1957-1958), pp. 154-163.

Mann, Thomas, «Voyage with Don Quijote», en Lowry Nelson, Jr., ed., *Cervantes: A Collection of Critical Essays*, Prentice-Hall, Englewood Cliffs, N. J., 1969, pp. 49-72.

Maravall, J. A., *Utopía y contrautopía en el «Quijote»*, Pico Sacro, Santiago de Compostela, 1976.

Márquez Villanueva, F., *Fuentes literarias cervantinas*, Gredos, Madrid, 1973.

—, *Personajes y temas del «Quijote»*, Taurus, Madrid, 1975.

—, «La locura emblemática en la segunda parte del *Quijote*», en M. D. McGaha, ed., *Cervantes and the Renaissance*, Juan de la Cuesta, Easton, Pa., 1980, pp. 87-112.

Martínez Bonati, F., «Cervantes y las regiones de la imaginación», en *Dispositio*, vol. 2 (1977), pp. 27-53.

Menéndez Pidal, R., *Cervantes y el ideal caballeresco*, Patronato del IV Centenario del Nacimiento de Cervantes, Madrid, 1948.

—, «Un aspecto en la elaboración del *Quijote*», en *De Cervantes y Lope de Vega*, Espasa-Calpe, Madrid, 1964, pp. 9-60.

Meregalli, F., «Profilo storico della critica cervantina nel settecento», en *Rappresentazione artista e rappresentazione scientifica nel «Secolo dei Lumi»*, Sansoni, Florencia, 1971, pp. 187-210.

Molho, Maurice, *Cervantes: Raíces folklóricas*, Gredos, Madrid, 1976.

Montesinos, J. F., «Cervantes anti-novelista», en *Nueva Revista de Filología Hispánica*, vol. 7 (1953), pp. 449-514.

Morón Arroyo, C., *Nuevas meditaciones del Quijote*, Gredos, Madrid, 1976.

Murillo, Luis, *The Golden Dial: Temporal Configuration in «Don Quijote»*, Dolphin, Oxford, 1975.

—, «Cervantes y el *Entremés de los romances*», *Actas del VIII Congreso de la Asociación Internacional de Hispanistas*, Providence, Rhode Island [1983], Istmo, Madrid, 1986, vol. 2, pp. 353-357.

Navarro González, A., *El Quijote español del siglo XVII*, Rialp, Madrid, 1964.

Nelson, Lowry, Jr., ed., *Cervantes: A Collection of Critical Essays*, Prentice-Hall, Englewood Cliffs, N. J., 1969.

Neuschäfer, Hans-Jörg, *Der Sinn der Parodie im Don Quijote*, C. Winter, Heidelberg, 1963.

Oliver Asín, J., «La hija de Agi Morato en la obra de Cervantes», en *Boletín de la Real Academia Española*, vol. 27 (1947-1948), pp. 245-333.

Ortega y Gasset, José, *Meditaciones del Quijote*, J. Marías, ed., Revista de Occidente, Madrid, 1957.

Osterc, Ludovik, *El pensamiento social y político del «Quijote»*, Andrea, México, 1963.

Parker, A. A., «El concepto de la verdad en el *Quijote*», en *Revista de Filología española*, vol. 32 (1948), pp. 287-305.

—, «Fielding and the structure of *Don Quijote*», en *Bulletin of Hispanic Studies*, vol. 33 (1956), pp. 1-16.

Percas de Ponseti, Helena, *Cervantes y su concepto del arte*, 2 vols., Gredos, Madrid, 1975.

Pope, Randolph D., «El Caballero del Verde Gabán y su encuentro con Don Quijote», en *Hispanic Review*, vol. 47 (1979), pp. 207-218.

—, «Especulaciones sobre el ajedrez, Sansón Carrasco y Don Quijote», en *Anales cervantinos*, vol. 20 (1983), pp. 29-47.

Predmore, Richard L., *The World of Don Quixote*, Harvard University Press, Cambridge, Mass., 1967. (Hay trad. cast.: *El mundo del «Quijote»*, Ínsula, Madrid, 1958.)

Redondo, Agustín, «Tradición carnavalesca y creación literaria del personaje de Sancho Panza al episodio de la ínsula Barataria en el *Quijote*», en *Bulletin hispanique*, vol. 80 (1978), pp. 39-70.

—, «El personaje de don Quijote: tradiciones folklórico-literarias, contexto histórico y elaboración cervantina», en *Nueva Revista de Filología Hispánica*, vol. 29 (1980), pp. 36-59.

—, «El proceso iniciático en el episodio de la cueva de Montesinos del *Quijote*», en *Iberoromania*, vol. 13 (1981), pp. 47-61.

Riley, E. C., *Cervantes's Theory of the Novel*, Clarendon Press, Oxford, 1962. (Hay trad. cast.: *Teoría de la novela en Cervantes*, Taurus, Madrid, 1981[3].)

—, «Three versions of Don Quixote», en *Modern Language Review*, vol. 68 (1973[1]), pp. 807-819.

—, «Teoría literaria», en J. B. Avalle-Arce y E. C. Riley, eds., *Suma cervantina*, Támesis, Londres, 1973[2], pp. 293-322.

—, «Cervantes and the cynics (*El licenciado Vidriera* y *El coloquio de los perros*)», en *Bulletin of Hispanic Studies*, vol. 53 (1976), pp. 189-199.

—, «Symbolism in *Don Quixote*, Part II, chapter 73», en *Journal of Hispanic Philology*, vol. 3 (1979), pp. 161-174.

—, «Cervantes: a question of genre», en *Mediaeval and Renaissance Studies on Spain and Portugal in Honour of P. E. Russell*, Society for the Study of Mediaeval Languages and Literature, Oxford, 1981, pp. 69-85. (Hay trad. cast. en la antología crítica de Haley, 1984D.)

—, «Metamorphosis, myth and dream in the Cave of Montesinos», en *Essays on Narrative Fiction in the Iberian Peninsula in Honour of Frank Pierce*, Dolphin, Oxford, 1982, pp. 105-119.

Riquer, M. de, «La technique parodique du roman médiéval dans le *Quichotte*», Colloque de Strasbourg, 23-25 de abril de 1959, Presses Universitaires de France, París, 1961.

—, *Aproximación al «Quijote»*, Teide, Barcelona, 1967.

—, «Cervantes y la caballeresca», en J. B. Avalle-Arce y E. C. Riley, eds., *Suma cervantina*, Támesis, Londres, 1973, pp. 273-292.

Rivers, E. L., «On the prefatory pages of *Don Quixote*, Part II», en *Modern Language Notes*, vol. 75 (1960), pp. 214-221.

—, «*Viaje del Parnaso* y poesías sueltas», en J. B. Avalle-Arce y E. C. Riley, eds., *Suma cervantina*, Támesis, Londres, 1973, pp. 119-146.

—, *Quixotic Scriptures*, Indiana University Press, Bloomington, Ind., 1983.

Robert, Marthe, *The Old and the New: From Don Quixote to Kafka*, University of California Press, Berkeley, California, 1977.

Rodríguez-Luis, J., «Dulcinea a través de los dos *Quijotes*», en *Nueva Revista de Filología Hispánica*, vol. 18 (1965-1966), pp. 378-416.

Rosales, Luis, *Cervantes y la libertad*, 2 vols., Gráficas Valera, Madrid, 1960.

Rosenblat, Ángel, *La lengua del «Quijote»*, Gredos, Madrid, 1971.

Russell, P. E., «*Don Quixote* as a funny book», en *Hispanic Review*, vol. 64 (1969), pp. 312-326.

—, *Cervantes*, Oxford University Press, Oxford y Nueva York, 1985.

Sánchez, Alberto, «El Caballero del Verde Gabán», en *Anales cervantinos*, vol. 9 (1961-1962), pp. 169-201.

Schevill, R., *Cervantes*, Ungar, Nueva York, 1966.

Segre, Cesare, «Costruzioni rettilinee e costruzioni a spirale nel *Don Chisciotte*», en *Le Strutture e il Tempo*, G. Einaudi, Turín, 1974, pp. 183-219.

Sobejano, Gonzalo, «*El coloquio de los perros* en la picaresca y otros apuntes», en *Hispanic Review*, vol. 43 (1975), pp. 25-41.

—, «Sobre tipología y ordenación de las *Novelas ejemplares*», en *Hispanic Review*, vol. 46 (1978), pp. 65-75.

Socrate, Mario, *Prologhi al «Don Chisciotte»*, Marsilio Editori, Venecia/Padua, 1974.

Spitzer, Leo, «Linguistic perspectivism in the *Don Quijote*», en *Linguistics and Literary History*, Princeton University Press, Princeton, N. J., 1948, pp. 41-85.

—, «On the significance of *Don Quijote*», en Lowry Nelson, Jr., ed., *Cervantes: A Collection of Critical Essays*, Prentice-Hall, Englewood Cliffs, N. J., 1969, pp. 82-97.

Stagg, Geoffrey, «Revision in *Don Quijote*, Part, I», en *Hispanic Studies in Honour of Ignacio González Llubera*, Dolphin, Oxford, 1959, pp. 347-366.

—, «Sobre el plan primitivo del *Quijote*», en *Actas del Primer Congreso Internacional de Hispanistas*, Dolphin, Oxford, 1964, pp. 463-471.

Stegmann, Tilbert D., *Cervantes' Musterroman «Persiles»: Epentheorie und Romanpraxis um 1600*, Hartmut Ludke, Hamburgo, 1971.

Tate, R. B., «Who wrote *Don Quixote*?», en *Vida Hispánica*, vol. 25 (1977), pp. 6-12.

Toffanin, G., «Il Cervantes», en *La fine dell'umanesimo*, Bocca, Turín, 1920, pp. 211-221.

Togeby, Knud, *La composition du roman «Don Quijote»*, Munksgaard, Copenhague, 1957. (Hay trad. cast.: *La estructura del «Quijote»*, Universidad de Sevilla, Sevilla, 1977.)

Torrente Ballester, G., *El «Quijote» como juego*, Guadarrama, Madrid, 1975.

Ullman, Pierre, «The burlesque poems which frame the *Quijote*», en *Anales cervantinos*, vol. 9 (1961-1962), pp. 213-227.

Unamuno, M. de, *La vida de don Quijote y Sancho*, en *Obras completas*, t. 4, A. Aguado, Madrid, 1958, pp. 65-384.

Urbina, Eduardo, «Sancho Panza a nueva luz: ¿tipo folklórico o personaje literario?», en *Anales cervantinos*, vol. 20 (1982), pp. 93-101.

Van Doren, Mark, *Don Quixote's Profession*, Columbia University Press, Nueva York, 1958.

Vilanova, A., *Erasmo y Cervantes*, Consejo Superior de Investigaciones Científicas, Barcelona, 1949.

Vilar, Pierre, «Le temps du *Quichotte*», en *Europe*, vol. 34 (1956), pp. 3-16.

Wardropper, Bruce W., «*Don Quixote*: story or history?», en *Modern Philology*, vol. 63 (1965), pp. 1-11.

Weiger, J. G., «La superchería está descubierta: Don Quijote y Ginés de Pasamonte», en *Philological Quarterly*, vol. 57 (1978), pp. 173-179.

Weinrich, H., *Das Ingenium Don Quijotes*, Aschendorff, Münster/Westfallen, 1956.

Williamson, Edwin, «Romance and realism in the interpolated stories of the *Quixote*», en *Cervantes*, vol. 2 (1982), pp. 43-67.

—, *The Halfway House of Fiction: «Don Quixote» and Arthurian Romance*, Clarendon Press, Oxford, 1984.

Willis, R. S., *The Phantom Chapters of the «Quijote»*, Hispanic Institute, Nueva York, 1953.

Zimic, Stanislav, «El "engaño a los ojos" en las *Bodas de Camacho*», en *Hispania*, vol. 55 (1972), pp. 881-886.

—, «*Leucipe y Clitofonte* y *Clareo y Florisea* en el *Persiles* de Cervantes», en *Anales cervantinos*, vols. 13-14 (1974-1975), pp. 37-58.

(E) Obras y ensayos complementarios

Alter, Robert, *Partial Magic: The Novel as a Self-Conscious Genre*, University of California Press, Berkeley, California, 1975.

Babb, Lawrence, *The Elizabethan Malady: A Study of Melancholia in English Literature from 1580 to 1642*, Michigan State College Press, East Lansing, Mich., 1951.

Bakhtin, Mikhail, *Rabelais and His World*, trad. ing. de H. Iswolsky, MIT Press, Cambridge, Mass., 1968.

Bataillon, Marcel, *Pícaros y picaresca*, Taurus, Madrid, 1969.

Beer, Gillian, *The Romance*, Methuen, Londres, 1970.

Bjornson, Richard, *The Picaresque Hero in European Fiction*, University of Wisconsin Press, Madison, Wis., 1977.

Blecua, Alberto, «Libros de caballerías, latín macarrónico y novela picaresca: la adaptación castellana del *Baldus* (Sevilla, 1542)», en *Boletín de la Real Academia de Buenas Letras de Barcelona*, vol. 35 (1971-1972), pp. 147-239.

Bradbury, G., «Irregular sexuality in the *Comedia*», en *Modern Language Review*, vol. 76 (1981), pp. 566-580.

Butor, Michel, *Inventory: Essays by Michel Butor*, ed. y trad. ing. de R. Howard *et al.*, Simon & Schuster, Nueva York, 1968. (Hay trad. cast.: *Repertorio. (Sobre literatura)*, 3 vols., Seix Barral, Barcelona, 1970.)

Campbell, Joseph, *The Hero with a Thousand Faces*, Princeton University Press, Princeton, N. J., 1973.

Cavillac, M., *Gueux et marchands dans le «Guzmán de Alfarache»*, Institut d'Études Ibériques et Ibéro-américaines de l'Université de Bordeaux, Bordeaux, 1983.

Chandler, F. W., *Romances of Roguery*, Burt Franklin Bibliography and Reference Series 31, Nueva York, 1961.

Chapman, Robin, *The Duchess's Diary*, Boudica Books, Londres, 1980. (Hay trad. cast.: *El diario de la duquesa*, Edhasa, Barcelona, 1983.)

Chevalier, Maxime, *L'Arioste en Espagne (1530-1650)*, Institut d'Études Ibériques et Ibéro-américaines de l'Université de Bordeaux, Bordeaux, 1966.

—, *Sur le public du roman de chevalerie*, Université de Bordeaux, Talence, 1968.

—, *Lectura y lectores en la España de los siglos XVI y XVII*, Turner, Madrid, 1976.

Clements, R. J., y G. Gibaldi, *Anatomy of the Novella: European Tale Collections from Boccaccio and Chaucer to Cervantes*, New York University Press, Nueva York, 1977.

Colie, Rosalie L., *Paradoxia Epidemica: The Renaissance Tradition of Paradox*, Princeton University Press, Princeton, N. J., 1966.

—, *The Resources of Kind: Genre-Theory in the Renaissance*, University of California Press, Berkeley, California, 1973.

Cozad, Mary L., «Experiential conflict and rational motivation in the *Diana enamorada*: an anticipation of the modern novel», en *Journal of Hispanic Philology*, vol. 5 (1981), pp. 199-214.

Cros, Edmond, *Mateo Alemán: Introducción a su vida y a su obra*, Anaya, Madrid, 1971.

Cruickshank, D. W., «Literature and the book trade in Golden-Age Spain», en *Modern Language Review*, vol. 73 (1978), pp. 799-824.

Deyermond, A. D., «The lost genre of medieval Spanish literature», en *Hispanic Review*, vol. 43 (1975), pp. 231-259.

Dickens, Charles, *Nicholas Nickleby*, Collins, Londres/Glasgow, s.f. (Hay trad. cast.: *Vida y aventuras de Nicolás Nickleby*, Bruguera, Barcelona, 1982.)

—, *The Posthumous Papers of the Pickwick Club*, Nelson, Londres, s.f. (Hay trad. cast.: *Los papeles póstumos del Club Pickwick*, Bruguera, Barcelona, 1974.)

Domínguez Ortiz, A., *The Golden Age of Spain, 1516-1659*, trad. ing. de J. Casey, Weidenfeld & Nicolson, Londres, 1971. (Versión castellana posterior: *Los Reyes Católicos y los Austrias*, Madrid, 1973.)

Dubrow, Heather, *Genre*, Methuen, Londres, 1982.

Dunn, Peter N., *The Spanish Picaresque Novel*, Twayne, Boston, Mass., 1979.

—, «Problems of a model for the picaresque and the case of Quevedo's *Buscón*», en *Bulletin of Hispanic Studies*, vol. 59 (1982), pp. 95-105.

Eco, Umberto, «James Bond: une combinatoire narrative», en *Communications*, vol. 8 (1966), pp. 77-93.

Eisenberg, Daniel, «Does the picaresque exist?», en *Kentucky Romance Quarterly*, vol. 26 (1979), pp. 201-219.

—, *Romances of Chivalry in the Spanish Golden Age*, Juan de la Cuesta, Newark, Del., 1982.

Elliott, J. H., *Imperial Spain, 1469-1716*, Edward Arnold, Londres, 1963. (Hay trad. cast.: *La España imperial*, Vicens-Vives, Barcelona, 1984[5].)

Fielding, Henry, *The History of Tom Jones*, Collins, Londres/Glasgow, 1963. (Hay trad. cast.: *Historia de Tomás Jones, el expósito*, 2 vols., Espasa-Calpe, Madrid, s.f.)

Fitzmaurice-Kelly, J., *A New History of Spanish Literature*, Oxford University Press, Londres, 1926.

Foucault, M., *The Order of Things*, Pantheon Books, Nueva York, 1970. (Hay trad. cast.: *El orden del discurso*, Tusquets, Barcelona, 1979.)

Fowler, Alastair, *The Kinds of Literature*, Clarendon Press, Oxford, 1982.

Frenk, Margit, «"Lectores y oidores": la difusión de la literatura en el Siglo de Oro», en *Actas del séptimo Congreso de la Asociación Internacional de Hispanistas* (Venecia, 1980), Bulzoni, Roma, 1982, vol. 1, pp. 101-123.

Freud, Sigmund, *The Interpretation of Dreams*, the Standard Edition of the Complete Psychological Works, Hogarth Press, Londres, 1953, vol. 4. (Hay trad. cast.: *La interpretación de los sueños*, Alianza, Madrid, 1986.)

Frye, Northrop, *The Anatomy of Criticism*, Princeton University Press, Princeton, N. J., 1957.

—, *The Secular Scripture*, Harvard University Press, Cambridge, Mass./Londres, 1976. (Hay trad. cast.: *La escritura profana: Un estudio sobre la estructura del romance*, Monte Ávila Editores, Barcelona, 1980.)

Gale, Stephen H., «Cervantes' influence on Dickens, with comparative emphasis on *Don Quijote* and *Pickwick Papers*» en *Anales cervantinos*, vol. 12 (1973), pp. 135-156.

Gebhart, Emile, *De Panurge à Sancho Panza*, Bloud, París, 1911.

Genette, Gérard, *Palimpsestes: La littérature au second degré*, Seuil, París, 1982.

Girard, René, *Deceit, Desire and the Novel*, trad. ing. de Y. Freccero, Johns Hopkins University Press, Baltimore, Md./Londres, 1966.

Gombrich, E. H., *Art and Illusion*, Pantheon Books, Nueva York, 1960. (Hay trad. cast.: *Arte e ilusión*, Gustavo Gili, Barcelona, 1982.)

Green, Otis H., *Spain and the Western Tradition*, 4 vols., University of Wisconsin Press, Madison, Wis., 1963-1966. (Hay trad. cast.: *España y la tradición occidental*, Gredos, Madrid, 1969.)

Greene, Graham, *Travels with my Aunt*, Bantam Books, Nueva York, 1971. (Hay trad. cast.: en *Obras completas*, 2 vols., Luis de Caralt, Barcelona, 1968.)

—, *Ways of Escape*, Bodley Head, Londres, 1980. (Hay trad. cast.: *Vías de escape*, Vergara, Barcelona, 1981.)

Guillén, Claudio, *Literature as System*, Princeton University Press, Princeton, N. J., 1971.

Hardy, Barbara, *Tellers and Listeners. (The Narrative Imagination)*, Athlone Press, Londres, 1975.

Harvey, L. P., «Oral composition and the performance of novels of chivalry in Spain», en *Forum for Modern Language Studies*, vol. 10 (1974), pp. 270-286.

Haydn, Hiram, *The Counter-Renaissance*, Grove Press, Nueva York, 1960.

Herrero, Javier, «Renaissance poverty and Lazarillo's family: the birth of the picaresque genre», en *PMLA*, vol. 94 (1979), pp. 876-886.

Huizinga, Johan, *Homo ludens*, Paladin, Londres, 1970. (Hay trad. cast.: *Homo ludens*, Alianza, Madrid, 1984.)

Hume, Kathryn, «Romance: a perdurable pattern», en *College English*, vol. 36 (1974), pp. 129-146.

James, Henry, «The art of fiction», en *The Art of Fiction and Other Essays*, Oxford University Press, Nueva York, 1948, pp. 3-23.

Joly, Monique, «D'Alberto Naseli di Ganasse, au comte de Benavente: deux notes cervantines», en *Bulletin hispanique*, vol. 78 (1976), pp. 240-253.

—, *La Bourle et son interprétation (Espagne, XVIᵉ-XVIIᵉ siècles)*, Atelier National Réproduction de Thèses, Université de Lille, 111, Lille, 1982.

Jung, C. G., *Man and His Symbols*, Picador, Londres, 1978. (Hay trad. cast.: *El hombre y sus símbolos*, Aguilar, Madrid, 1979.)

Kris, Ernst, *Psychoanalytic Explorations in Art*, International Presses, Nueva York, 1952.

Kristeller, P. O., *Renaissance Thought II: Papers on Humanism and the Arts*, Harper, Nueva York, 1965. (Hay trad. cast.: *El pensamiento renacentista y las artes*, Taurus, Madrid, 1986.)

Laing, R. D., *The Politics of Experience*, Penguin, Harmondsworth, 1975. (Hay trad. cast.: *La política de la experiencia*, Crítica, Barcelona, 1983.)

Laurenti, J. F., *Los prólogos en las novelas picarescas españolas*, Castalia, Madrid, 1971.

Lázaro Carreter, F., «Para una revisión del concepto "novela picaresca"», en *Lazarillo de Tormes en la picaresca*, Ariel, Barcelona, 1972, pp. 193-229.

Leonard, Irving, *Books of the Brave*, Harvard University Press, Cambridge, Mass., 1949.

Levin, Harry, *The Gates of Horn: A Study of Five French Realists*, Oxford University Press, Nueva York, 1963.

Lewis, C. S., *The Allegory of Love*, Oxford University Press, Nueva York, 1965.

López Blanquet, M., *El estilo indirecto libre en español*, Talleres Don Bosco, Montevideo, 1968.

Lukács, Georg, *The Theory of the Novel*, MIT Press, Cambridge, Mass., 1971. (Hay trad. cast.: *El alma y las formas. Teoría de la novela*, Grijalbo, Barcelona, 1974.)

McCarthy, Mary, «Characters in fiction», en *On the Contrary*, Heinemann, Londres, 1962, pp. 271-292.

Marinelli, P. V., *Pastoral*, Methuen, Londres, 1978.

Márquez Villanueva, F., «La identidad de Perlícaro», en *Homenaje a José Manuel Blecua*, Gredos, Madrid, 1983, pp. 423-432.

Martin, Graham D., *Language, Truth and Poetry*, University of Edinburgh Press, Edimburgo, 1975.

Martin, June Hall, *Love's Fools: Aucassin, Troilus, Calisto and the Parody of the Courtly Lover*, Támesis, Londres, 1972.

Menéndez y Pelayo, M., *Orígenes de la novela*, 3 vols., Espasa-Calpe, Buenos Aires, 1946.

Meyer, Herman, *The Poetics of Quotation in the European Novel*, trad. ing. de T. y Y. Ziolkowski, Princeton University Press, Princeton, N. J., 1968.

Moll, J., «Problemas bibliográficos del libro del Siglo de Oro», en *Boletín de la Real Academia Española*, vol. 59 (1979) pp. 49-107.

Muir, Kenneth, *Shakespeare as Collaborator*, Methuen, Londres, 1960.

Nelson, William, *Fact or Fiction: The Dilemma of the Renaissance Storyteller*, Harvard University Press, Cambridge, Mass., 1973.

O'Connor, John J., «*Amadis de Gaule*» *and Its Influence on Elizabethan Literature*, Rutgers University Press, New Brunswick, N. J., 1970.

Oreglia, Giacomo, *The Commedia dell'Arte*, trad. ing. de L. F. Edwards, Methuen, Londres, 1968.

Orwell, George, *1984*, Secker & Warburg, 1950. (Hay trad. cast.: *1984*, Destino, Barcelona, 1984.)

Osuna, Rafael, *La Arcadia de Lope de Vega*, Anejo del Boletín de la Real Academia Española, Madrid, 1972.

Pabst, Walter, *La novela corta en la teoría y en la creación literaria*, trad. cast. de R. de la Vega, Gredos, Madrid, 1972.

Parker, A. A., *Literature and the Delinquent*, Edinburgh University Press, Edimburgo, 1967.

Porqueras Mayo, Alberto, ed., *El prólogo en el Renacimiento español*, Consejo Superior de Investigaciones Científicas, Madrid, 1965.

—, *El prólogo en el manierismo y barroco españoles*, Consejo Superior de Investigaciones Científicas, Madrid, 1968.

Pritchett, V. S., «Quixote's translators», en *The Working Novelist*, Chatto & Windus, Londres, 1965, pp. 166-171.

Randall, Dale B. J., *The Golden Tapestry: A Critical Survey of Non-Chivalric Spanish Fiction in English Translation (1543-1647)*, Duke University Press, Durham, N. C., 1963.

Rapin, René, *Les Réflexions sur la poétique de ce temps*, E. T. Dubois, ed., Librairie Droz, Ginebra, 1970.

Reed, Walter, L., *An Exemplary History of the Novel: The Quixotic versus the Picaresque*, University of Chicago Press, Chicago, Ill./Londres, 1981.

Rey Hazas, A., «Poética comprometida de la novela picaresca», en *Nuevo hispanismo*, vol. 1 (1982), pp. 55-76.

Rico, Francisco, *La novela picaresca y el punto de vista*, Seix Barral, Barcelona, 1970, 1982³.

Riquer, Martí de, *Caballeros andantes españoles*, Espasa-Calpe, Madrid, 1967.

Rodríguez-Moñino, A., *Construcción crítica y realidad histórica en la poesía española de los siglos XVI y XVII*, Castalia, Madrid, 1968.

Ruskin, John, *Lectures on Architecture and painting Delivered at Edinburgh, November 1853*, Smith, Elder, Londres, 1855.

Russell, P. E., «The last of the Spanish chivalric romances», en *Essays on Narrative Fiction in the Iberian Peninsula in Honour of Frank Pierce*, Dolphin, Oxford, 1982, pp. 141-152.

Scholes, R., y R. Kellogg, *The Nature of Narrative*, Oxford University Press, Londres/Oxford/Nueva York, 1975.

Severin, Dorothy S., «Is *La Celestina* the first modern novel?», en *Revista de estudios hispánicos*, vol. 16 (1982), pp. 205-209.

Shergold, N. D., *A History of the Spanish Stage from Medieval Times until the End of the Seventeenth Century*, Clarendon Press, Oxford, 1967.

Solé-Leris, A., *The Spanish Pastoral Novel*, Twayne, Boston, Mass., 1980.

Stevens, John, *Medieval Romance*, Hutchinson, Londres, 1973.

Storr, Anthony, *The Dynamics of Creation*, Secker & Warburg, Londres, 1972.

—, *The Integrity of the Personality*, Penguin, Harmondsworth, 1981.

Tave, Stuart M., *The Amiable Humorist*, University of Chicago Press, Chicago, Ill., 1960.

Terry, Arthur, «Character and role in *Tirant lo Blanc*», en *Essays on Narrative Fiction in the Iberian Peninsula in Honour of Frank Pierce*, Dolphin, Oxford, 1982, pp. 177-195.

Trilling, Lionel, «Manners, morals and the novel», en *The Liberal Imagination*, Mercury Books, Londres, 1961, pp. 205-222.

—, *Sincerity and Authenticity*, Oxford University Press, Londres, 1972.

Verdín Díaz, G., *Introducción al estilo indirecto libre en español*, Consejo Superior de Investigaciones Científicas, Madrid, 1970.

Vilar, Jean, *Literatura y economía: la figura satírica del arbitrista en el Siglo de Oro*, Revista de Occidente, Madrid, 1973.

Weinberg, Bernard, *A History of Literary Criticism in the Italian Renaissance*, 2 vols., Chicago University Press, Chicago, Ill., 1961.

Welsh, Alexander, *Reflections on the Hero as Quixote*, Princeton University Press, Princeton, N. J., 1981.

Whinnom, Keith, «The problem of the "best-seller" in Spanish Golden-Age literature», en *Bulletin of Hispanic Studies*, vol. 57 (1980), pp. 189-198.

—, «The *Historia de Duobus Amantibus* of Aeneas Sylvius Piccolomini (Pope Pius II) and the development of Spanish Golden-Age fiction», en *Essays on Narrative Fiction in the Iberian Peninsula, in Honour of Frank Pierce*, Dolphin, Oxford, 1982, pp. 243-255.

Wicks, Ulrich, «The nature of picaresque narrative: a modal approach», en *PMLA*, vol. 89 (1974), pp. 240-249.

—, «The romance of the picaresque», en *Genre*, vol. 11 (1978), pp. 29-44.

Yates, Alan, «Tirant lo Blanc: the ambiguous hero», en *Hispanic Studies in Honour of Frank Pierce*, Department of Hispanic Studies, Sheffield, 1980, pp. 181-198.

ÍNDICE ALFABÉTICO

ÍNDICE